做孩子最好的老师

教育读书会 第一季

胡宇东 / 著

Be Your Child's **Best** Teacher

企业管理出版社
ENTERPRISE MANAGEMENT PUBLISHING HOUSE

宇东是一个爱读书的人，即使创业历程波折不断，读书与思考从未停歇。作为教育行业的创业者，在寻道中悟道，在遇惑中解惑，并将之写下来与同行者分享，既是坚定初心的行动，亦是成长与发展的印迹！创业维艰，书香为伴，是温暖，是星光！

清华大学体育产业发展研究中心主任、经管学院副教授
王雪莉

宇东的《做孩子最好的老师》一书，把书中读到的见识和知识，用于对于现实问题的分析，并探索对于问题的解决之道。有些人读书只是为了读书，但宇东通过对于读书的深度思考，让书活了起来，有针对性的指导工作和创业，这样的读书方式，值得推广。

新东方教育科技集团董事长
俞敏洪

向书求道，的确是一个好选择，我们认知世界、认知自己，都可以通过与书对话来完成这个过程。

北京大学国家发展研究院教授
陈春花

在浮躁的教育行业，胡宇东能够坚守自己的底线，不忘初心，踏踏实实为教育本质服务，给行业带来一股清凉的空气。这本书是作者多年沉淀的成果，有很多值得一读的地方！

互联网研究院院长
吕森林

这是一本具有可读性和指导性的书。说它具有可读性是说它把许多教育专著和教育理念通过作者的理解和体会，比较好地介绍给读者，不仅使读者容易接受，而且对于拓宽读者的视野和提升认知高度确实有帮助；说它具有指导性是说它能结合我国教育实际，用案例和方法来破解教育教学中遇到的许多实际问题，对读者分析和处理这些问题有一定的借鉴作用。本书特别值得民办教育机构的负责人及广大学生家长读一读，对于从事基础教育的校长和教师也是不错的参考。我是一位从事多年高等教育和基础教育的老教育工作者，读后，确实受益匪浅，对作者的教育情怀和执著尤为赞赏。

北京大学教授、北大附中原校长
赵钰琳

"书中自有颜如玉，书中自有黄金屋。"读书，要读出书中的智慧。好好读书，一生读书，宇东会是你的好伙伴。

北京大学光华管理学院教授、NBS商学院院长
何志毅

宇东作为我人大的师弟，同时也是教育培训行业的新秀，能够在繁忙的创业与公司运营的过程中，挤出时间读书、分享并向校长们传道，其学习精神与分享意识让我敬佩。

当今的碎片化学习愈来愈多，能够真正走进校长视野的多是招生的战术或者教学的策略，而宇东的这本书却是系统地从道的层面来解读如何办学，如何运营，让人耳目一新，细细读来，收获颇丰。

中国民办教育协会培训专业委员会副理事长
中国教育培训联盟理事会主席
牛新哲博士

自 序
Preface

蔡元培先生有言，教育乃兴邦之本。对于今日之中国，诚哉斯言！

作为一个农村孩子，亲身经历了"学习改变命运"的我，深知良好的教育对于一个孩子，一个家庭，一方百姓的重要意义和深远影响。

鹦鹉螺创业之初，我希望通过互联网，改造教育和学习，真正让广大中国千千万万的家庭共享优质的教育资源。

通过互联网，我们致力于打造一个"家长信赖的一站式学习管理中心"，孩子在这里可以和"云教室"里才华横溢的全国乃至全世界的优秀老师同堂论道，可以得到本地耐心负责的学习管家的关怀和督导，可以共享北京乃至全球最棒的教育资源，也可以参与丰富多彩的实践活动。家长可以通过手机了解孩子的成长轨迹，真正做到因材施教；可以规划和展望孩子的未来发展；可以更好地加深对孩子的了解和优化亲子关系。每个家庭都需要一个专业贴心的学习管家，好比"教育领域的大白机器人"。

作为创业者，我们任重道远。不知不觉，我和团队已经在教育行业打拼七年。十年磨一剑，革命尚未成功，不但未感轻松，反而越来越如履薄冰。因为我们更加深刻地意识到，教育是一门极高深的专业,也是一种极伟大的责任。作为教育者,不辍的学习和自省,是我们必备的意识和能力。

知易行难,要想真正做好教育,光有情怀不够,空有梦想不足,务必与伙伴们一起努力奋斗。管理要精细完善,服务要无微不至,用心要至诚至真,而最有效的学习,莫过于读书。

于是,便有了教育读书会的线上分享。本书的十六个主题,本来是我在微信课堂上、在教育行业大会上的授课实录。每周我都会在微信群里做读书分享,不知不觉汇集了数千位教育同仁。内容总是信手拈来,把我自己读过的好书和大家娓娓道来,并没有特别严谨的准备和考据。无心插柳,没想到自己随心的坚持竟然能够结集出版。

本书每篇探讨一个教育机构常见问题,分享一本好书精华,提出一个实操的解决方案。回头看时,竟然融汇了星星点点我对教育的思考,竟然有很多值得推而广之的实践。

杨绛先生说,书籍好比你的好友,家门洞开,无尽财富任你取拿,且来去自由。抛砖引玉,我所提及的往往是这些佳作的百分之一,其更多精华和更独特的见地,还要大家亲自去阅读,去发现,我们一起努力,向书求道、做孩子最好的老师。

2018年1月

目录 Contents

教育理念篇

1 仰望先生背影,坚守教育初心   2
——《先生》

十年树木,百年树人,今日中国之崛起,若言是全体国民之力,则此义之昭示非在近年,乃在百年以前。百年以来,国民救亡图存一直不结不熄,方有百年中国,历艰苦困难终于巍然屹立,而国民意志之接力及薪火相传,有赖先生,先生不唯只教人知识,让人考试不挂科的人,更指言传身教,以处世立身之道的人。

2 成为教育专家,从专业基础开始   19
——《教育心理学》

打个形象的比方,每一个知识点就好比是一箱货物放在你大脑的仓库里,而当你的大脑向外发号施令,要调取某一箱货物的时候,它首先得有一个工人进去把那箱你要的货物搬出来,才能够正确的解答一道相应的问题。所以很多孩子并不是脑子中没有这个货物,而是他派去搬箱子的那个"人"找不到货物具体的位置所在。

3 做时间的主人，把握最宝贵的财富   34
——《时间力》

    管理好你自己的时间是我们每个人一生最重要的工作。我们想想自己这项工作原来做得怎么样，所以不管你现在是处于顺境还是逆境，是贫穷还是富有，你的学校办得是大还是小，你现在是刚刚参加工作还是已经有了自己的事业，只要有时间我们就能改变自己的人生，实现自己的梦想。

4 了解生活的奥秘，掌握习惯的力量   52
——《习惯的力量》

    每天的生活当中，每个人有超过40%的时间，或者说超过40%的决定是习惯的产物，而不是思考之后的决定。你起床之后是先刷牙还是先洗脸？你穿鞋的时候是先系左脚的鞋带还是右脚的鞋带？你出门的时候先迈哪条腿？你上车的时候是怎样一个动作等等。有大量的日常行为纯粹是靠习惯所做的决定。

教育专业篇

5 一堂"好课"的标准是什么   62
——《课堂有效性标准》

    我们每个教育机构，给孩子提供的就是一种小的社会环境，真正健康的、可持续的学习，是在我们的小学校、小社会当中，去让孩子在互动中汲取知识，解决实际的问题。而我们要探讨的课堂教学，实际上就是这样一个学校教育中最典型的教学场景，或者叫教学的情境。

|6| **家长如何成为孩子的"好老师"** 80

——《好妈妈胜过好老师》

我相信所有的老师和家长都有困扰,就是你需要不断去管理或者逼迫孩子好好学习。其实这是一个最不应该发生的场景,本来学习应该是一件快乐的或者说叫自主的事情,由于我们的教育方法不得当,硬生生地把孩子的学习变成了一个痛苦的事儿,这里有几个点非常值得大家借鉴和参考。

|7| **怎样让孩子走出焦虑** 99

——《让孩子远离焦虑》

那么焦虑的本质是什么呢?前面我们提到的是大脑当中的杏仁核的这个部分,位于海马体的末端,它控制着焦虑这种情绪的产生,它的本质实际上是恐惧。大家说恐惧是好事还是坏事?有的人可能觉得恐惧是坏事,但实际上恐惧是好事,恐惧能够让人去回避危险。

|8| **未来的学习是什么样** 117

——《混合式学习》

在未来的学习模式下,老师不是现在的这样一个角色了——讲课和做知识的解读。老师应该是学习的设计者、学习的顾问、学习的促进者、导师、评价者、咨询师的角色。

机构经营篇

|9| **口碑的神奇力量** 140

——《引爆点》

我们会发现身边有很多事情,在不知不觉中突然流行起来,没有丝毫的迹象,没有任何感觉,也没有任何征兆来表明某件事情就要突然爆发。但是在引爆点那一刹那间,它以摧枯拉朽之势迅速地蔓延开,成为有巨大影响力的产品、服务、品牌。

10 定义自己的价值 　　　　　　　　　　　　156
——《向定价要利润》

我们之前提到过二八法则,80%的客户创造了120%的利润。就是正确的客户创造了120%的利润,怎么是120%呢?因为还有20%的利润被那些错误的客户给亏损掉了。我们细算经济账,如果你不肯拿下错误的客户的话,你所付出的成本不但不盈利,反而会拖累你。

11 给客户最好的体验 　　　　　　　　　　174
——《细节营销》

你选择什么样的客户,就决定你自己是一家什么样的机构,同样也决定了你在市场上到底是怎样的一个定位,而真正在小的细分市场上占据大的市场份额,才是你真正发家致富和取得市场领先的秘诀。运用到咱们的培训中就是你到底是打低价的价格战,还是做中高端的课程服务?

12 学校的影响力扩张 　　　　　　　　　　190
——《疯传》

疯传的前提,或者叫引爆的前提是我们的产品、服务一定要保持很高的质量,这样的疯传才是好的传播,而不是坏的传播。也就是我经常讲的产品思维,要打造自己的产品和服务。在这个基础上,疯传的这些技能和方式才能是一个加分项,而不是个减分项。

组织管理篇

13 拥抱未来的学校组织　　212
―― 《新学校十讲》

十一学校有这样一句话,叫不为高考,赢得高考,创造适合学生发展的教育。这句话也挺有意思,不为高考,就是整个的教育目的不是为了高考,但是赢得高考是我们水到渠成的成果,最终其实是说创造适合学生发展的教育。

14 打造团结一心的铁军　　233
―― 《联盟》

不要再提我们是一家人,而是要提我们是一个最棒的团队,一个团队就意味着在一个阶段里面,我们会彼此配合,彼此信任,彼此支持。但同样也意味着在某个时间点团队的人可能会离开,新的成员可能会根据当时的团队需要加入进来。当我们开始直面这个问题的时候,人与人之间的关系就不再是雇佣关系,而是一种联盟和合作的关系。

15 让工作变得轻松高效　　252
―― 《无压工作艺术》

我们自己包括员工最容易形成的一种状态,是沉浸在忙碌中的感觉。大家仔细体会我这句话,沉浸在忙碌的感觉里,当这种忙碌的感觉让你觉得每天都没空闲的时候,心理上就得到了安慰,但实际上你并没有真正完成任务、达成目标。

16 不断提升组织的效能　　264
―― 《组织能力突破》

我们说时间管理是一门艺术,它同时是我们每个人最宝贵的财富。如果能高效地管理好你的时间，就是高效地利用好了你的财富，一定能够给你创造更大的价值。

结语：开启教育黄金时代　　　　　282
——教育趋势漫谈

　　我们作为线下机构仍然会有服务价值，它主要体现在四个方面。第一个方面是在教育过程中，需要有对孩子的情感关注，对孩子的关爱，这种人与人之间的互动是没有办法被互联网简单取代的。第二个方面是学习习惯的养成和过程的督导。对于孩子而言，这种学习督导的价值是线下的一个重要内容。第三是安全，这个好理解，家长需要上班的时候，学生有个场地，然后能够有人确保他的安全和在学习状态。第四个方面就是关于学生的个性化的规划和指导。

教育理念篇

1

仰望先生背影，坚守教育初心

——《先生》

十年树木，百年树人，今日中国之崛起，若言是全体国民之力，则此义之昭示非在近年，乃在百年以前。百年以来，国民救亡图存一直不结不熄，方有百年中国，历艰苦困难终于巍然屹立，而国民意志之接力及薪火相传，有赖先生，先生不唯只教人知识，让人考试不挂科的人，更指言传身教，以处世立身之道的人。

很多人可能觉得，我们的员工，我们的团队，包括我们自己，更多的时候是把一个事情当成了工作在做。如果你能把每一天的事情当成是一种人生的追求，相信每一天的意义都会大有不同，所以今天我们探讨和试图解决的校区实际运营中的问题就是如何去培养团队的使命感和责任感。我相信，任何一个人如果真正在一种使命感的驱动下去做一项工作，他就能够更好地变被动为主动。

今天跟大家分享一个非常重要的成功规律，大家现在可以一张纸，拿出一支笔，在这张纸上画三个同心圆，中间最小的圆外面再画一圈，然后再画一圈，在最中间写上why，中间层写上how，最外层写上what。这三个同心圆看似简单，实际上在这个简单的图形当中包含着一个秘诀。我们会发现绝大部分的人在日常的工作生活当中是从最外环往最里环去思考，先想的是what，就是什么，做的具体是什么事，什么东西？然后再想的是how，到底怎么样去做，最后才会想的是why，甚至很多人根本并不会去思考why，也就是我为什么要做这件事情。

在新的时代背景下，其实每个人的内心深处都希望去做一件有意义有成就感的事情。如果我们作为一名校长，作为一名老师，你能从内圈向外思考，先思考原因，然后再去思考怎么做，最后再落实到如何去做，做什么动作。那么整个团队的精神状态和战斗状态就会大有不同。举两个形象的例子，大家都知道，全世界最有名的手机品牌是哪一个，可能很多人马上就会想到苹果，但是当你仔细去回顾苹果公司所做的广告，你去比较和体会一下。它讲述苹果理念和产品的时候，是从外圈往里圈讲，还是从里圈往外圈讲？如果他是从外圈往里圈讲的话，应该先讲what，就是苹果手机有什么功能，是什么样子；然后再讲how，就是怎么样去实现的这些优秀的功能；最后再讲why，就是它到底是什么样的理念。但实际上大家还有印象没有，"苹果4"出来的时候，广告语就是很简单的一个词儿，change，改变。它致力于给那些想改变世界的人实现梦想的机会，所以真正有影响力的品牌，真正有影响力的人，更多的思考逻辑和传播的逻辑是先去触及灵魂，去探讨到底为什么，我，我的团队以及我希望去引领的那些人要做这件事情，然后才是怎么做这件事儿，最后是具体做什么事。

第二个形象的例子，大家应该听过，世界上有一个非常著名的黑人运动领袖，叫作马丁·路德·金，他有一个举世闻名的演讲"I have a dream"，这也是英文学习中最经典的演讲之一。大家能够想象吗？在那个还没有互联网的时代，马丁·路德·金的一场演讲吸引了数十万人现场去聆听。大家从不同的地方，乘坐不同的交通工具，在同一时间听一个人的演讲。为什么一个马丁·路德·金能有如此神奇的魔力？带动几十万几百万，甚至全世界的黑人运动的发展，它的主要逻辑其实就是从why出发，再到how，甚至都没有涉及到how和what。什么意思？大家仔细去回顾马丁·路德·金的演讲，他丝毫没有去讲我到底怎么样推动所谓黑人权利的平等，没有去把精力放在讲述那些具体的解决方案，具体的政策法规和改革措施上，而是跟大家分享，叫I have a dream。我有一个梦想，这个梦想包含了所有人对于自由、对于平等、对于幸福生活的美好向往，而这样的梦想发自于每个人内心的最深处，不会有任何的争议和挑战，所以他能聚集那么多的人。因此，从内出发去讲述你的梦想，组织你的团队，才能够打造一支无坚不摧，永远充满了力量和主动性的团队。那么再回到我们日常做教育的这件事儿，如果你真的想在招聘当中、在用人当中、在留人当中、在日常的工作当中让自己的员工充满了成就感，充满了使命感，充满了主动性的话，非常重要的一点，就是你要给他这份工作的意义，也就是从为什么的层面上统一员工对于教育这个事业的使命感和责任感，有人将这样的方法叫作画大饼，就是画一个光辉美好的未来，但其实更多的是作为一个教育工作者对这项工作发自内心的热爱。

谈到教育情怀，我不得不向大家推荐《先生》这本书，这本书非常特别，它不仅仅是一本书，与它配套的还有一套非常经典的纪录片，所以大家不仅可以通过书中的文字，去读到《先生》这本书所介绍的伟大的教育家，或者是伟大的老师们，还可以通过更加形象直观、细致的纪录片，去亲身感受他们每一个人背后的故事。《先生》这本书精选了中国近代史上十位最具影响力的教育家，将他们的故事在我们的眼前逐步地铺展开。这本书饱含了对于历史上这些教育人物和教育大家深深的敬仰。而先生这样一个词儿，其实可能对于现在很多的人来说，已经不再是一个老师的代名词。实际上自民国以来，人们称呼老师都是称呼为先生，有说法叫作教书先生。大家在看一些历史题材的影片时，可能会注意到，比方说宋庆龄，作为一名女士，人们对她的尊称也叫作宋庆龄先生。先生是对老师的一个非常隽永、文雅、文质彬彬的称谓。

　　说到这里跟大家去吐一个槽，有一件非常让我震撼和伤心的事情。有一次，我在跟一个家长交流的时候，谈到了现在在教育圈中所存在的老师课外补课等一些并不算那么阳光和正常的现象。由此我特别去问了一个孩子，说在你心目当中，老师到底是怎样的一个形象？你用什么样的词来形容老师？让我感到无比震撼和惊讶的是，这孩子的答案，竟然用到了一个词"邪恶"。我听到孩子这样来评价他心目中的老师的时候，我整个人完全傻掉了。我以为自己听错了，我再次确认，我说你用哪个词来形容老师？他说邪恶。我说为什么？他说因为感觉老师就是为了钱，老师并不是真正用心在爱他们，并不是真正用心在帮他们。我相信可能这个孩子面对的情况有一些极端，或者说他所说的那样的老师，只是教育群体当中极少的一部分。

　　而在我们的内心深处，希望老师真的是那种蜡炬成灰泪始干，春蚕到死丝方尽，让人敬仰，让人亲切，让人感恩，让人怀念的一种形象。而这样的形象和精神就蕴含在先生这样最简单的两个字中，这本书的序言非常简单，只有竖排的简单的一句话，叫作"那些背影，一个民族的正面"。在民国时期或者说在新旧时代交替的时期，国难当头，正是这些充满了民族气节和精神，博学多才，并且致力于把自己的身家性命奉献于教育事业的老师，这些先生们，才会有后面前赴后继的一代代的改革者、革命者，才有了新中国的今天。书上有这样一段话，百年国史已有镜鉴，教育盛，虽战乱纷争仍人才辈出。民力丰沛、国体向上；教育衰，纵四海平定歌舞升平，也社会浮躁，未来迷茫，振兴乏力。教育、国之命脉牵一发而动全身，系百年而导国运，而先生又为教育之魂魄。大家仔细体会一下这句话。其实如果我们真的纵观世界各国的发展史，你会发现一个非常有意思的现象。任何一个国家的强大首先是教育的强大，就拿我们都觉得愤恨不已的所谓日本帝国主义来说，日本的明治维新除了在军事上和经济上的改革以外，有一件事可能是并不为人所知或者所重视的，那就是日本明治天皇在全国大力普及小学教育，甚至是不吃不穿去办教育。短时间把日本的识字率提到80%。同样，德国的崛起也相当程度上是由于教育的崛起，大家都知道现代的大学制度正是起源于德国。在这样的教育背景下培养的一批批的人才，为国家的强盛和发展提供了源源不竭的动力。

同样，台湾作为四小龙之一的崛起，和当年的台湾政府在教育上花大力气投大资本，甚至是透支未来的钱来给老师打白条做补贴，鼓励老师到乡村去教学，大幅度提高了人民的文化素质，才有了后来台湾经济的腾飞和政治的改革。所以我们今天同行们所从事的教育事业绝不简简单单是为了糊口，为了挣钱，我们的事业的兴衰成败也直接影响到中国这个国家的国运和未来。可能很多的朋友会觉得我太过理想主义。但实际上，我相信如果你不是发自内心地去热爱你所从事的事业，如果你不是发自内心地感受到了自己的每一天每一分每一秒的工作具有更深远的意义，我们真的很难去克服在日常工作和生活当中的种种的枯燥、乏味、困难、挑战、挫折、失败和血泪的经验教训。

言归正传，这本书遴选人物的标准是怎样确定的呢？

首先，它选的都是一些开一代风气的教育启蒙者，就是在某个特定领域具有很大的开创性。第二，他们的性情经历或者是所作所为具有很强的传奇性。第三，就是他们当初的实践、理念和探索，对当代的教育仍然具有参照和启迪的作用。选择的十位人物的名字大家听一听，可能有一些人听过，但还有一些人根本就没有听过。蔡元培、胡适、马相伯、张伯苓、梅贻琦、竺可桢、晏阳初、陶行知、梁漱溟、陈寅恪。这十位老师，很多人可能并不了解，我们逐一看看他们。我跟大家分享一下前言中的一段话：十年树木，百年树人，今日中国之崛起，若言是全体国民之力，则此义之昭示非在近年，乃在百年以前。百年以来，国民救亡图存一直不结不熄，方有百年中国，历艰苦困难终于巍然屹立，而国民意志之接力及薪火相传，有赖先生，先生不唯只教人知识，让人考试不挂科的人，更指言传身教，以处世立身之道的人。这里特别跟大家讲，教育是一个人社会化的过程，所以作为一名教育工作者，我们的使命除了教会学生知识和考试，更重要的是教会孩子们为人处事之道，成为一个人格健全完整，对社会有益的人。

1912年到1949年，中国的大学生其实数量很少，大学教师也不多。有学者统计，1934年这个时间点看，中国共有高校108所，学生只有41768人，教员只有7205人，其中教授有2801人。而在2007年，中国有2371所高校，在校生有2700万，专任教师有116.83万，所以我们看到这些年，或许大学生真的增长很多，教书的人增长也很多。但是在这个过程当中，我们是否真的还能秉承原来的教育理念，秉承一种精神气节就不得而知了。原来每六个大学生就有一个教员，而今天可能是要平均两三百个学生才有一个教书的工作者。在当年的北大，这样的教授群体平均年龄只有30多岁，他们通过教学、发表文章、参与社会事务，成为领导全国青年治学、爱国、改造社会的受人敬仰的先生。

十位教育家当中排在第一位的就是蔡元培。这个人名可能绝大部分朋友都听过，作为北京大学最著名的校长之一，他青史留名，在我们今天的历史课本上也有反复的提及。他的主张和理念就是北大现在著名的精神象征，思想自由，兼容并包。蔡元培有这样一句话，只要培养大批学者，国家就有希望。

他一辈子都在倡导用教育来救国，用学术来救国，用科学来救国，推动了整个中国思想的启蒙和文化的复兴运动，后人有这样的评价。蔡元培是新文化运动之父，它通过改变一所大学而改变了一个民族。这里面其实有很多有意思的历史的细节，可能之前是不为人所知的。关于蔡元培和北大，有两件事情，可能是我们之前很少了解到的，但非常有趣。第一件事，是蔡元培担任北大校长的期间，曾经七次辞职不干了，就是辞去北大校长之职跑掉。这七次其实都成了蔡元培人生的周期性行为，隔一段时间就辞职，隔一段时间就辞职，而每一次辞职的背后都伴随着大历史的跌宕起伏。在这本书和纪录片当中，大家可以看到这七次辞职都有哪些历史事件。

  第二个非常有意思可能也不广为人知的事。北京大学大家都知道，今天应该说是整个中国大学当中的翘楚，数一数二的名校，人们梦寐以求的名校。但是蔡元培就职之时的北大可是人人嗤之以鼻的腐朽的学校象征，作为戊戌变法维新的第一步，1898年的7月3号，光绪皇帝下令成立的京师大学堂，也就是现在北京大学的前身。那个时候，它还准备替代国子监，成为国家最高的教育行政机关，统辖各个省的学堂。不过没多久，如大家所知，慈禧发动政变，光绪被关了起来，康有为梁启超也跑到了国外，但有幸的是京师大学堂却侥幸存留下来，但是之后的京师大学堂可不是我们今天心目当中的北大。1912年，京师大学堂正式更名为北京大学，进入到了一种堕落喧哗的状态，为什么呢？因为那个时候所招收的学生全是京官，被人们称为老爷，而监督和教员被称为中堂或者是大人，典型的一个腐朽没落的官场的衍生品。所以那个时候在社会公众的眼中，北京大学是个官僚机构，一度被叫作官僚养成所。也没人去谈论知识，没人去研究真理，没人去研究学问。大家都是在官官相护，在混官场的一个状态。所以当年有一个说法，形容北大叫八大胡同。八大胡同是北京封建社会著名的红灯区，八大胡同的主要嫖客，是两院一堂的人。两院指的是当时的上议院和下议院，而堂指的就是京师大学堂。所以大家可以想象，没有蔡元培就没有新北大；没有蔡元培，就不会有今天中国乃至世界的著名学府之一北京大学。那反过来想，凭一己之力去改变北大的蔡元培，也一定是一个极其了不起的人物，那蔡元培给北京大学带来的最主要的是什么呢？其实就是前面提到的思想自由，兼容并包的一种精神，是一种治学的信仰。这个既有革新精神，又有民主作风的蔡元培，从踏进北大的第一天开始，就跟之前截然不同，举一个小的细节。他到校的第一天，校工们排队在校门口，恭恭敬敬地向他行礼来迎接顶头上司。而这个时候，蔡元培也郑重地脱下帽子，给校工鞠躬回礼。这一下子把所有的师生和校区的工作人员吓了一大跳，说这样的官老爷这样的校长可从来没有见过。所以从那以后，每天他出入校门，人们向他敬礼，他都会还礼。就这种小事，在当年封建习气严重的北大都算是一股强劲的新风。所以蔡元培在学校中就提出来大学生当以研究学术为天职，不当以升官发财为阶梯，要抱定宗旨，把为求学而来放在首要的位置。蔡元培对北大的改革主要从两方面进行，一个是聘请积极和热心的教员，从而引起学生研究学问的兴趣。另外一个，在学校的教学内容和方法及整个学校的管理体制上，将民主和科学的精神注入到了北大。

比方说，我们都如雷贯耳的陈独秀，他是中国共产党创建人之一。那个时候，蔡元培一上任就开始在全国去寻访这些有学识有想法的优秀教员。当时陈独秀已经在办《新青年》杂志，在全国有很大的影响，而蔡元培看中了陈独秀。当时陈独秀是在上海办报纸，但是有时候会到北京来，每次陈独秀一到北京，蔡元培打听到他的住处，就登门拜访。有时候到得早了，陈独秀床都没起，他就吩咐茶房别打扰他，自己搬个凳子在门口等。这颇有当初刘玄德三顾茅庐的感觉。陈独秀本来看不上北大这个声名狼藉的破学校，但最终架不住蔡元培诚意邀请，终于被打动，担任了北大文科的学长。

再比如说《先生》中十个了不起的教育家之一的梁漱

溟，他被蔡元培聘请为哲学系的讲师，讲授印度哲学。就是因为蔡元培在《东方》杂志上读到了梁漱溟的一篇文章，看了之后觉得写得特别棒，当即就决定聘用他。这个梁漱溟其实只是中学毕业，当初考北大都没考上，按现在说法其实属于北大的落榜生，怎么都想不到有一天能到北大来任教。结果蔡元培请他的时候他都不敢去，但是最终还是由于蔡元培的诚意把他打动了，最终年轻的梁漱溟走上了北大的讲台。而且蔡元培在请老师的时候，还不光是请一些改革派，也包括一些保守派。所以当时的北大应该说保守派、维新派、激进派都有机会争一日之短长，经常一个课堂上有两个老师同时在讲课，学生可以听不同的观点，然后去批判、去讨论，有时候有意见甚至会互相对立和谩骂。但是没有关系，因为他们探讨的是学术问题，并不会迁怒于这个个人。所以短短的几年间，北京大学就成了全国的精神阵地，或者说改革创新的阵地。

蔡元培这样治学、做人和创新的精神，对于咱们今天的教育工作者有什么启发呢？我受到的最大启发有两点。第一教书先教做人。作为一个民办课外补习机构也好，全日制学校也好，作为一个校长，一位老师，在孩子的做人处事上，有没有自己的主张和价值观，我相信不仅对于每个学生有实质性的影响，对于家长怎么看待这个教育机构也会有非常深远的一个影响。所以我在我们的云教室、鹦鹉螺校区也提倡这一点。就是我们不仅仅是给孩子们补课，也要教孩子们如何为人处世。第二个启发就是大家在挑选团队成员、招揽人才的时候，除了他的基本的能力，他的基本的教育背景以外，也要看重这个员工对教育的认识，对教育有没有一种使命感和责任感。当你汇聚了一批优秀的人，那你也就占据了在这个市场或者这个领域当中不可替代的地位，也就会有源源不竭的生命力和竞争力。

本书介绍的第二个人是胡适。胡适这个名字在近代史上可能很少被提及，甚至批判的因素可能会更多一些，胡适其实是一个非常儒雅的人，这本书用了一句话来概括叫"内无武器，请勿疑虑"，什么意思呢？因为当时有个很有意思的现象，人们经常把胡适和陈独秀放在一起比较，陈独秀属于那种激情四射的激进派，是属于内有武器，小心靠近。但是胡适就是非常儒雅，非常的温和的那种改良派，叫内无武器，请勿疑虑。胡适在美国读书的时候，师承的是哥伦比亚大学的杜威教授。杜威这个名字可能有不少的老师和校长不够了解，但是谈到今天的高考改革，实际上跟当年杜威实验主义的理论主张是有非常大的内在联系的。胡适在政治改革上，其实一生来讲不能算成功，甚至可以说是一个失败者。有话讲胡适什么都没完成，却开创了一切。为什么呢？因为他其实算是保守派当中的创新者，是创新者当中的保守派，在治学方面应该说有不少的成就，但实际上并没有太大的突破性创新。一个历史上很有意思的小细节，1941年12月太平洋战争爆发，日本人轰炸珍珠港，美国罗斯福总统第一个通知的中国人不是蒋介石，而是亲自打电话给了胡适，跟胡适说，胡适我要第一个告诉你，日本人轰炸珍珠港。那这背后的原因是因为胡适曾经做过驻美大使。在1938年年初胡适曾经在美国进行了57场巡回演讲，应该说对于当时美国支持中国的抗日战争有非常大的影响和帮助，所以罗斯福第一个电话打给了胡适。

第三个被介绍到的教育家叫作马相伯，马相伯这个名字大家没听说过的人可能不少，但是提到他这生一个重大的成就，我相信一定无人不知，那就是他创办了复旦大学。马相伯在书中给的评语叫作叫了一百年，还没有把中国叫醒。他是一个长寿老人，在近百年的人生当中，一直在致力于用各种各样的方式和手段，帮助中国苏醒，重新富强起来。他在年富力强的时候干洋务运动，壮年时代精力全部费到了宗教上。直到晚年才开始投身教育。但是也正是这些年他创办了了不起的复旦大学。马相伯实际上不仅仅是复旦大学的创始人，他还是震旦工学和辅仁大学的创办人，这些学校都是青史留名的大学。

马相伯出生于一个天主教家庭，从小接受了非常良好的教育，他精通8国的文字，尤其擅长演讲，在14岁的时候，就已经在学校担任助教的职位了。在17岁的时候，就在徐汇公学成了一个非常非常优秀的人，但同时马相伯也是一个极其爱国的人。比如说当时法租界有一个人，听说马相伯精通法文，就邀请他到法租界去工作，替法国人办事。但是他婉言拒绝，说我学法文是为中国用，而不是为法国人用。这种为国家做事的热情一直贯穿了他的一辈子。这种爱国并不是说爱清朝，爱那个腐朽的王朝，而在于真的是对这个国家，对这个民族的热爱。

1886年马相柏访问了欧洲几乎所有的著名学府。通过国际上的游学和考察，他意识到了欧美之强盛我国之衰弱，并且得出一个结论：自强之道以作育人才为本，求才之道尤以设立学堂为先。如果真的想振兴这个国家就是要办教育，通过教育才能真正给这个国家发展的动力。所以马相伯到了58岁的那一年，决定把自己原来的土地、财产全部捐献出来办学，而且比较巧的一点是，他办学是一个水到渠成的事。最开始是蔡元培找到马相伯，希望马相伯教他拉丁文。马相伯说你都已经过中年了，一个人学没意思，找几个年轻人。于是蔡元培找了二十四个学生跟马相伯一起学拉丁文,后来就开始学数学,学哲学,再往后学生越来越多,名声就越来越广,好多年轻人就都来学,当时又正好赶上南洋公学,也就是现在的上海交大的前身闹学潮,有上百个学生集体退学,没地儿上课,然后就跑到他这里来求学,于是成立了最早的震旦学院,马相伯担任校长。

震旦学院本来是依托教会建设的,所以宗教影响就试图渗入到教学中。但当时学生和马相伯极力反对。最后当时全校总共才132名学生,有130名学生说退学,不再接受教会的影响和管辖。于是马相伯就冒着和教会决裂的风险,站在学生一边决定另外为这些孩子们办一所新学校。1905年9月复旦公学在上海的吴淞成立了,复旦是取自《尚书大传》里面的一首《卿云歌》"日月光华,旦复旦兮",可以解释为明天太阳照常升起的意思,寓意着新学校像朝阳一样有光复震旦的感觉,所以复旦就是被倒逼着成立起来了。九一八事变的时候,马相伯已经九十几岁高龄了,他不顾年老体弱连续发表国难的广播演说,还出任了东北抗日义勇军协会的领袖,所以当时被人们称为爱国老人。

这之后的经历可以说是命运多舛,1937年上海失守,他又撤到桂林,1938年的桂林也成为了前线,不得不跑到了越南。而且这个时候老人身体很虚弱,并且他表示坚决不撤离中国,最后家人只能骗他,说我们现在还在中国,但实际上当时已经逃到了越南境内。1939年11月4号,在听到一次打击日军的捷报以后,这个百岁老人激动不已。在兴奋当中离世,到死也不知道当时他已经不在自己的国土之上了。

《先生》这套书介绍的第四位教育家叫张伯苓,这个名字可能也有好多人不熟悉，但同样我们提起他的一个重大的成就一定无人不知，那就是创办了南开大学。张伯苓是一个一生追求自由的人，而且在教育上为人师表。有一次有个学生质问他说，您叫我不抽烟，您干吗还抽烟呢？张伯苓一时无言以对，就把烟杆马上撅断了。好，我不抽你也别抽，从此就再也没有抽过烟。

19岁的时候张伯苓就以最优等第一的成绩毕业于北洋水师学堂，其实是要去当军官的，但是正好赶上一次机会，就是当时张伯苓代表政府参加了一个交接仪式，是日本把它曾经盘踞的威海卫转交给英国，在同一个现场日本国旗降下，中国国旗升起，又隔了一天中国国旗再降下，英国国旗再升起。张伯苓目睹的这种国旗的升降，感到了一种国家的屈辱，受了刺激，就立志要为国雪耻，育才强国，结论是办教育，所以他说，念国家积弱至此，苟不自强，奚以图存，而自强之道，端在教育；创办新教育，造就新人才，以终生从事教育之救国志愿，即肇始于此时。

你看这些教育家都是目睹了国家兴亡，最终找到解决方案，就是办教育，去育新人，为办这个学校张伯苓和一个叫严修的一起到日本去考察教育，购买教具和教科书，还请了当时日本的老师。回国途中商量要先办中学，然后再扩充。当时的所有东西都是靠捐助来的，首批录取的学生当中就包括梅贻琦，也是《先生》这个系列书当中的一个著名教育家，后来是清华大学著名的校长之一，总共招了73个人。1904年的时候，开学还设了师范班，刚开始叫天津私立中学堂，后来叫敬业中学堂。然后他们把一个姓郑的乡贤捐的15亩坟地，改成了学校的一个建设用地。那个地的名字叫作南洼，所以校名就改叫南开中学堂，也就是南开大学的由来。所以原来南开大学是源于一片不起眼的坟地。张伯苓在教育当中强调一点，叫以德育为万世之本。

周恩来有一段在南开中学的回忆，说小时候到张校长家总是给我贴饼子熬鱼吃。那个时候，周总理在南开求学，家里并不富，常在外面买点白水煮豆腐来充饥，饭都吃不饱。张伯苓得知以后就免了周恩来的学费。后来周恩来领导五四运动被抓了以后，张伯苓还用范孙奖学金专门资助周恩来赴欧留学，资助周恩来也算是为新中国做了莫大的贡献。又一个很有意思的事，张伯苓课程当中对体育特别重视。早在1907年在天津学界第五届联合运动会上，张伯苓就发表了一个叫雅典奥运会的演讲。并且第一次在中国介绍了古代奥运会的历史和现代奥林匹克的复兴。呼吁中国人应该将来也出现在奥运赛场上，他应该算是中国提倡奥运的第一人了。

如果张伯苓泉下有知，2008年咱们自己办了奥运会，一定会兴奋得拍手叫好。那个时候办学是很难的，因为国家动荡，风雨飘摇。当时张伯苓为了维持南开的运行，被称为化缘和尚，就整天周旋于各种政治要员、军阀当中，去筹措办学的资金。当时还有学生说，我们不要官僚军阀、土豪劣绅的钱。张伯苓有一句话，说得很形象也很有道理，叫美丽的鲜花不妨是由粪水浇出来的。如果能为国家培养鲜花，我愿意做那个挑粪工。非常值得一提的是，后来很快面临着日军侵华，张伯苓说过一句话，叫打完了仗，再办一个南开。早在1930年，全面侵华还没有开始的时候，张伯苓就专门为南开中学的高年级开了一门关于东北地理的必修课。所以说他当时非常有政治敏感性，预见到了日本觊觎中国东北的野心。所以在抗日战争爆发以后,日军把南开作为一个抗日根据地来对待,进行了大规模的轰炸,因此南开大学是在抗日战争中被损毁最为严重的大学。

有一个非常让人心酸的场景,当时正是暑假,日军的炮火把南开毁于一旦。负责留守学校的教务长,拿着所有房间的钥匙找到张伯苓说,校长,钥匙在这儿,但学校没了。大家想想多让人心酸?正是因为南开在抗日战争当中的这种风骨和坚持,最终等到南开复学的时候,得到了社会各界的大力支持,快速地恢复了生机。

我现在正在清华的校园,讲到梅校长,也是感慨万千。梅贻琦有句很有名的话,叫作所谓大学者,非有大楼之谓也,有大师之谓也。也就说强调一个学校并不在于办学条件有多好,而真正在于有一批德高望重、学识渊博的大师,才能叫一所了不起的大学。

1915年冬天,梁启超在清华有一场演讲,演讲的题目叫作《君子》。在演讲当中,梁启超用周易乾坤二卦说到这样一句话,来勉励清华学子,就是"天行健,君子以自强不息;地势坤,君子以厚德载物"。正是梁启超的这次演讲,最终奠定了清华大学的校训,就是所谓的自强不息,厚德载物。当时26岁的梅贻琦正是清华大学的物理教师,也在台下听讲。他是1909年清华选送的第一批庚子赔款的留学生,回来之后就在清华大学任教。

有两件跟梅校长和清华有关的轶事,第一个,就是解放战争以后,梅贻琦跟着国民党到了台湾,在台湾的新竹重新复建了清华大学,现在也是著名的世界一流大学之一。台湾的清华和北京的清华是同一个校友会,两岸的清华大学到现在其实视彼此为一家。我们之前去台湾参加比赛和交流活动，见到新竹清华的同学也都倍感亲切。第二个，清华大学现在在大家心目中应该是一所著名的理工科大学，但实际上在梅贻琦的那个时代，清华大学真正强的是文科，当时著名的文科四大家在清华大学，他们是梁启超、赵元任、王国维和陈寅恪，《先生》中有介绍陈寅恪。那个时候清华文科非常强，后来因为上世纪50年代院系改革的时候把文科剥离出去，变成了一个彻头彻尾的工科大学。但经过这几十年的恢复，清华又成了一个文理并重，全面发展的综合性大学。

讲起这些教育家的故事应该说是滔滔不绝、感慨万千。后面还有五位教育家，竺可桢是浙江大学最重要的校长之一。大家都知道他是个气象学家，但可能并不是所有人都知道他是浙江大学的重要功臣。还有一个可能更少人听到过的晏阳初，他是平民教育的领袖，而且是全世界范围内平民教育的先锋，甚至当初跟爱因斯坦一样位列影响世界的重要人物。还有就是陶行知，这个名字可能大家听到的很多，他的知行合一是教育界非常著名的一句话。此外还有梁漱溟、陈寅恪，这些都是非常德高望重、学富五车的学界泰斗。除了学术上的优秀成果以外，更重要的是他们在个人精神，风骨、气节和价值观上的追求，不仅教会了一代代年轻人知识，更重要的是传承了一种不屈不挠的中华民族的精神。

向大家推荐的这本《先生》，应该是每位教育工作者的必读书。国之兴衰，在教育；教育之兴衰，在先生；先生之传承，在你我。

2 成为教育专家，从专业基础开始

——《教育心理学》

打个形象的比方，每一个知识点就好比是一箱货物放在你大脑的仓库里，而当你的大脑向外发号施令，要调取某一箱货物的时候，它首先得有一个工人进去把那箱你要的货物搬出来，才能够正确的解答一道相应的问题。所以很多孩子并不是脑子中没有这个货物，而是他派去搬箱子的那个"人"找不到货物具体的位置所在。

前几年，我曾经就一个市高考文理科的前十名做过一次深度的访谈，每个人的访谈长达一个半小时。在整个交流的过程中，我只是试图挖掘出一个答案来，那就是为什么是他们成绩如此优秀？到底是什么原因促成了他们能获得这么好的成绩？我很惊奇地发现一点，没有任何一个人成绩优异的原因，真的是因为某项具体的解题方法训练得好。所有这些高考成绩拔尖的孩子，有这样几个基本的共同点：第一，他们都有极强的独立思考能力和自主意识。第二，在这种独立思考能力和自主意识的推动下，他们每个人都在细节上探索出了自己独特的学习方法，没有盲从和认可任何一个人的方法。第三，他们在成长的过程当中，都形成了一种极强的学习自主性，具有追求好的成绩的一种内心的驱动力，而不是屈从于任何的外部的压力。我举几个具体的例子，当年该市高考的理科状元，在个人的学习中非常清楚什么事情该做，什么事情不该做。他甚至很私密地跟我讲，就在高考之前，还有他自己很有好感的女生在追求她，给他写情书，希望成为他的女朋友，但即便在这样的诱惑之下，他也能够很好地控制住自己，他知道自己的这个时间最应该做的事儿。在学习方法方面，比方说大家最常提到的一个基本的方法就是确保认真听讲，但当年理科的第一和第二名就是截然不同的两种方式。第一名作为一个非常性格外向的男生，他在课堂上保持自己注意力120%专注的方法是频繁地举手回答问题，以保证自己高涨的兴奋度和对课堂的关注。我相信大家都有那种经历，当你真的要起来回答问题的时候，手心会冒汗，内心会很紧张，肯定不会犯困，你也希望能够答好这道题，在大家面前有个良好表现。而第二名作为一个性格比较内向的女孩，她保持注意力专注的方法就完全相反。她是一言不发，一个问题也不回答，但是几乎以速记员的速度和标准记录老师讲的每句话，甚至老师在这个地方打了一个喷嚏，她都要记录下来。这两个人虽然是冰火两重天的两极的方式，一个是极端动的方式，一个是极端静的方式，但是他们都做到了一个共同的结果，就是确保自己的课堂上120%的精力专注，所以在《教育心理学》这本书中，除了强调学习的过程以外，还强调了一种非常重要的概念叫作"元认知"，它讲的是人控制自己认知过程的能力。

这样说起来可能比较学术和拗口，简单来讲就是你知道自己在想什么，并且能主动控制自己去想什么，或许这样还有点抽象。我再举一个我在讲课当中遇到的例子，大家就能更好理解元认知的概念。我之前代过英语和语文两个学科，在英语课堂上，大家都知道有一个基本的语法知识点，叫作there be句型。there be句型在单复数上遵从的一个叫作就近原则。我在课堂上用非常形象生动、让人印象深刻的方式，向孩子们去介绍了there be句型的基本的原则方法，并且现场就做了练习，大家掌握得都非常好，表示完全听懂了，提问也能够应对自如。但是短短的十分钟以后，当我把there be句型的考点糅在十道其他类型的题目当中，一起给孩子出的时候，我非常惊奇地发现，只有20%的学生做对了相应there be句型的题目，80%人都做错了。那当我去问大家there be句型的知识点的内容是什么？那80%做错的人毫不犹豫地能够答出来正确的答案。但是我问，为什么你们考试的时候会做错，就很惊奇地或者叫很精准地发现了孩子们在思考问题中元认知能力的不同，就是管理自己的认知过程的能力是不一样的。

打个形象的比方，每一个知识点就好比是一箱货物放在你大脑的仓库里，而当你的大脑向外发号施令，要调取某一箱货物的时候，它首先得有一个工人进去把那箱你要的货物搬出来，才能够正确的解答一道相应的问题。所以很多孩子并不是脑子中没有这个货物，而是他派去搬箱子的那个"人"找不到货物具体的位置所在。这在教育心理学中就是一个很重要的元认知概念，就是自己的大脑去调取加工和处理知识的过程。

从这个角度来看，我们可以把认知过程分成三个阶段，第一个阶段，理解和储存，听懂了并且记住相关的知识点。第二个阶段，调取相应的知识，要找到这个知识对应的位置来解决眼前的问题。第三个阶段是应用阶段，就是如何应用这个知识，去解决具体的题目和问题。所以很多同学问题并不是出在了不理解和没记住知识上，而是出在了调取不来的这个点上，还有一部分是出在调出来之后不知道如何去应用。所以我经常给孩子做试卷分析，单就应试技巧层面而言，你就会发现每个孩子短时间提高分数的空间极大。因为他丢分的原因可以大体上分成前面讲的三类，分析教育心理学的认知过程是一样的。第一类是没有理解和记住知识，第二类是没有准确地调取知识，第三类是知识调出来以后不知道怎么去使用。而根据我实际给孩子们做试卷分析的经验，假设这个孩子丢了100分的话，当中可能真正没有理解和记忆的知识只有30分的比重。

由于不知道怎么调取知识造成的丢分，至少能有将近40到50分。另外的20到30分是属于调取了知识不知道如何使用的。前面举的这样的例子，就是教育心理学当中最基本的一个理论的知识点。把它落地到教育教学和教研当中意味着什么呢？意味着我们在给孩子进行每一堂课的课程设计和整个的教学规划的时候，首先你要帮孩子理清哪些是因为记忆和理解知识的问题造成的丢分，哪些是因为不会调取知识造成的丢分，还有哪些是因为不会应用。只有这样对症下药，像看病一样去解决问题，才能够有效地改善孩子的学习成绩。

在前面我们讲即便是提分，也并不是简单的机械训练。提分还涉及到很重要的一点，就是在教育心理学中学习的积极性和主动性问题。学习的积极性和主动性，我们同样分成两个维度来看。第一个维度就是要激发孩子本身对于知识的兴趣。第二个维度是在教学互动的过程中，不断地通过奖励和成就感让孩子获得持续不断的动力。关于前面的这一点，我给大家举一个非常经典的教育学方面的案例,墙上的洞穴。这个例子是印度的一位科学家所做的实验,他向大家充分证明了学习是一种天性。大家想如果人学习不是天性的话,怎么可能有短短几千年来的科学技术的快速进步。从来没有人用鞭子去抽打科学家,但是他们不断地在突破知识的边界,进行新的探索和发现。

　　印度的这位科学家试图在探讨一个学习天性的问题。大家都知道,印度存在着非常严格的种姓制,人是分三六九等的,高等级的人甚至都不能跟低等级的人接触。所以这个科学家问了一个问题,说那些精英家庭的孩子真的是因为遗传基因好,还是因为教育服务好,才有了那么好的事业和前途?是不是那些低种姓贫民窟的孩子,在能力和天资上就弱于这些学生呢?于是他在印度的一个贫民窟做了一个实验。这些贫民窟往往都是通过高墙跟富裕地区隔开的,人都不能互相走动。他在这个墙上掏了一个洞,在这个洞上面装了一台电脑,这台电脑就是我们常用的那种。电脑的操作的那一侧面向着贫民窟。贫民窟的孩子们很快就注意到了墙面上这个洞,里面有一台很奇怪的机器,他们根本不知道这个机器是什么,于是就尝试性地去开始摆弄这台机器。然后在短短的三个星期里神奇的事情发生了,在没有任何人教学和指导的情况下,这些孩子单凭自己瞎玩瞎弄,居然熟练地掌握了电脑的基本操作方法,并且开始打开电脑里的相关文档和材料,在那里非常热烈和搞笑的互相讨论、嬉戏、打闹,开始了一个很神奇的自学过程。那么在两个月的实验以后,这个科学家在电脑上放进了基本的生物学的一些知识的教学内容。他惊奇地发现,这些完全凭借自学的孩子,对于生物学知识的掌握程度,在考试的视角来看,平均分跟旁边贵族学校的学生相差并不大,甚至都能够达到及格的分数，而这个过程是没有任何老师指导的。

后来为了排除实验中的干扰因素，比如说是不是有人恰好接触过电脑，是不是有人可能在不经意的时候指导了他们，这个科学家又到一个非常非常偏远的小山村，完全与世隔绝的地方重复了这个实验，实验证明孩子们在没有任何指导的情况下做探索，仍然掌握了绝大部分的知识。比如说，当这个教授去问孩子生物的分子结构到底是什么样的一个概念？那孩子说，可能我不清楚是什么意思，但是它可能就是指什么什么生物的，只是大概了解可能就是一个生物上由于什么蛋白质组成的一种特殊的结构，形成了某种特别的功能，实际上已经把这个知识的正确答案说出了百分之六七十。科学家又加了一条辅助的条件，这个辅助的条件使得这些自学的孩子成绩又有了大幅的提升。加的什么条件呢？就是在他的旁边加了一个根本也不懂学科知识，也不懂教学的老太太，当孩子们稍有发现和进展的时候，老太太就表扬和鼓励一下他们，在这样的驱动下，孩子们的成绩又提高了一大截，甚至已经追平了公立学校的学生们。

这个实验其实验证了教育心理学上一个很基本的观念，就是学习是一种天性，孩子是可以自主去进行知识的探索和学习的。大家知道吗？在世界上投资回报率最高的连锁加盟企业是哪一家？可能大家想到连锁加盟的企业什么麦当劳、肯德基这些，但实际上告诉大家，投资回报率最高的，麦当劳、肯德基还排在另外一家教育企业的后面，这家教育企业就是来自日本的公文教育。公文教育的创始人是日本的一个数学老师，他的初衷就是因为他自己的儿子学数学不开心，觉得非常的枯燥，为了解决自己孩子学数学兴趣不足的问题，他就尝试着将数学的知识点，抛开课本的逻辑，拆成了更细致的一个一个的小进阶的知识点。比方说，那我们把一个馒头摆在桌子上，再摆一个馒头，再摆一个馒头，那就是1+1+1就是3，这是一个加法的逻辑。我拿走一个馒头，少了一个就是减法的逻辑，其实从加法到减法，就是一个逻辑的递进。他把这个知识拆分到这么细的颗粒度，把每一个知识的逻辑推进都当成一个成功攻克的关卡，让孩子就像打游戏过关一样，一个一个攻克眼前的知识点和困难，那最终的结果是，孩子们在学习过程当中获得了极大的成就感和自主性。为什么公文教育的投资回报率高呢？因为他在教学形式上，一间教室比如坐30个孩子，每个孩子都在那里自学，各学各的，有的可能在学学四年级数学，有的可能在学初中三年级的数学，有的可能在学高中一年级的数学。每个人的进度都各不相同，都在自己过五关斩六将，解决一个一个的数学问题，然后在每攻克一个小问题的时候，得到一种奖励。老师、辅导员就在教室当中巡来巡去，有针对性地去解决孩子的问题。

大家去过网吧抓孩子没有？当你真的到网吧的时候，你发现孩子们完全聚精会神地盯着屏幕在打游戏，甚至你走到他背后拍着他脑袋，你说，不让你打游戏，又来游戏厅！他可能还反应不过来，专心致志在那里打游戏。要是学习能这样该多好？而大家仔细去分析，游戏为什么如此的吸引孩子？其实游戏也很枯燥。比如说我自己打过很多游戏，打怪、练级、过迷宫，丝毫不比学习要容易，也要耗大量的脑细胞，而且非常枯燥无味。但为什么人们会乐此不疲地打游戏？大家仔细看现在流行的网游有什么特点？当你跟怪物打仗的时候，你每打它一下，有连击，就是啪啪啪啪啪，那个怪物头上就开始冒数字，表示减血。你每得到一个，打过一个关卡，就会得到诸如勋章、积分一类的奖励，还会有各种各样新奇的装备，一个一个给你。这个其实就是用到了教育心理学在学习和克服过程当中的奖励机制。快速而及时的奖励是激发孩子学习兴趣非常重要的心理学元素。

在在线教育领域，很多团队一直有这个梦想。如果有一天，我们能将晦涩、艰深的课本知识体系和结构变成好玩的过关斩将的游戏，就像练级一样。你说张三你练到几级了？说我练到高三级了，李四呢？我才打过初三。如果是这种状态，我相信所有天下的父母都会省心和放松了。但作为教育机构，我们回到这种及时的反馈机制上，大家还记得小时候的小红花吗？为什么孩子们会被墙上贴的小红花儿而激励呢？所以实际上要想营造一个好的学习的氛围，在教育过程中，在学习教育机构中，及时、直观，并且有积淀地学习进步的反馈，对于激发孩子的主动性和学习成就感，非常非常的重要。

《教育心理学》这本书总共分成了四个大的篇章，第一个篇章是总论，总论中重要的是第二章"学习与实习理论"，这里面介绍了到底什么是学习，学习是怎么样的一个心理和生理的一种过程。重点介绍了三种不同的学习理论，包括行为主义、认知学派和建构主义。

我们今天的高考改革的指挥棒，或者今天在我们实践当中最盛行的就是建构主义的学习理论。什么叫建构主义学习理论？形象的打比方来讲，就像搭房子，大家想象一下搭房子是怎么一个过程？你把一个房子的架子搭起来了，你要往上面放大梁，你支起一根大梁，你先要仔细的比较，找到在这个房屋结构当中大梁的相对位置。然后小心翼翼地把这大梁架到那个位置上，房子的架构就进一步完善了，建构主义也是类似的一个过程。它强调的是任何孩子吸收的新知识，都要首先在自己原有的知识结构当中去找对应的位置，找到了位置以后，才能够被有效地安放，记住，并且在下次运用的时候能够贯通起来。这一点对于我们实际教学的指导意义就在于老师最容易犯的一个错误，就是站在成年人的知识结构的标准上，去看待孩子的学习过程。打比方讲，你这里一栋房子已经盖好了，孩子那里刚刚打了一个地基，你刷的一下子就把一根大梁扔过去，来，给你大梁自己装上。孩子那边只有一个地基，他脑海当中连蓝图都没有，他拿到大梁之后不知道往哪放。好，大梁还没放好，你哐就扔过去一堆椽子，又扔过去一堆瓦，又扔过去两块砖，最终想一想学生那里是什么状态，学生那里就是一堆的建材，胡乱地堆放在那里，等你要考试就要住这个房子的时候，发现连门都找不到，这就是我们老师在教学中常犯的一个错误。

科学合理的教学过程应用到建构主义的方式方法应该是怎样的呢？两种情况，在传统的教学情况之下，要求老师要非常了解孩子以前学过什么，他已经理解和掌握了什么，然后将新知识和旧知识的有机联系找到，再将新知识讲授给孩子，让孩子把它放在自己对应的旧知识的相对位置上。比如说当你要给孩子讲减法的概念的时候，首先应该搞清楚孩子现在有没有搞懂加法。如果他搞懂加法的情况是用了摆馒头的方式，那你就同样用摆馒头的方式，沿着同样的假设的场景说把一个馒头拿走，那你觉得数字会怎么变化？这就是很典型的一个例子，了解孩子已掌握的知识，用他已掌握的逻辑和情境，向他介绍新的知识，以确保他能够很好地理解和吸收。很多时候老师干着急，孩子听不懂，真的不是孩子笨，是因为你在那里胡乱地给他甩砖头、甩大梁、甩椽子，导致他那里应接不暇乱成一团。建构主义第二种更新颖的应用方式，就是自主学习。自主学习打比方讲就是你将什么椽子、大梁、砖头、瓦片、水泥等等，摆在孩子的面前，给孩子勾勒一个整体的知识架构，让孩子自己摸索着往上去装，就好比做七巧板的拼图一样，这试试不合适，那试试不合适，最终他会组装出一个属于自己的房子，建立起一套自己的知识架构。但更重要的是，他最终得到的不仅仅是一栋完整的知识房子，他还能够得到如何去建构房子的分析和解决问题的能力。

　　这本书第二篇的第二个部分讲的是认知领域和行为领域的学习过程，这个听起来又很拗口又很没意思，我说的尽可能通俗一点。大家理解一下，首先是讲知识的学习。知识的学习拿我前面打那个形象的比方，就是你把这箱货物装进你大脑库房的过程。你得先知道这箱货到底是什么？然后给它摆在库房的相应的位置上，这就包含了理解和记忆两个最基本的环节。这里又讲到了知识学习的各种各样的分类，核心是先理解这是一个什么知识，并且把它放在记忆仓库里，把它记住的一个过程，这个讲的是知识的学习。

　　第二篇的第三个部分讲的是学习策略，所有尖子生都是因为有了成熟、独立自主的学习策略，一旦你给孩子建立起来好的学习策略，学习就会变成一件轻松和自主的事，不需要我们再时时刻刻去跑冒滴漏当那个救火队长。关于学习策略，我给大家做一些比较通俗的解读。简单来讲举几个最基本的例子，第一，孩子应该知道自己哪里会哪里不会，哪个知识点掌握了哪个知识点没掌握。第二，孩子应该清楚做题的时候应该怎么样去调取知识？就能想起来这道题，这道题考哪个知识点才能搞清楚。第三，在学习的过程当中他能够有效地管理自己的学习进度。比方说我多长时间复习巩固，多长时间去做练习，多长时间去做回顾，这是比较通俗的讲法，就是管理自己学习过程。其实你会发现作为一个教育机构，如果你能够教给孩子学习策略，通俗讲所谓的学习方法或者学习计划管理的能力，对于孩子是事半而功倍的。

在我们的试点校区非常强调学习计划性和学习方法的重要性。我们会要求每个孩子形成良好的制定学习计划的习惯，定计划就要求他能够知道自己哪里做得好，哪里做得不好，以及怎么样去按照时间的重要性安排学习的节奏，这些其实都是学习策略养成的最基本的训练方法。所以大家反思一下你的校区有没有除了让孩子听课以外，教孩子做学习计划和学习的过程管理？

第二篇的第四个部分讲的是智力与创造力的培养，这两个部分其实相对来讲是比较新颖的板块，智力其实是指一个人的理解和处理信息的能力，那创造力其实是联想的能力。在相应的章节中有关于智力和创造力培养的一些具体方法的介绍，需要强调的是创造力其实也是未来在高考命题当中非常重要的考察点。我这里只跟大家分享一个在教育心理学上创造力的基本概念，创造力来源于联想能力，通过联想能建立不同知识点之间的联系，跨学科之间的联系，通常我们讲考试考大综合小综合，就是培养和考察孩子联想的能力，这是创造力发展的基础。

在第二篇中还介绍了动作技能的学习，比方说骑自行车你会发现一个很有意思的现象，但凡学会了骑自行车，哪怕二十年没骑，你一摸自行车还会骑，它到底是什么原理呢？在大脑的神经网络当中它已经形成了固定的回路。这里面非常有意思的是讲脑神经当中如何形成的动作记忆的规律和方法。映射到我们教育的教学当中，其实动作技能的学习也有助于孩子们养成一些学习习惯，诸如通过坐姿的矫正确保上课的认真听讲，诸如通过做笔记的习惯，保证孩子们能够把重点和难点清晰地标注出来，加强注意力的集中等等。

接下来在第二篇中还讲到了一个非常重要的概念就是学习的迁移。学习的迁移就是我们通常所说的举一反三，触类旁通。大家都知道我们不管怎么辅导怎么讲课也不可能把所有的题目讲完，不可能把每个可能考的考点都讲到，所以孩子必须有这种学习迁移能力，也就是所谓的举一反三的能力。这种迁移的过程也是个非常科学的过程。在这个章节当中就重点介绍了学习迁移的概念，以及什么条件下孩子能够养成有效的迁移能力。大家想一想，如果我们的老师对于这种理论和方法找到实操手段的话，那对于培养和提高孩子成绩一定会有非常大的帮助。第二篇的最后一章讲的是品德的形成，这个对于现在的家庭教育尤其重要，孩子在和家长互动关系中，家长会非常关注孩子的品德。很多情况下如果你真的让孩子有改变，家长会一直不离不弃，这并不一定仅限于成绩提高，还包括孩子在做事、待人接物上的变化，所以这里面会非常科学的跟大家介绍品德是怎么构成的，情感是怎么发生的，如何在教育过程当中培养孩子的品德和形成较好的待人接物的习惯。

品德的形成过程其实是一个社会规范学习的过程，实质上来讲是个人在生活过程当中，在学校、在家庭、在教育机构的影响下把他外部看到和感知到的规范和行为方式转化成自己的规范和行为方式，说通俗一点其实就是个内化的过程，是对外复制到对内的过程。再说通俗一点就是家庭什么样他就什么样，学校什么样他就什么样，周围的人什么样他就什么样，所以在品德形成过程当中非常重要的是营造一个公平公正，并且正向的外部环境和判断标准，能够给孩子一个正确的价值观。所以孩子好的品德和行为习惯绝不简简单单是老师讲出来的，其实是家长、老师还有他身边的同学做出来的。这样的一个观念也是我们在校区运营当中强调的家长守则的重要根基，就是我们要求家长要用自己的言行去教育孩子，好过千言万语和百种的奖罚，以身作则才是最有效的教育方式。

这本书的第三个篇章讲的是影响学习的因素，首当其冲的就是讲学习的动机，这一点绝大部分的校长肯定特别想知道，到底什么影响着孩子的动机，我现在听到最多的抱怨就是孩子学习没有主动性，不想学习，学习没兴趣，整天被逼着学。我们说以前还有为中华崛起读书，为了光宗耀祖读书，为了吃饱饭读书，现在孩子们啥都不缺，他怎么才能有学习动机呢？如果一个孩子有了学习动机，可能家长和老师就真正省心了。所以这里面会讲到影响学习动机都有哪些关键因素。

第一种动机的相关概念，是需要驱动力，这是心理学上的一个讲法。个体在做一个行为的时候，他内在的原因是什么。如果从狭义的概念来讲的话，驱动力往往是指原始或者生理的动机，比如说我肚子饿了，比如说我想找对象，这是指驱力，但实际上，在真正我们所需要的角度上，不仅有生理上的需要，还包括心理上的需要。比如说孩子需要别人的尊重，需要别人的关注，那可能有的孩子要努力学习，就是为了得到周边人的认可。你反复打击他，他就会丧失学习的动力，这其实是咱们中国家庭最常见的悲剧。

第二种学习动机，就是好奇心和习惯。好奇心其实是人的天性，不需要学，与生俱来。为什么小时候会有《十万个为什么》这本书？好奇心为什么会被抹杀？我在实际工作中给孩子做了无数场演讲，我发现一个最搞笑的事，或者最可悲的事，年级越高，孩子越死气沉沉，年级越小，越充满了好奇心，充满了学习的欲望。我觉得这是中国教育的悲哀，所以保持孩子的好奇心非常非常重要。我这里有一个实际的案例，当时我在吉林省做演讲，演讲完以后，好多家长不走，其中一个家长非常痛苦地来找我说，胡老师，我家孩子完蛋了，我实在是管不了了，你快帮我想想辙吧。我说什么情况，他说我家小孩上六年级，每天根本不学习，就整天在那儿研究虫子。一小男孩，特别喜欢昆虫，什么甲壳虫，什么树上爬的水里游的，土里钻的，什么虫子他都得来研究一下。还自己查书，把它们做成标本。然后他妈一见到这种情况就把虫子扔了，踩了打他，骂他不让他玩，非要逼着他写作业。当时我俩正在这谈，跟我同时去吉林演讲的，还有一位北大的高才生叫韦胤宗，我们连续讲了两天，他已经累得不行了，然后在那边闭目养神，听到这里起身就冲到这个家长面前，跟这个家长说，你知道吗？你正在扼杀一个达尔文，大家听明白了吗？达尔文是世界著名的科学家，生物进化论就是他发明的。他就是因为有对大自然的好奇心才有了创造。

后来我们就跟这位家长谈，你知道全国最好的生物系在哪里吗？比如说北京大学的生物系，如果你能够引导孩子的兴趣和好奇心的话，你完全可以把它转化成孩子的学习动力，甚至能让他考上北大。你说这不好吗？所以在教育过程当中，这就要求我们教育机构的每个校长和老师要发现孩子在哪方面感兴趣。比如说我在鹦鹉螺的合作校还曾经接触过一个孩子，她非常喜欢漫画，那我就从漫画跟他聊，跟她聊海贼王，跟她聊火影忍者。跟他聊伟大的漫画家。伟大的漫画家是怎么样具备丰富的历史和人文知识，才创作出那么了不起连载十几年影响全世界的漫画。听了之后，她特别的兴奋。她说，胡老师，我有目标了，我要成为伟大的漫画家，我必须得学好文科。我要考个名牌大学，当时他妈在旁边都听傻了，她说以前因为漫画这事，没少跟她闺女打架，结果没承想我这么一聊，漫画这事反而成了好事了，能让她有更好的学习动力，这就是更好地利用好奇心和习惯。

　　第三篇的第二个部分讲到影响学习的人格因素，这里包括了像智力差异，学习风格的影响，还有非智力因素的影响，孩子为什么学习不好，怎么样对症下药？第四篇是教学心理。它主要讲了教学设计，课堂管理和教师心理。教学设计包括怎么设计教学目标，怎么设计教学方法，怎么做教学评价；课堂管理包括课堂中的人际关系，环境和纪律；教师心理包括了职业角色，心理成长，心理和心理健康等等。

　　我们总体看一下这个结构。总论部分，告诉我们什么是学习，学习到底怎么发生的，现在高考改革的建构主义到底啥意思？第二篇，讲的知识的学习，学习策略，动作技能智力创造力，学习迁移和品德，第三篇讲影响学习的因素，包括动机，认知和人格因素。第四篇讲教学心理，包括怎么设计课堂，怎么管理课堂和教师，怎么样去成长，所以这个经典教科书就是一座宝库，能够帮大家改进教学，改进服务，提高教学效果的东西是取之不尽用之不竭的。

3
做时间的主人，把握最宝贵的财富
——《时间力》

　　管理好你自己的时间是我们每个人一生最重要的工作。我们想想自己这项工作原来做得怎么样，所以不管你现在是处于顺境还是逆境，是贫穷还是富有，你的学校办得是大还是小，你现在是刚刚参加工作还是已经有了自己的事业，只要有时间我们就能改变自己的人生，实现自己的梦想。

　　大家都会说自己平常特别忙，没有时间。一天从早忙到晚完不成几件事，同时又发现自己手下的员工也很忙，你分配给他们的任务，往往会拖拖拉拉，没有时间完成。当然了像包括我在内的很多朋友也会有这种特别痛恨自己的时刻。就是想着去做一件事，但是拖了又拖，10点拖到10点半，10点半拖到11点，然后再往下拖半个小时，一直到睡觉前，事情还是没有做完。其实这都是我们时间管理的效率高低的问题。《时间力》这本书就是帮助我们进行时间管理的。

　　每年我都会到很多城市的学校去跟孩子们做交流和分

享。我每一次演讲的第一个环节,都会问大家一个问题。我会问在场的那些初中高中的学生们,他们和我比较起来谁更富有。大家可以想象一下,如果你是一个14岁的初中生,当一个已经30多岁的老师站在讲台上,跟你问这个问题的时候,你们两个人相比谁更富有?你的答案会是什么呢?让我非常欣慰的一点是,每一次不管我在哪个省的哪所学校去演讲,我都非常高兴能够听到有学生们回答,他们比我更富有。虽然看起来貌似在金钱、社会的地位和成就上,我比他们要更强,但他们都有一个我永远超不过的财富,我相信大家能猜到这个财富是什么,那就是时间。

每个人都拥有相同的时间,1分1秒过去。对于世界首富比尔·盖茨来说是那样,对于你我他都是同样的。我每次和孩子们去比较谁更富有的时候会跟大家算一笔账,比方说我比他们要早出生15年的时间,看起来我好像比他们有了更高的地位、更好的收入、更大的价值。但实际上这15年的时光是我这辈子怎么赶都赶不回来的。15年这个数字听起来会觉得挺小,但我会跟孩子们再算另外一笔账,把15年这个时间精心的打算一下,它到底是怎样一个数据概念呢?我们一起算道简单的数学题,15年的时间如果换算成天,乘以365是5475天。一天有24个小时,是131400个小时。再换算成60分钟的话,就是7884000分钟。我们再看一分钟有60秒,就是4.7亿3004万秒,4.7亿。

孩子们比我富有的就是时间,他们每个人比我都要多几亿秒的时间。大家可以想象把一秒钟换算成一块钱,那就是几亿元钱。实际上我们每个人的人生最终取得的成就,就是靠1分1秒的时间,你应该说是用时间构建了自己的人生。我再打一个形象的比方，就好像我们要花钱置办家具一样。你买了一个新的三室一厅的房子，要花钱在这个房子里面摆上你喜欢的家具，装修成你喜欢的风格，你可能花2500块钱买了一套很简单的沙发，花3000块钱买了一台电视。其实我们每个人都相当于在花自己的时间去布置你的人生，你每付出的时间所换回来的回报和收获就是你整个人生房间里面的桌椅板凳和最终呈现的效果。所以我们在分享《时间力》这本书之前想跟大家强调的第一个核心理念，管理好你自己的时间是我们每个人一生最重要的工作。我们想想自己这项工作原来做得怎么样，所以不管你现在是处于顺境还是逆境，是贫穷还是富有，你的学校办得是大还是小，你现在是刚刚参加工作还是已经有了自己的事业，只要有时间我们就能改变自己的人生，实现自己的梦想。所以《时间力》这本书就是要跟大家分享如何让我们能够有效地利用时间，去做好我们要做的所有的事。这本书的作者叫作博恩·崔西，是世界顶级的咨询师和个人成功领域的专家。

在这本书中，作者承诺帮助大家做到以下几点。第一，每天让我们能够多出两个小时。第二，帮助我们更快更好地做决定。第三，让我们集中精力去做更有价值的事。第四，更高效地管理好多个同时进行的任务。第五，我相信很多的朋友都会很感兴趣，就是克服浪费时间的恶习，特别是拖拖拉拉的臭毛病。

我之前也跟大家讲到过我个人的学习成长经历，我不是一个聪明人，是一个很普通的笨笨的小孩，从小生长在北方一个最普通的农村的最普通的家庭里面，其实我的人生经历就属于那种小学时候成绩中等，然后初中阶段中等偏上，到了高中阶段变成了最拔尖的人。之所以是一个慢热的过程，是因为我本身就是一个笨鸟先飞的典型。这种笨鸟先飞，我最有力的武器就是时间管理，所以这本书上说，每天多出两个小时，这个理念我是特别赞同的，这两个小时并不是24小时变成了26，而是因为你用时间的效率比别人更高。我们可以算笔账，假设你每天能比别人多出两个小时，就按每周五个工作日算，每年你能多出将近500个小时，500个小时是什么概念呢？我们再换算回来，一个人一周工作5天，每天8小时，按每周40个小时计算的话，你相当于比别人多出3个月的工作时间，想想挺恐怖的，每天多两个小时，意味着你每年比别人多3个月的工作时间。可想而知，你多干这3个月所取得的业绩也一定会比别人要更多更好。

当我从初中升入高中的时候，成绩只是中等偏上，当时在全学校是排到64名的成绩，进入了我们当地的一个重点高中，64名不算是拔尖，前面根本看不到我，而且在第一个学期中，由于自己被胜利冲昏头脑，吊儿郎当的，成绩反而下降到119名。因为高中时候的知识比原来更难，学业压力也更大。我发现我按原来那种比较轻松的方式，根本就搞不定学习。因为我远远没有那些年级排前几名的人那么聪明，学习效率那么高，所以我给自己想的办法就是笨鸟先飞，比别人争取能挤出更多的时间来，于是乎就非常严格地安排时间。我当时的作息安排是每天5点钟左右起床，然后跑步到学校，每节课间的10分钟时间都会安排背书，然后晚上12点钟左右才睡觉，就这样，把所有的边边角角的时间都利用起来，并且把早晚的时间尽可能拉到最长，用时间来换成绩才成为了年级第一。

你自己能成为一个时间管理效率特别高的人吗？我们得

破除给自己画地为牢的几个心理障碍，我们常听到有几种说法，第一种说法是说做什么计划，整天做计划那不就是束缚自己吗？每天都按部就班的生活有什么意思？我们应该自由自在，轻轻松松的。可能很多人会觉得做规划或者管时间就是让自己被束缚起来，还记得我们之前讲过的那份习惯的力量吗？实际上，当你形成了一个有条不紊的工作和学习节奏的时候，你并不会觉得那是一种束缚，反而会觉得非常的舒适。

我们讲习惯的形成，就是要靠日积月累的不断重复，才能最终形成习惯，所以当你适应了有条不紊的生活的时候，你真正心里的感受不是被束缚，而是你成了自己的主人，你可以掌控自己每天的时间，然后有非常强的自尊心和成就感的产生。它是一个科学的、有规律的、有方法可循的过程，不管是我们的学习，我们的记忆，我们的情绪，我们的思维，我们的习惯都是可塑造的，只要我们了解了大脑运行的规律，了解了事物发展的轨迹，我们每个人都可以把自己改造成更好的人，所以不存在说我就是这样的人，我做事总是这样，这样的一个不可逾越的障碍，只要你下定了决心，你就能变成一个高效率管理自己时间，力量非常强大的人。

我们经常面临的自我设限的点，就是我没有那个能力，就是我自己即便想干，也没有能力做得到。这更是一种画地为牢，其实本质还是因为动力和决心不够。你可以设想一个场景，假设你未来30天只要能做到高效的时间管理，我就把一个亿的现金打在你的银行账户上，大家可以想象一下，账上多出一个亿是什么感觉，你相信你能做到吗？所以其实并不是我们能力的问题，更多的是我们的意识和决心的问题，下面给大家六个非常实操的、具体的方法，可以帮助你以及你的团队去提升自己在提高时间效率这一点上的信心。

第一个具体的动作，与自己对话。看着镜子里的自己，向自己不断地重复：你可以做到，你应该是一个时间效率非常高的人。这样的一种心理暗示，大家可能会觉得有点傻，尤其是当着别人的面，肯定不好意思，但实际上心理暗示的作用对每个人的影响都是非常强大的。我尝试过这种方法，你会发现自己对镜子中自己的影像笑一笑，会感觉到让自己从一个旁观者的角度注入了更强的信心。

第二个具体的动作，冥想法，也叫心理预演。这是我个人常用的一种方法，我管它叫过电影，就在脑海中过电影。什么叫过电影？就是每天晚上在入睡前闭上眼睛，想象一下明天早上起床，然后坐地铁或骑自行车路过天安门到木樨地到公司，然后开始打开电脑，然后开始开早会，就是想象一下明天会发生的那些事儿，在大脑中像过电影一样过一遍。这样的一个动作可能很快，七八分钟的时间把明天想象一遍，第二天早上你会发现很神奇，你一整天的效率会大大提升。

第三个具体的动作，角色扮演。就是你把自己扮演成一个决策效率特别高的人，比如说你把自己想象成这本书的作者，它是一个日理万机的企业家，想象那种状态和感受。当然跟角色扮演相类似的一个技巧，就是去找一个你的最佳标准，就是崇拜的某个人，比如说，大家在网上搜一搜，经常会搜到这样的文章，就是你发现最恐怖的事儿就是那些比你聪明的人比你还要努力。有一个调查说，全球范围内那些顶级的商业领袖和成功人士，大部分的起床时间是5点或者5点半。我还看过一篇文章，讲李嘉诚的起床时间好像是5:58分，就是他们会比你更加努力。你找到了这样一个心目中的标杆，仔细读一读他的传记，把他的照片挂在你的办公室，或者你平常能看得见的地方，也会给你提供改变自己的动力。

第五个具体的动作，成为一名老师。就像我这样，把你看到的东西讲给别人，帮助别人去提高，反过来自己也会有提升。其实做老师是一种特别好的自我完善的方法。我跟大家分享了很多的工作方法、学习方法和自己的管理，坦白讲我自己都没做到100%的好，可能做到七成、八成、九成，但是每周跟大家去分享，也让我自己有了更高的要求和动力做到更好，所以我们群组当中的每个校长和老师，我给大家的建议就是，你们每个星期也可以给自己的同事、朋友、家人、员工去开这样的学习会，去分享一本书，在这个过程当中，实际上不仅是自己消化吸收的过程，也是给自己增强动力和让自身能做到更完美的一个非常有效的技巧。

第六个具体的动作，团队的行动。自己要把一件事坚持到底很难，但是如果有一群人和你一起，就能够做到更好，所以这6个小技巧可以帮助自己有更好的心态，更好的环境，去成为一个高效率的人，供大家学习和参考。我们要想真正地掌控时间力，或者说成为一个具备时间力的人，第一件重要的事儿，就是要通过目标来掌控时间，要有自己明确的目标。

目标的重要性对于时间管理，可以说就好比是你在海上航行的灯塔，或者说你最终想要抵达的那个港口的坐标。也可以设想一下，在一片茫茫大海当中，你开着一艘船，漫无目的没有方向的前进，不管你怎么努力划桨，不管你怎么努力扬帆，最终还是会迷失在茫茫大海上。只有有了精确的目标，才能够保证所有的努力都不会白费。

时间管理的第一个基本功是目标设定，目标到底有多大的威力呢？我之前在各处的课程和演讲中，经常跟大家分享这样一个案例，哈佛大学曾经做过一个实验。他们选择了一批智力和学历非常相近的年轻人，进行了25年的追踪和研究。在刚开始调查的时候，去问这些年轻人，你们有没有自己的目标？然后根据这些人目标的情况进行分类跟踪25年，看他们之后的人生轨迹如何。客观的调查结果是什么呢？

第一类，没有目标，就是你说你有目标吗？目标，没啥目标，我反正就好好过日子，好好工作，没什么具体目标，这属于第一类。第二类，有目标，但很模糊。比如说，我将来想创业，我想自己干点啥，但到底自己干点啥呢？不知道。第三种，叫清晰的短期目标。比如说，我想先做到企业的年利润50万。或者说，我想先做到我们的招生主管，这就属于有清晰的短期目标。最后一种叫清晰并且长期的目标，而且把它写了下来，有5年、10年的目标，很具体。比如说我要成为当地最大的教育培训机构。调研的结果，27%的人没目标。60%的人有模糊的目标，这是绝大部分人，这两部分加在一起，就是87%了。只有10%的人有清晰的短期目标，人数已经很少了。只有3%的人有清晰的长期目标，并且把它写在了纸上。25年追踪的结果是什么呢？这几类人都有着截然不同的人生。我们先说那3%，有清晰的长期目标，并且把它写下来的人，他们都成了各个领域的佼佼者，领袖、企业家、科学家、领军人物。那10%有清晰短期目标的人，成了各个领域的精英，比如说高级职业经理人、律师、医生。那60%目标模糊的人，就是平平凡凡的，我们见到的芸芸众生，什么各个岗位上的普通的人，而那27%压根没目标的人。可能是失业流浪汉，工作非常的不顺心，遇到很多人生的挫折，活在抱怨和困顿当中。很神奇，这些人的起点是差不多的,他们有几乎同样的学历背景,同样的智力水平,同样的年纪,同样的家庭环境,但就是因为有目标,没目标,目标的清晰程度不同,便有着截然不同的人生,所以这就是目标的威力。

我问大家一个问题,你想做哪种人,并不一定都想做3%,但至少我们应该做到那10%有清晰的短期目标的人。当然,如果你能有清晰的长期目标,成为行业的精英,我相信这是我们每个人应该努力为之奋斗的。

2002年的时候,《今日美国》杂志发表了一篇文章,这篇文章讨论了"新年决心"的话题。大家可能都有这种经历。每到过新年的时候都会想,唉呀我今年过得怎么样?明年我一定要如何如何,就下定决心要干这干那。有两种情况的对比,一种是想了,并且写下来,一种是空想,但没写,最终的结果是什么?那些空有想法的只有4%的人付诸了行动,并且实现了目标。而那些写下来的人当中有46%的人实现了目标。很简单,一个动作写下来还是不写下来,最终的差别是如此的巨大,所以大家现在前面不是有张纸有支笔吗?你就动笔写一下自己的目标。

设定目标有几个原则,跟大家分享4个原则。

第一个原则,要构建一个伟大的梦想。有人说,唉呀,我平平凡凡一人,你说学历水平也不高,就生活在一个小城市,没什么宏图大志。但是我这里要强调的,如果你真的想变得更幸福,更优秀,我们并不在乎结果一定达成如何,但不管怎么样,如果你真的想让自己充满了动力,不断进步的话,就得给自己构建一个伟大的梦想。比如说我曾经读到过一本书,讲的是孙正义,这个名字可能很多朋友没听说过,但是我提他的这个投资项目,相信大家就没有人不知道了,他是最早战略投资阿里巴巴也就是马云的人。孙正义是一个日本人,他曾经相当长的时间是亚洲首富。他创办了软银,这个人的创业故事特别有意思。他就是自己花了几个月的时间,调研未来50年什么行业最牛,我就干什么行业,然后设定了特别宏伟的目标。在创业的第一天,就站在一个小桌子上,跟仅有的三五个员工在那里喊,未来我们的软件银行公司会是一家多么多么伟大的了不起的公司,我们成为世界级的企业,我们都会成为亿万富翁,当时大家都觉得这哥们简直就是疯子,但实际上,在这个伟大梦想的支持下,孙正义最终实现了他当初的诺言,也成了阿里巴巴最重要的股东之一。

这是第一个原则,构建伟大的梦想。以我自己来说,我的梦想是希望把江海云霄这家公司,把鹦鹉螺云教室做成全世界最大的教育服务平台,我希望让每一个孩子都能和全世界最棒的老师面对面。我会变成全世界最大的一个无边界的学校,所有的学习者都通过我创建的平台去获取优秀的老师和教育服务。大家可以设想,我们的事业会改变成千上万上亿人的人生轨迹,帮助他们获得更好的能力,更大的进步,创造更大的价值,获得更幸福的人生,这是我的梦想。我们公司有一个九九八十一年的规划,我相信一定会一步一步地去实现它,至少这个过程我们会是一个充满了成就感和使命感的过程。

第二个原则,就是一定要以现在时态写下来,什么叫现在时,就是所谓现在进行时态。第一,是以我为开头,比如说我的体重现在是160斤,我的年收入现在是30万人民币,我的企业的员工有120人,就类似于这样的一个描述,不断地强化这种潜意识就是我确定的,而且必定会实现它。

第三个原则,每天要去改写和重复你的目标。每天去重复目标,早上哪怕花短短的3分钟,5分钟的时间,浏览一下自己的目标,动笔,再把它写一下,不断地强化自己对目标的重视和坚持。

第四个原则,维持目标的平衡。你不能光为了挣钱,把所有事情都甩在一边去。一般情况下,我们从三个角度去设定自己的平衡发展的目标。第一个角度,是自己的工作事业和经济收入方面的目标。如果用那几个w来表示的话,相当于是what,就是你获得了什么客观的结果,什么样的工作,什么样的事业,什么样的收入水平,这属于有形的目标,看得见,摸得着。第二个角度,是个人家庭和健康方面的目标,如果用w字母来表示是why,就是为什么你最终其实要获得快乐和幸福。第三个方面的目标是个人职业发展和能力的目标,就是你具有多大的本事,可以说是how,这三个英文词what,why和how是我们设定目标的维度,所以你可以在纸上写下这3个方面,就是工作、事业、经济,然后在这三个大标题下面去设计自己的目标。朋友们还会经常面对的一个情况是不知道自己到底想要啥,对此,可以问自己几个这样的问题,或许能帮助你找到答案。

第一个问题,假设你明天中彩票一亿元,你的生活会有什么变化?大家设想一下。再给大家第二个问题,如果你写个人传记,或者在你的葬礼上,朋友会简单地回顾你的一生,你希望他们说什么。这是两个非常有意思的问题,它能帮助你去发现你自己到底最在乎的是什么,或者你希望自己成为什么样的人。

先说第一个问题,我说我的答案,如果明天中了一个亿彩票，我未来的生活跟现在比不会有什么变化，因为我对自己现在的生活其实挺满意的，虽然可能在物质上、在生活中有很多压力和挑战，但是我知道我每天都在进步和成长，所以真的我的账户上有一个亿，我除了会资助更多的孩子（我现在只资助了一个孩子），还是会每天像现在一样地去学习，去奋斗，去工作。如果在我的葬礼上或者我的传记上，我希望人们说，胡老师是一个伟大的——伟大这个词说起来有点觉得汗颜，伟大的教育家企业家。他所创办的企业造福了千千万万的人，他传播的学习精神和理念也鼓舞了千千万万的人。

我也希望有一个非常幸福完满的家庭，然后家人特别的和睦和谐，有非常多的美好回忆。大家让我去设计我的人生规划和目标的时候，毫无疑问，能够在教育这个领域造福更多人，能够每天艰苦奋斗，和伙伴们并肩战斗，就是我要的状态。

还有两个方法，一个叫快速列单法，第一步，把你现在能想到的所有5年后的目标全部写下来，就是别多想，想到什么写什么，买车买房，各种各样的想法都可以写下来，考学考研读博学某项技能全部写下来，这只是第一步。第二步，当你写下来一大堆的5年后的目标的时候，你再把它分成A、B、C三类。

A类是那些你觉得特别重要，你必须要实现的目标。B类是你觉得实现了很好，实现了很开心，但并不是非常必需的。C类就是那种实现了也行，不实现也行，感觉意义不是特别大，并不是非达成不可的目标。这是第二步。

第三步，把A类目标拎出来，在上面再接着分，最重要、必须实现的排在第一位的目标是A-1，再往下排A-2，A-3……

这基本上就是你最看重的那些事情，最希望达成的那些目标了。

光有目标还不够,你把最终拎出来的所有的A-1的目标再去分解一下,要想实现该目标,需要具备哪些条件或者行动。举个例子,我想一年的净利润一百万,你就要分析出这需要什么条件。比如说,首先我得有一个自己的校区、自己的团队;另外,我每年的收入得到多少;第三,我的利润空间得有多少;第四,我的成本得到多少,等等。再列出实现这个目标的关键行动,然后把这些关键行动分成A B C类,就哪些动作对于导致这个目标实现是最重要的,同样得出结论。经过这个过程,目标也就清晰了,目标设定是你提高时间效率的根本驱动力。

我们要实现时间控制,真正发挥时间力,就必须要去实现这些相应的目标。时间管理的本质就是自我规划,就是围绕着你要达成的目标,把每天、每周、每月的时间进行分配,本质就是这样一个时间分配的过程。在时间分配的过程当中,同样给大家一个非常具体和可操作的工具,就是日志本,我不断在我的课程中强调这几个工具,日志本的功能不是记日记、写文章的,它是帮助你去记录每天做了什么和明天要做什么的。

你要想实现时间管理、发挥时间力,要建立几个基本理念。第一个基本的理念是整洁,就是确保你的办公桌、你的家里面是整洁和有条理的。咱们中国有句话叫"一屋不扫,何以扫天下"。就是你一个房间都收拾不好,你怎么可能去管理好天下?如果你想做一个高效管理时间的人,首先从管理你的办公桌和你的家开始,整洁背后的原理有两个方面,第一,生活中物品的整洁能够让你树立更强的自尊和自信。大家仔细体会一下,可能有的人说我就乱的时候才放松,我跟你说,那也是表象和借口。你能够把自己的物品管理好,人在心理上会有一种叫everything in control，就是我是主人的感觉，而不是奴隶，这会增强你的自信心。第二点，从心理学的机制上，每一个小的任务的完成，都会刺激大脑当中的一种叫脑内啡的化学物质的分泌，它实际上会是一种小的成就感的累加。这种小的成就感会激励你去做更大的事，这是生理上的一个科学道理。

第二个理念是不找借口，这一点特别重要，我们经常会找各种各样的借口。这件事出乎我意料，这件事是谁找我的麻烦，这件事又是因为谁没做好等等。我自己有一条信奉的原则，叫行有不得反求诸己。就是没有达成目标的话，都要从自己身上去找原因。这个可能得益于小时候家庭的教育，反求诸己是最好的办法，其他都不是最佳解决方案。只有在自己身上找到变量，才能进入到一个良性循环的状态。

我们讲了管理时间的两个基本的理念，接下来讲时间管理的几个具体的小技巧和方法。

第一个技巧和方法是前一晚做好准备。就是你在头天晚上要做好第二天的时间规划，现在大家手机也好，电脑也好，都有日历，而且手机和电脑上的日历都能同步。如果你在每天晚上睡前能够把明天几点到几点干什么，设置在你的日历上，你能做到这么简单的一个动作，我相信你的个人效能能够有几倍十几倍的提高。

第二个小的技巧是早起，比别人早起一小时。我之前经常跟我的同事们讲，你们印象中的北京是什么样的？人们会说北京污染重拥堵特别严重，开车堵，坐地铁挤，坐公交也挤。但我眼中的北京不是这样，我眼中的北京从来路上不堵车，从来地铁上人不多。那么，我生活的北京跟别人是一个北京吗？是一个北京，只不过我生活在北京比别人要早两个小时。你会发现一个特别有意思的现象，我现在就住在地铁一号线的始发站，四惠东地铁站，在始发站非常明显，每天7点钟以后，人流就开始猛然增长，等到7:20左右的时候，就已经在地铁上排队，下不去了，人就淤了。实际上挤与不挤，可能相差只有10分钟的时间，因为每天几十万人都会选择在那十几分钟时间出门，所以我一般是7点前必须上地铁，平常争取更早。每天比别人早这一个小时或者一个半小时的时间，我看到的就是一个完全不同的北京城，我就比别人更加从容和舒服。所以其实我们说不能随大溜，大家如果能够把自己的时间调快一小时或者两个小时，你会比别人从容很多。

  第三个管理时间的小的技巧，是在黄金的时间里做最重要的事。大家经常有这样的一个感受，比如说上午时间本来就很短，大家如果起得晚，或者上班晚的话，可能到单位开始干活，就九点半了，十一点半又开始琢磨吃饭了，才两个小时时间。中间你再打个水，弄下电脑，上个厕所，跟别人聊两句，其实真正有效的工作时间可能一个小时都不到。好钢用在刀刃上，一定不能把精力分散在那些琐碎的事情上。

  第四个方法就是专注。就是中间不要被打断，要专注。有两个具体的技巧帮助大家做到专注。第一个技巧就是设定自己的闭关时间，给自己准备一个小牌子，你可以用一张纸简单地折三折，上面写着闭关中三个字。当你把这个闭关中摆出来的时候，别人来找你，你就不理他，或者是给他出示这个牌子，就是我现在不能被打断，给自己设定一个闭关时间是强制性地保障了自己一个阶段不被打扰，特别适用于前面提到的把你的黄金时间的"好钢"用在刀刃上。实际上大部分的事没那么紧急，你过一个小时再处理也完全可以，但是我马上处理，就会打乱节奏。另外的一个小技巧就是有一个时间管理方法，大家可以在百度上搜一搜，叫番茄时间管理法。番茄时间管理是怎么来的呢？就是把那个小闹钟一拧，它上面有刻度，他就会自动计时，就是滴滴滴，咚咚咚，像时钟似的倒计时。一般是30分钟的计时周期，往往这些工具是用在比如说煮饭、烤东西或者煮东西，在厨房里用。那么，所谓番茄时间管理法，就是指一个人最高效的专注，时间是25分钟。就是每专注25分钟然后休息，5分钟后再专注。大家可能觉得25分钟很短，但实际上你可以试一试，25分钟专注干一件事儿，其实会特别特别的高效，能干好多事情。就拿读书来说，拿25分钟时间认真读书的话，你会发现你能读好多的内容。但是你有25分钟时间来刷刷微信，看看视频或者是聊聊天一晃就过去了，所以这是时间的价值。这是两个小的技巧，叫25分钟和闭关时间，来帮助大家更好的专注。

前面我们分享这四五条技巧，都是提高时间管理效率的方法。包括像前面提到的早起，把时间拨快1到2个小时。然后像刚才说的专注，你可以通过闭关法，也可以通过番茄时间管理法，让自己阶段性更加专注。这些小的技巧其实还不足以让你整个团队变得非常高效，所以我们还要跟大家强调的就是管理多个任务时怎么办。举个例子，我们11月份要搞一个大型的感恩节的市场活动。肯定不是你校长一个人就能搞定的，你需要好多人去配合。在这种情况下，怎么样能够让团队实现高效率呢？这里跟大家分享八个关键动作和一个工具。

八个关键动作，第一，先明确目标到底是什么，你得明确目标，比如说我们活动现场要有50组家庭参加，50组家庭当中要实现10组的新客户签约，10组的老客户续费，这叫作明确的目标。在明确目标指引下，就到了第二步，选择正确的团队。好团队是选出来的，不是培养出来的，就是你确保相应的人做他擅长的事儿。第三步就是让团队参与到计划制定中，千万别一言堂，因为只有大家参与了才有了共同的使命感和责任感。第四个步骤是讨论和形成共同的愿景，就是我们这次感恩节活动最终要达成什么样的效果，大家共同来讨论，每个人发表自己的想象和意见，形成我们大家达成的一致的愿景目标。第五个动作是共同的行动计划，进行精细的分工。第六个动作是设定日程和截止日期，要有明确的时间规划。第七个动作，把所有要干的事项，每一件必须完成的事都写下来，列出一个项目清单。第八件事，还得有一个plan，就是如果出现了意外情况，备选方案是什么？这是八个基本的动作。把所有规划事项都列成清单之后怎么管理呢？这里跟大家分享一个工具叫作甘特图。可以理解成两个维度，一个维度是时间轴，横轴是时间，有可能按天，有可能按小时，有可能按月按周，这个取决于你这项目的时间持续的长与短。纵轴的部分就是各个的具体事项，拿感恩节活动来说，我们有物料准备，这是一个事项，物料准备可能包括场地桌椅现场布置，这属于分事项，可能还包括了第二个板块是客户邀约，邀约又包含了比如说整理客户资料，每天电话的邀约确认，这个就是纵向的维度详细的项目分工。横轴部分是时间，纵轴部分是事项，每个事项都会对应到时间上的一个线段。让你一目了然地知道，有哪些重要的事要做以及这些事现在应该进展到什么程度，并且这些事由谁负责。

最后，摘取几个我觉得很实用的技巧。第一，多读书。

第二，关掉手机。第三，和专家交流。在某些行业里，你要想形成积累，形成见解，光自己闭门造车是不够的，你要经常去找那些行业的专家去交流，他们有经过长时间思考和学习思考到的精华，这是很高效的一种学习方法，所以我们很多的校长出来听课和学习是很有必要的。第四，是关于音频的讲座和课程，比如说像什么懒人听书、喜马拉雅，大家可以在"应用商店"里去搜一搜，这在手机上选一些好的课程，保持一个学习的状态也是一个很了不起的进展。你会发现，听书有时候印象甚至比读书还要更深刻。最后一点是加入一些行业的协会和俱乐部，这也会帮助你去激发更多的灵感，开拓更多的学习的渠道。这本书其实信息量很大，他分享了大量的具体的方法和小的技巧，希望大家自己抽时间认真读一遍，一定大有裨益。

4

了解生活的奥秘，掌握习惯的力量

——《习惯的力量》

每天的生活当中，每个人有超过40%的时间，或者说超过40%的决定是习惯的产物，而不是思考之后的决定。你起床之后是先刷牙还是先洗脸？你穿鞋的时候是先系左脚的鞋带还是右脚的鞋带？你出门的时候先迈哪条腿？你上车的时候是怎样一个动作等等。有大量的日常行为纯粹是靠习惯所做的决定。

《习惯的力量》这本书在封面上就有一个开宗明义的问题，"为什么我们这样生活？"所以这是参透人的生活工作模式秘密的一本书。大家会注意到，在我的课堂上，经常会强调几个基本的观念，或者说我对教育对学习的一些基本的认知，里面有非常重要的一条，就是我常说到的人脑，其实是一部非常精妙，非常神奇，非常科学的机器。换言之，如果我们能够正确地了解和认知人脑思维和学习的规律与过程，我们就能够更好地管理它，不仅自己会受益，也会帮助我们教育孩子们更好地成长和收获。所以这本书一个非常重要的内容，就是帮助我们去理解习惯到底是怎样产生的，在我们的大脑中到底发生了什么，才形成了我们在行为和生活当中的种种习惯。

我曾经在北京师范大学的脑科学研究院和两位非常著名的这个领域的教授共同探讨和学习，也听了他们十几年来研究成果的报告。我感到非常的震惊，因为我真正意识到，就好像我们用计算机语言去编程序一样，我们可以编出各种各样的游戏，编出动画片和各种角色，而在基因层面上看，就好像上帝用基因语言在编程一样，它们可以编写出千姿百态的每个人的从长相到性格到各种各样的能力和专长。所以其实这就是我前面讲说人的形成和思考都是一个非常科学的过程，回到习惯这个层面上，你会发现。我们习惯的形成也是一个非常科学和奇妙的过程。

我给大家一个基本的数字概念，每天的生活当中，每个人有超过40%的时间，或者说超过40%的决定是习惯的产物，而不是思考之后的决定。你起床之后是先刷牙还是先洗脸？你穿鞋的时候是先系左脚的鞋带还是右脚的鞋带？你出门的时候先迈哪条腿？你上车的时候是怎样一个动作等等。有大量的日常行为纯粹是靠习惯所做的决定。所以说每个人都深受习惯的影响。这本书上有这样的一句话，叫习惯是我们刻意或者深思后做出过的选择。即使过了一段时间不再思考，它却仍然继续。往往每天都在做的这些事儿会形成我们系统的自然反应。所以习惯一旦形成，我们就不再参与决策过程，而变成了全自动或者半自动的行为。大家仔细体会，习惯是把双刃剑。它既可以造福你，一旦好习惯形成，它会自动地重复和积累。反之，一旦坏习惯形成，那么你就会深陷其中而不能自拔。

那么到底习惯是怎么产生的呢？在这本书中举了一个在

医疗领域非常经典的案例。这个病人的名字叫尤金宝丽，她因为生了一种急症，使得她大脑当中的一个特定的部分被摧毁掉了，其他部分没有损害。但她形成了一个很奇怪的病症，就是无法形成短期记忆。刚刚发生的事她马上就会忘，就像有时候我们说的老年痴呆一样。实际上是她大脑当中的一个部分被摧毁所致。比如说，你看我今天，一部手机，同样的话要讲两遍，分别放在两个微信课堂的群组当中。那说明我的大脑这部分是没问题的，我会把一段话先讲一遍，然后马上再讲一遍。但是尤金宝丽的这部分功能就被摧毁掉了。所以科学家开始对尤金宝丽进行深入的研究。他们发现了一个很奇怪的现象，就是尤金宝丽无法记忆短期的事情，但是却保留着长期的习惯。她以往形成的一些做事情的基本方式的习惯，并没有因为大脑的损坏而被改变。这就引起了科学家们的强烈兴趣。说明她被摧毁的部分恰好应该是跟她形成短期记忆有关的。科学家进一步去做深入的研究，最终他们发现在人大脑的深处，靠近脑干的部分，大家可以摸一摸自己的后脑勺，就在脊柱和大脑的结合部分，有一块非常原始的结构。说它原始，是指的它在进化史上是非常原始的一个功能。不光人类，很多其他动物都会有这样的一个基能区域。这个区域控制着人的自动行为，比如说呼吸，你从来不用思考，琢磨一下我怎么呼怎么吸。比如说吞咽，就是吃东西、咽东西。这个部分的名字叫作基底核。它是控制人习惯形成的基本部分。

　　我们之前讲过意志力。控制人的意志力强的部分是大脑的哪个位置？就是前额叶，我们北方讲的是大奔儿头。这个部分有一个大脑结构叫灰质层，这个灰质层控制着欲望，也就是你的意志力强与弱。

从科学的角度讲,为什么会专门有这么一个区域来管理人的习惯呢?它实际上,就像腾地方一样,就是那些经常重复发生的事情,它形成了固定的公式,大脑就自动把它存储到这个特定的区域里,由此把大脑的这个运算思考能力解放出来,去思考和处理生活中的一些其他新发生的事。这个很神奇的情况,是几百万年来进化形成的结果。

我们理解了习惯是在大脑哪个位置发生的,就可进一步去了解习惯形成的基本原理是什么。

简单来讲,我们可以将它分成三个步骤,第一个步骤是暗示,或者说是收到信号。大脑收到了一条特定的信号,告诉它要调取哪个公式,也是调取哪个具体的行为,调取哪个习惯。第二个步骤就是行为的发生,看到这个暗示和信号以后,这个行为马上就发生。第三个步骤是反馈,就是这个行为发生以后的结果,大脑要确认一下这件事是不是发生完了,反馈如预期。这样,就形成了一个基本的习惯的公式,就是暗示、行为和反馈。所以可能我们平常没有意识到,但是在过去几十年的生活当中,我们每个人都形成了成千上万的这种固定公式,看到一定的暗示和信号就发生相应的行为,得到一个结果的反馈。只不过是平常我们可能没有意识到而已。

我们了解了习惯发生的这个基本原理以后,就要进入到第三步,怎么样去建立好的习惯和改正不好的习惯。在这个过程之前,我想先给大家说一条结论,那就是习惯是不能被消除的,它只能被取代。

大家仔细体会这句话,习惯是不能被消除的。它只能被取代,我们先讲第一个部分,就是怎么样去创造一种新的习惯。比方说,我想养成一个每天晚上睡觉前,先要去跑步运动的习惯，我要做的第一件事情是先把我的运动鞋放在门口，只要开门就会碰到这个鞋，否则我打不开这道门。当我到门口的时候，我就会看到运动鞋，我刚开始的时候是一定要强迫自己的，强迫自己把运动鞋穿上出门去跑完回来，然后在挂在门边的记录表上打一个对勾，像签到积分一样，就说我这次又坚持了一天。这样其实就建立一个小闭环，就是看到运动鞋就穿鞋出去跑步，回来之后做一个积分的确认。这样的一个小闭环经过不断地重复一段时间以后，它就会在你大脑当中被录入成一个固定的公式，你就会越来越轻松，这样的一个例子就好像是你给自己的电脑输入程序一样，好像我们大家在电脑上经常用的智能拼音的输入法，你会发现，当你刚开始输入一个词，或者一个人名的时候，可能出来的字都不是你想要的。但你选了，就一个一个地把字选对，之后你再重复，多输入两次，你就会发现输入法的软件自动地记录了你的习惯，就给你想要的那几个字。所以其实这个道理是一样的，我们日常给自己建立一种习惯，就像给自己大脑输入公式一样。

建立这样一个新的习惯，需要多长的周期呢？

科学研究表明，大概要28天的时间。所以我们以前也经常听说要，三周养成一个好习惯。其实就3到4周的时间，不断地重复。在19世纪初，有一个人叫作克劳德·C.霍普金斯，他做了一件事，建立起了数以亿计人的一个习惯，今天你我都受其影响，那就是用牙膏刷牙。今天，我们不刷牙都觉得难受，但实际上在百年前几乎没有人有这种坚持刷牙的习惯。霍普金斯就是建立起来全人类或者几亿人有刷牙习惯的人。

当时，极少有人刷牙，霍普金斯接到了牙膏厂商广告的案子，最终，霍普金斯建立起来这样一个模型，就是刚才我们讲到的习惯形成的三个步骤。第一步，暗示，他让大家按时检查一下自己的牙齿上有没有一层薄膜，叫垢膜。用指甲去碰一下，你会发现有一层薄薄的膜，这就是附着在牙齿上的垢膜，接下来的行动就是用白醋来刷牙，得到的结果和反馈就是垢膜消失。建立这样一个三步走的模型。为什么牙膏里面非要添加薄荷味？为什么非要有泡沫呢？薄荷味和泡沫对于清洁牙齿没有任何实质性的帮助，它们只是扮演了一个信号暗示的功能。让你在刷牙的过程中不断地感觉到它们它正在发挥作用，正在清洁我的牙齿。这样，形成了一个习惯的闭环。在这三个环节当中，第一步是要找出一种简单又明显的暗示，第二步是要说清楚做了这个行为以后会得到哪些奖励。牙膏这个例子，简单明显的暗示就是有垢膜，然后做了刷牙的动作以后得到的奖励就是垢膜消失掉。

霍普金斯的广告最终成为了几亿人形成刷牙习惯的一个催化剂。我们今天可能早上不刷牙出门都觉得无比痛苦。一个几亿人共同的习惯形成，它背后就是刚才说的这三个关键的环节。但这还没有完，我们说创造一个习惯，除了刚才说的暗示、行动和反馈三个环节以外，最终还要在人的心理层面上形成一种感受。

在书本中还有另外一个案例，就是说明到底是怎么样去激发人的这种正向的心理渴求和感受的？这就是生活中我们常用到的空气清新剂，最这种产品被发明的时候，它所有广告都是在讲，空气清新剂可以帮人去除臭味。比如说家里的汗臭味或者宠物的那种动物的味道，但实际上效果非常不好，没有被广泛接受。而最终这个产品打开销路的点，是销售人员经过仔细的研究发现，大部分使用空气清新剂的场景是，当我打扫卫生结束的时候，最后喷上一点空气清新剂，就像是一个标志性的动作说，我今天大功告成，扫除结束了，留下一片芳香的感觉。

最终，这种空气清新剂的卖点不再讲除臭了，而是说你在大扫除以后享受的那种成就感，那种标志性的时刻。它是你整个打扫卫生结果的一个最终的步骤，形成了一个习惯的闭环，就是完了之后就喷点，不喷点就好像这件事没做完一样。

通过前面的这两个营销上的案例，希望大家理解的是新习惯形成的一个模型，那就是心理暗示，产生行动，持续性的产生行动3到4周。然后形成每次都有一个结果反馈，在这个过程中形成一种心理上的舒适和愉悦感。

回到主题上，我们说在孩子的教育中，怎么帮孩子形成新习惯，同样是这样一个模型。首先你要给他一个简单明确的暗示，一个明确的信号。进而在一个阶段需要他连续产生对应的习惯，比如说3到4周的一个对应的行动，最后给他一个正向的反馈，并且在过程当中让孩子身心愉悦，他觉得得到了鼓励和认可。

我给大家举一个具体的实操性的例子，在鹦鹉螺云教室的校区中，我们会要求孩子们做水穿石训练。就是每节课以后会做一个出门考，所谓水滴石穿就肯定是每天每刻都要坚持才能够有这种惊人的效果。出门考就是每节课之后，都会让孩子们就课上学的内容做一个练习和测试，然后给他们一个相应的评价和正反馈。所以在这个模型当中你去看第一个暗示信息是什么呢？就是老师宣布下课，紧接着发生的行为是，就课上的知识点马上做题和回顾，最终的结果是得到一个评价，并且整个的过程给他以鼓励和肯定。经过四五周这种反复的实践，孩子自然就形成了习惯，一宣布下课马上想这节课都讲了哪些知识点和内容。这就是我们前面一直在讲到的建立新习惯的模型。

怎么样去改正坏的习惯，同样是这样一个逻辑的三个步骤，打比方讲，比如说他有抽烟的习惯，他可能顺手一摸兜里有一个烟盒，此时，如果不把烟拿出来叼在嘴上，那种内心深处对尼古丁的渴望就会让他非常的焦虑，求生不得求死不能一样，一定要把烟拿出来点上才行。实际上这就已经形成了一个习惯的闭环，所以如果用习惯的几个元素来讲，那暗示和信号就是看到烟或者摸到烟，紧接着的行为就是把烟抽出来点上，得到的反馈就是吸一口。这就是一个习惯的闭环，要想改变这个习惯怎么办？你不能消除习惯，你只能改造习惯，改造从哪入手？就是从中间行为这个环节入手，就是同样的暗示，同样的结果，你把中间的行为替换掉。还拿抽烟来打比方，你原来是看到烟的行为是拿出来点上，把这个行为替换掉变成拿出一块口香糖塞嘴里。然后你的嘴就被占住了，给他的反馈就是无法抽烟了。你心里面会有一种满足感说，我又控制住了自己一次，这个过程实际上就是替换你原来的行为的过程，所以一次两次你可能需要很强的这个主观意识，强迫自己抓口香糖，而不是点烟，但我们前面讲了多长时间，形成一个这个新习惯需要28天，可能你这样重复了3到4周的时间，等到你再看到烟，想到烟的时候，你的第一反应下意识的不经思考，直接就去抓口香糖，这个公式就在大脑中建立起来了，可能你的吸烟的频率就会降低，或者说你吸烟的这个坏习惯就会被完全的改变掉。

我们将改正坏习惯拉回到我们实际的场景当中，在孩子的学习中有走思的坏习惯，那第一步，你要先解剖一下他到底由哪几个关键环节组成，他的暗示部分可能是上课铃一响，往座位上一坐，他的脑子中就开始想动画片、电视剧、小说，然后他反馈的是他觉得心里面飘飘然的感觉挺爽，但是你如果想改变他这种习惯，那就要替换掉中间的行为，就要训练孩子说，上课铃一响，往那里一坐，比如说先训练他植入一个动作，就是先拿起笔来去记老师说的每一句话，就是做听讲笔记，然后一张笔记给他一个打分和反馈，或者鼓励他，用这种行为去替换旧的中间环节。可能经过3到4周的训练就能有极大的改善。

不管你是一家文化课机构，美术机构，音乐机构还是幼儿园，作为一个教育工作者，我们不仅教知识教技能，我们还要育人。鹦鹉螺云教室的习惯是任何一个新的客户来了，我们都会跟他去谈他的学习成长规划，而成绩和技能提升仅仅是其中的一部分，非常重要的一块就是习惯的改变，包括好习惯的建立和不良习惯的改正。

在好习惯的建立和不良习惯改正这个点上，你可以明确地把他想建立哪些好的习惯，想改掉哪些坏习惯写在成长的目标规划当中。比方说我想形成课上认真听讲的习惯，我想改掉睡懒觉的坏习惯。把它明确地写下来，作为家长老师和孩子共同努力的一个目标。你想真的建立起好习惯或者改正不好的习惯，就要用到我们今天书本上所讲到的习惯的基本模型，你要去清楚地分析明白哪个是暗示的触发条件，然后接着什么行为，什么反馈和心理如何的感受，替换掉中间的行为部分，有意识地对新行为加以巩固和训练，并且有明确的时间周期规划。你会发现在这种科学理论和操作的指导下，这种新习惯的养成坏习惯的改正，会变成一个很科学，很有趣儿，也是很可控的一个过程。

教育专业篇

5
一堂"好课"的标准是什么

——《课堂有效性标准》

我们每个教育机构,给孩子提供的就是一种小的社会环境。真正健康的、可持续的学习,是在我们的小学校、小社会当中,去让孩子在互动中汲取知识,解决实际的问题。而我们要探讨的课堂教学,实际上就是这样一个学校教育中最典型的教学场景,或者叫教学的情境。

教育是一门科学,关于教育的定义,学术上的说法是一个人社会化的过程,或者说社会化属性加诸于人的一个过程。这样说可能有点拗口,但是大家仔细想想,就好比有一间毛坯房子,教育实际上相当于我们亲手去装修这间毛坯房,所以我们把老师称作人类灵魂的工程师,实际上也是人类灵魂的建筑师和设计师,这自然是结合了科学和艺术双重元素的一件事。我们在学习的过程当中,就像是装修房间一样,需要对每一个房间有深入的了解,才能够对症下药,去更好地呈现我们想要的效果。实际上我们每一个教育机构的校长也好,老师也好,在这个过程当中都扮演了这样的工程师的角色,那到底怎么样更好地去完成这样一个建设孩子心灵，建设它的知识结构的过程？这本书讲到了一个非常著名的教育家，那就是美国的学者约翰·杜威，可能很多人对这个名字并不熟悉，但是如果一旦提起他的一些学生，我相信大家可能就如雷贯耳了。比方说，他最著名的几个学生，第一个是胡适，曾经任北京大学的校长；还有蒋梦麟，这是北京大学历史上任期最长的校长；还有我们更加熟知的陶行知，他们都是杜威的门徒。杜威提出了自己对教育的理解，或者说一整套的教育理论——教育即生活，学校即社会。当然中国人更多地是从陶行知先生那里听到的这句话，但陶行知也是师从于杜威，才有了这样的一种教育理念和主张，所谓教育即生活，学校即社会。

我们每个教育机构，给孩子提供的就是一种小的社会环境。真正健康的、可持续的学习，是在我们的小学校、小社会当中，去让孩子在互动中汲取知识，解决实际的问题。而我们要探讨的课堂教学，实际上就是这样一个学校教育中最典型的教学场景，或者叫教学的情境。从我个人的角度来说，并不是特别赞成一对一的辅导，而更加赞成的是班组课程的教学。这不仅仅是出于教学效率的考虑，也更在于像我刚才提到的这样一个教育的理念——一个孩子，他从一张白纸、一个毛坯房，成长成一幅美丽的画作，或者是一个装饰一新的房间，这是一个人的塑造的过程，而这个塑造的过程，最理想的形式是在一个组织群体当中去完成，而不是在一对一的这种极其个性化的环境下去完成。或许可能这种一对一的模式对于解决问题和短期提高学习成绩有帮助，但并不是最健康的学习状态。

所以，课堂教学可能是绝大部分教育机构最主要的场景，这样的场景就像是一个小的社会环境一样，学生与老师，学生与学生的互动过程当中，他才开始去理解新的知识，去巩固旧的知识，并且在人与人互动当中去创新知识和技能。

目前，在世界范围内，对于课堂教学有效性的制定标准不一而足。今天给大家推荐的这本书是国家"十一五"重点图书出版项目，是国内目前研究的集大成者。

常见那种呆板无趣、灌输式的教学状态，而理想的状态是课堂当中充满了活力，让孩子愿意去上课和学习。但到底怎么样的课才叫一门好课，怎么样的教学才叫好的教学，其实很少有人能够找到理性和客观的标准，所以《课堂有效性标准》这本书试图结合国内外的经验，给大家一个可以参考的相对科学的评价体系，帮助我们校长和老师去评价，这堂课到底上得好还是不好。孩子们在这堂课上到底收获是大还是小。让我们一起来看一看，这本书为我们呈现的一个整体的途径和具体的操作方式。

问大家一个问题，作为一名老师，课堂教学的难度到底有多大，是不是说我只要是个好学生，就能成为一个好老师？或者说是不是我师范院校毕业了，能够上台把这道题讲明白，就算是一个好老师？其实都不是，有研究表明，一个教师一天在课堂上，要做3000多个重要决策，1000到1500次跟学生的互动，所以它并不简简单单是讲题和把知识点照本宣科地告诉学生，更多的是要随机去处理，和各种各样类型的学生进行不同类型的互动。

这其实对一个人的综合素质和处理问题能力要求是特别高的，我们可能只会有个笼统的感觉。就是听张三老师讲课特别有意思，一听就明白，但听李四老师的课就会觉得很无趣。实际上我们大体可以把课堂教学分成四种类型——有效、无效、低效和负效。有效自然好理解了，指的是孩子们在课堂上有效地实现了教学目标，非常主动地参与到其中；无效往往是学生被动学习，教学乏味，听起来让人无精打采，昏昏欲睡；低效可能跟无效是比较接近的，它实际上也形成了比较无聊，比较乏味的状态，而且可能老师和孩子的自我效能感都很差，老师自己都没觉得这节课真的有什么收获；负效是最差的一种情况，可能反而让孩子开始讨厌课堂讨厌学科，甚至是讨厌学习，这就是最恐怖的一种情形了。

另外还需要区分的一个概念，同样抛出一个问题给到大家，提高分数的课堂就是好课堂吗？大家想想这个问题，可能我们每个人都觉得家长让孩子来就是要提分，我们都希望有种灵丹妙药，但是提高分数的课堂就是好课堂吗？快速提分的老师就是好老师吗？

我给大家举个例子，比如说很简单的一些小技巧，有一个小学的语文老师，他要求孩子们学习每一个生词，只需造两个句子，然后这两个句子她给改一下，改得比较完美。考试的时候，每个人只能用这个词造这两个固定的句子，结果考试时他的平均分总比别人会高出几分来，分数确实提高了，但这是好学校吗？这并不是好的课堂也不是好的教学，他达到了提分的目的，但是限制了孩子的创造性，甚至可能让学生失去对语文学习的兴趣，所以我们把这种教学形式也叫作负效。

其实我有很多绝招可以帮孩子们非常短时间内快速提分，但是我很不愿意去教这些快速提分的技巧。即便是教也强调孩子们要从元认知，或者说从分析解决问题的角度去掌握这些技巧，而不是机械地学习这种方式。我们应该有教育的责任感和情怀，而不是简单的提分和训练工具。

真正好的课堂，我特别喜欢的两个比喻，大家可以体会一下。第一个比喻是好的老师就像是高速路上的引桥和路标，学生才是学习的驾驶员，老师的职责在于引导学生走上学习的高速公路自由驰骋。第二句话，我也是非常赞同的，好的老师、好的教学不是灌输而是点燃。就是你引一把火，让孩子们自己熊熊燃烧起来，这才是最好的老师的境界，也是最好的课堂效果。毫无疑问，老师是课堂教学中非常重要的一个角色。

到底什么样的老师能叫作好老师呢？很多人可能给出不同版本的解释。美国有一个学者叫哈默·切克，他有这样一段话来概括一个好老师的特点："好老师是这样的一些人，他们充满了人性，有幽默感，公正，有同理心，无论学生个体还是集体，都觉得与他们相处非常的自然。他们的课堂开放、自发、灵活，富有创造力和感染力，能够发掘学生的潜力，把学生的发展放在他们人生和工作的首要地位。"

这段话描述的老师，多么让人敬佩和仰慕，我们都希望自己能成为这样的好的老师。其实在我们鹦鹉螺云教室选择创业方向的时候，也做过非常激烈的讨论。我们的目标和初心特别简单，我们希望帮助二线、三线、四线城市那些教育资源相对匮乏，好老师比较少的地方的中小机构，帮助到那些生活在这样的中小城市里的孩子们获得更好的教育服务。我们实际上有很多可选择的切入点，我们可以给大家做个管理软件，可以帮大家做个招生平台，可以给大家各种各样的题库，各种各样便捷的工具，给大家研究各种教材、教法，给大家做品牌加盟等等。大家也看到生活中有很多这样的教育机构或者公司帮助大家从这些角度去解决问题，但是最终我们选择了一个看起来最具创新性的模式，就是为各位机构的校长提供优秀的老师。我们当时的逻辑也很简单，就是因为我们仔细地研究了孩子们学习的场景，研究了教育机构运营的现状。我们深刻地认识到，只有给大家提供最好的老师，才是所有的治本之策。因为作为一家教育机构，我们输出的核心东西就是我们的教学服务。我们再好的装修，再好的品牌，再好的管理软件，再好的题库，再好的工具，最终都要好的老师去和孩子们交流和互动，所以我们从最难最有挑战的一块也是最为重要的一块切入，给大家输出好的老师，用互联网帮大家获取全国甚至全世界最好的老师资源，我觉得这才是治本之策。

让我们回到教学现场，回到课堂当中，去看一看，到底什么样的课堂才是一个有效的好课堂。

上世纪20年代，学者们做过一个调查，让孩子和其他的相关的人写出他们认为的好老师最重要的十项特征，最终统计下来的结果有这样几项，今天看来也很有代表性。

第一个性和意志，第二才智，第三同情心，第四机敏的反应，第五思想开放，第六幽默感，挑了前面最突出的六项。

后面其实还做了几组对比的词，大家可以设想一下我们自己校区的老师或者咱们自己属于偏哪一个方向？三组对比，一组叫作热情理解人，反面叫冷漠无情；第二组叫作有组织有效率，反面是散漫草率；第三组叫作有刺激富有想象力，反面叫作单调乏味墨守陈规。所以这个阶段的探讨是针对于老师的个体，什么样的老师会成为一个好老师或者被学生喜欢的老师，这对于我们教育机构或者说每位老师而言，最重要的启发是什么呢？如果作为一名校长你想打造一个精品课堂，好的教学服务，你首先要过的第一关是选好老师。前边提到的六点加后面的这三组对比，可以作为你面试和招聘老师的几个维度去进行老师评价。

一个老师的教学绝不简简单单是讲知识点和讲题。需要特别强调的一点，那就是教师的人格对学生的重要影响。你会发现很多的孩子包括我们自己都有这样的经历，我喜欢某个学科或者这个学科学得好，仅仅是因为我特别喜欢这个老师。而喜欢的原因是这因为这个人极具人格魅力，所以说选老师也是选人。这就是为人师表的原因。教学的过程某种程度上讲是复制老师的一个过程。所以大家可以检索一下自己现在的师资团队，他们是不是每个人都是那种有个性和意志，有人格魅力的人。

前面还提到了一点叫同情心，我不知道大家怎么理解这个词。给大家举两个实际的例子，一个是这两天新闻让人感到愤怒和悲痛的事情，就是那些天灾人祸，包括在巴黎发生的恐怖袭击，有129人丧生。我们每天基本上还会看到各种各样的这种灾难，不管是发生在我们身边的还是远在天边的，作为一个有正义感和同理心的人我们都应该为之感到愤怒和悲伤。这种人与人之间的同理心，实际上也是我们正确的生活理念价值观的一部分。我印象特别深的一件事是在2001年的9·11，美国的世贸双子塔被炸毁的那时候，当时我正在读高中，那天下午的时候，教室里面阳光明媚，当时我们收到了这个消息，美国出了这样一个惨绝人寰的事情。班里面其实有的同学是幸灾乐祸的，因为前些年还有美国轰炸我们驻南联盟大使馆这些事儿。但是那次在语文课上我特别激动地站了起来，慷慨激昂地跟全班同学讲了一番，具体怎么讲的我不记得了，但是我当时心中的想法和感受就是我觉得不管怎么样这是几千条无辜的生命。当时我们的语文老师好像是张水老师，还在那次课上就这件事儿跟我们同学们聊了很久。这样的一个场景在我脑海当中的印象是特别深刻的。我们那一代的老师们带给我们这些孩子们非常具有正义感和同情心的价值观。

大概在20世纪的六七十年代，研究的方向开始转向了教学过程的研究。这个阶段强调学生的参与，就是大家研究不只是看老师了，而是看学生在课堂上都参与了哪些环节。

跟大家介绍一个很重要的教育专家，叫作加涅，是一个认知心理学专家。1965年他在自己的专著中提出了信息加工心理学。还有一个叫建构主义心理学，这一点特别特别的重要。因为我们今天的高考改革新课程标准的教材设计，就是基于建构主义心理学的一个概念。加涅出版了两本书，一本叫作《学习的条件》，一本叫作《教学设计原理》，最早提出了教学目标、教学过程、教学方法、教学结果，我们现在耳熟能详的环节和词汇。

所谓的建构主义，太专业的理论解释，我们不去深究。我打个形象的比方，大家有一个直观的理解。建构，就好比是搭房子。他强调的理念是，学生的学习过程，实际上是一个亲自发现和发掘的过程。学生发现了一个建筑材料，要把它装在自己已有的房子结构当中去。所以老师给它什么，其实不是最重要的，他原本有什么反而更重要。举个例子，比如说盖房子，有的人可能已经打好地基了，有的人现在只挖了个坑，有的人可能已经就差上梁封顶了。这个时候，老师给了他们同样的一根木头，三个孩子会把它搭在房子的不同位置上，就会有不同的效果。有的人把这个木头放在了地基上，有的人把这个木头放在了横梁上。所以老师教的看起来是相同的，我就是教了一根木头，但是不同学生由于自己原来的知识建构情况不同，他吸收和消化知识的结果就会截然不同。所以正是在这样的建构主义的理论的指导下，高考的改革提出了三个重要的原则，就是自主学习，合作学习和探究式学习。大家脑海中想象盖房子那个场景，就能够更好地理解高考改革的这三个重要的关键点。所以加涅提出的学生参与的思路是说，学生需要亲自去发现知识，探索未知，保留这种使人兴奋的感觉，让孩子们自己去总结和发现。其实，虽然这样的理论上世纪60年代就提出来了，可是今天的学校，今天的教育机构，相当一部分学校和老师实际上仍然做不到这一点。这其实挺可悲的，一甲子都过去了。

由此，我要说一下为什么我们叫鹦鹉螺云教室。

可能大家觉得鹦鹉螺这么个品牌笔画那么多，而且海螺貌似我们生活中并不常见。其实这个品牌的取名就来自于一本探险小说，叫作《海底两万里》。这本书当中有一个探险的潜水艇就叫作鹦鹉螺号。它代表了一种探险精神，世界上第一个激光武器也被命名为鹦鹉螺，所以，叫作探索新知成就梦想。我们就是希望孩子们像探险家一样去学习。在人们去研究学生参与课堂的环节当中，强调的一点，就是关注交往和沟通。可以有两个维度来看，一个是老师和学生的互动，一个是学生之间的互动，我问大家一个现实中的问题，现在都强调要鼓励，但是单纯的表扬，能带来孩子的成绩提高与学习效果的改善吗？实际上不是这样，研究表明，盲目的表扬不仅不能够激励孩子，反而可能带来潜在的伤害。就是滥用表扬，会降低被表扬学生的心理预期，他会觉得表扬我是理所当然的，不表扬我，我就会很受挫，他变成了为表扬而学习，而不是为了求知的乐趣而学习。反过来那些不积极表现的没有被表扬的，反而会觉得说，我可能就是不行，降低了他的学习兴趣。所以实际上不是说不能表扬孩子，而是说一定要慎重地表扬，让孩子探索过程中获得成就感才是最好的激励。

给大家一个实操的小工具，我们可以在白纸上画一个坐标系，横轴部分代表老师的参与程度，从左到右是由低到高；纵轴部分代表了学生的参与程度，从下到上是由低到高。这样我们就得到了4个象限，可以看一看自己或者自己老师的教学处在哪个象限中，老师的参与度高低程度和学生的参与度，可以非常直观地让你有个大致的判断，而右上角这个象限，就是比较理想的课堂教学的环境。

第一，教师与学生共同决定怎样从事教学活动，这个象限其实挺难做到的，学生也要参与决定，我这节课学什么怎么学？教师要起到了这种叫主导和协商的作用。第二，学生被看作主动平衡的参与者。第三，教学在共同参与的问题解决中产生，我们共同去解决问题，而不是照本宣科。再往下，叫合作学习，非常的重视过程。

我们在课堂教学上还常遇到的一个问题是，这个班有年级第二，第三的，也有年级第800，第900的，这怎么教？讲快了，成绩差的听不懂；讲慢了，成绩好的觉得不过瘾，所以现在社会上非常流行的方式，就是去分班。我们还记得前面提的那个观点吗？学校即社会，真正成功的教育机构是模拟一个小社会。社会什么样，我的机构就什么样，我的教学课堂就什么样。今天孩子在我的课堂上学会了怎么掌握知识和解决问题，未来它在社会上就同样具备了这种学习能力和解决问题的能力。

1867年，美国有一个哈里斯计划，这个计划的核心内容就是同质分组，相当于我们把学生分快慢班。这样的一个教学尝试，最终的结果怎么样呢？人们最终发现，这种给学生扒堆分组的教学方式弊大于利。下面，我们用科学的结果来论证这件事。

第一，研究发现，给学生分组对学生成绩的影响相对较小。它的平均效应值只有0.1。就是你把快慢班分开以后，跟对比班做比较的话，无论分到快班和慢班，学生成绩并没有大幅提升。

第二，实际的结果是造成了教育的不平等，不管是教育资源还是教育心理。

第三，它会形成一些衍生的副作用，比如说会挫伤所谓慢班学生的学习积极性，也可能导致所谓的快班学生产生骄傲和自满。最严重的是常年在这种快慢班体系下出来的两批孩子，他们天然会存在隔阂，难以融合，这会形成他们将来融入社会更多的挑战和问题，所以这已经是被实践证明了的不科学和不可取的教学方式。反之，合作学习的学习效度高达0.78，就是说把快的学生和慢的学生融在一个班集体当中，通过妥善的教学设计让他们良性互动，这样的教学效果高达0.78。可能大家很难理解，说快慢班在一起，这能怎么教？

我举个最简单的场景，像原来我上学的时候，包括我们的合伙人陈修楠老师，他其实就是学得快的孩子教学得慢的，或者叫作带动学得慢的，结果学得快的由于他要以身作则，他要去分享，他要去给别人讲解，他实际上对知识的理解更深、更透了，而那些成绩和基础较弱的，在同学的带动帮助下，始终存有希望，始终在往前努力，一直也在进步。当然这种快慢班在一百多年前就被证明不科学,但是你还挡不住到今天我们仍然看到快慢班。可喜的是教育主管部门有时候会强行的明令禁止分快慢班,但是还是有很多的学校、很多的教育机构处于短期的利益考虑会分快慢班。

刚才提到了,这种做法对学习成绩提升并没有帮助,效应值只有0.1;反之,混合式的学习效应高达0.78,差7倍多的一个效率。跟大家八卦一个事情,就是我们清华附中也有快慢班,我们叫作龙班,还有虎班,还有第三种班,第三种班被家长和孩子们戏称为狗班。我印象特别深的是,清华附中的班主任老师还曾经专门提过说孩子要分班了,现在特别操心。就是如果能分到龙班,那当然是最好的。虎班就将就了,如果龙班、虎班都上不了,宁可送孩子出国,说我怎么也不能让我孩子在狗班里长大。所以大家想想,在北京清华附中这个平台上尚且还难以完全杜绝这种情况,各地就更难说了。

所以多元性非常非常重要。教育的科学性往往跟我们的一些主观直观感受是冲突的,你可能觉得分快慢班的一定好,但实际教学的结果验证了混合班会更好。当然,这对老师的教学也会有要求。如果你没办法很好地处理,混合班有基础好有基础差的,那么也可能会比较糟糕。

对于教学有效性的研究,第一个阶段研究老师,第二个阶段研究学生参与,第三个阶段就开始关注教学策略和学习策略,什么叫作教学策略和学习策略呢?

比如说解决问题的策略,选择解题方法的策略,元认知的策略,还包括合作学习的策略,时间管理的策略等等,这些都属于教学策略和学习策略的研究。

1990年,一个叫奥斯汀的学者写了《有效教学策略》,里面汇集了101条被验证有效的策略。这些策略的提出，是基于学习科学的研究。

有这么一段话叫学习者构建他自己的理解，而非由外部传输或者转化。大家想我刚才打那个比方，老师给他一根木头，但他往哪里搭，是他自己决定的，新知识的学习依赖先前的理解，社会互动能够增强学习。真实的学习任务，促进有意义的学习。

什么叫有意义的学习呢？举个例子，比如说学英语，为什么要学英语，是因为我们要去跟外国人交流，我们学数学学三角形，为什么呢？可能我们需要测量某个三角形的东西，或者去完成某个科学的动作。这些和现实生活的连接实际上是给了孩子们学习的意义，他觉得学习是有用的。

我再重复一下，学习者构建他自己的理解，而非由外部传输和转化，新知识的学习凭借先前的理解，社会互动能够增强学习，真实的学习任务促进有意义的学习。回到我们的现实中，我们该怎么办？作为一个民办教育机构的校长和老师该怎么办？有几个非常Smart的具体的动作。

第一，老师教学前一定要了解孩子的学习基础，它现有的知识的掌握状态，否则你不知道他那里房子盖成什么样。盲目给他塞建筑材料，最终把他压垮了，他也学不会，也盖不起一间好的房子来，这就是为什么在我们鹦鹉螺云教室的服务体系当中，会非常强调孩子入学的测试，包括每周课程之前和之后的测试，你得了解孩子现有的状态。

第二，要加强学生与学生，学生与老师之间的互动，社会互动能够增强学习。

第三，要把讲知识的内容和现实生活联系在一起。老师教学中要有这样的一个意识，不管你是讲哪个学科，哪个类型的培训，要把它跟现实生活多加联系，这样才能够让孩子有更好的学习效果。这个是我们前面讲到的第三个阶段，教学策略的部分。

第三个阶段研究的重点，就是课堂中的教学要体现好的学习方法和策略。在研究教学有效性的时候的三个阶段，研究老师、研究学生参与、研究教学策略和学习策略。与此同时还要强调一件很重要的事，就是教学环境对教学有效性的影响。

教学环境并不是指教室装修有多么多么的好，而是强调四个方面，第一个方面叫作学生的学习体验，他的主观情绪是开心的，还是被压制的；第二是指环境的放松和舒适程度，不能是乱七八糟的那种状态，而且环境也可以营造更好的学生的参与感。最简单的一个例子，教室的课桌是怎么摆的？我们都知道，传统课堂的课桌基本都是一排两排三排，从前到后这样排排坐摆放的。但大家仔细去看国外的学校，经常有两种形式，一种形式是散点式的，就是老师可能就在孩子们中间，或者是老师可以从教室的前边讲，也可以侧面也有白板，或者黑板，也可以讲，就是用散点式的教室的布局。还有一种是小组式的，就是这边一个讨论小组，那边一个讨论小组，老师在当中穿梭。这种环境的布置，客观上就能够营造更好的一种学生参与学习的氛围。第三个方面，教学服务也不仅仅是课堂上那45分钟或者1.5小时，它实际上包括了课前、课中、课后，包括了对学生对家长很多的维度，从教育机构的视角来看就是所谓的教育服务。我们这家教育机构，或者说我们这个老师，跟孩子的关系如何？跟家长的关系如何？这都会形成一个孩子来到我们这个地方学习的时候的一种主观上的对周边环境人与人关系的感受。第四个方面,我们强调的是老师的言传身教,就是前面提到的,老师必须是那种有人格魅力的,能够让孩子喜欢的人。

这本书中还讲到了影响教学效果的其他变量,我随便给大家举几个例子。

第一,教师的个人经历。这事挺有意思的,我们面试老师的时候就看这个老师的表达,教学经验如何,其实研究发现老师的个人经历对学生的影响也很大。有这么一句话,是我非常赞同的,就是老师对孩子的教学的影响,绝非仅仅限于老师有意识地讲给孩子的内容,还有很多无意识地传递给孩子的各方面的信息和影响。所以说老师经历了怎样的成长过程,是不是积极上进的,克服了哪些困难,有哪些闪光点,这些可能对孩子都是有直接影响的,会影响到课堂的教学效果。

还有一点比较常见的是班级大小。这个说起来其实现在的情形还是挺让人着急的,我们了解到,有很多的二、三、四线城市初中高中的班规模已经都达到了八九十人一个班。我们当年上学,一个班也就五六十人,五六十人就已经前胸贴后背了,最后一排都已经出不来了,那你想八九十人,很有可能,老师一个学期上完课,孩子们的名字都没记全,这样的班级的教学效果一定很差。

在美国的田纳西州对203个学区、一两万名学生的一个长期跟踪研究表明,小班化的教育对学业的提升有显著作用,而且更具长效性。什么意思?就是不仅短期成绩有提高,长期而言,这些孩子也都有学习竞争力。

有很多的民办培训机构,现在也有那种百人大课堂,就是找一些本地很有号召力的名师,呼啦一下子就能一个班忽悠起来一百多人，一百五六十人，甚至两三百人的大课。从现场效果、轰动效果和收入上来说，看起来还不错，但从教学的有效性角度来说，其实并不值得提倡。我们跟这样的机构老师聊的时候也提到，真的一个教室坐150个学生，后面2/3的学生其实就是随大溜的，而且流动性会非常强，所以你看在鹦鹉螺云教室做小班教学，我们一般主张的班规模是在25人左右，最好不要超过25人，其实是个精品的小班的一种教学场景。

像英国，在1994年的时候，就已经提出了它们的教学有效性标准体系，美国的每个州都有自己的这种评价标准，特别是在1996年，有个叫作夏洛特·丹尼尔森的学者提出了一个叫作专业实践过程架构，听着就特拗口，但它其实就是一套评价老师的教学有效性的标准。标准一叫师生共同参与创造性活动。标准二叫课堂中发展语言及读写能力。第三叫创造意义，就是把教学和学生生活相联系。第四叫复杂的思维技能。第五叫通过绘画教学。

这本书的第二章，就开始展开深入论证教学有效性的一些核心元素了。给大家提供几个非常实操的维度，帮助校长去选拔老师，也帮助老师去更好地衡量自己。

第一个维度叫作教育观念，就是老师的教育观念是不是正确的，是不是具有创新精神，具有合作精神，是不是理解教育的本质？

第二个维度叫思想道德，讲的是老师的责任心、事业心、敬业心、正义感、不自私也不自负。

第三个维度是智力，老师不能笨和傻，观察能力，想象力，思维灵活，记忆力好，有创新和应变能力，这是体现在智力的角度。

第四个是知识储备,首先当然是本学科的知识储备,还包括像教育心理学、教学方法的知识储备,也包括了学科以外的丰富的社会知识的储备。

第五个是教学能力,就是说我设计好这堂课的教学过程,用恰当的方法去引导学生,并且能够因材施教,针对不同类型的学生用不同的教学方法和策略。

最后一个叫作心理状态,就是老师的兴趣爱好和他的自制力,他对于课堂的情绪的投入是饱满的还是消极沉闷的。

这几个维度可以帮助校长做一个评分的架构去评价老师在教学过程当中是不是最好地发挥了他应有的作用。

另一个大的方面就是学生的因素。

首先是关注学生的一般特征,不同年龄阶段孩子的学习特点是不同的,这里又提到一个教育上非常重要的学者,叫皮亚杰。他提出来的认知科学理论对于今天的教育也是非常重要的一个理论依据。比如说人的学习,其实在不同阶段是特点不同的,有四个特别专业的阶段叫作感知运动阶段、前运算阶段、具体运算阶段和形式运算阶段。我们把它翻译过来讲,就是说从具体到抽象。

前运算阶段是说有了最基本的概念,然后开始有基本的逻辑。比如说包子可以吃,吃包子,它就形成了一个最基本的连接。到了形式运算阶段实际上就可以开始进行逻辑推理了,进行逻辑的推理,所以我们经常看到那样的文章说德国不提倡早教,或者说不要那么早地教孩子各种各样复杂的数学,就这个原因。因为在那个阶段孩子还没有发展出这种认知能力,你教其实白教,事倍而功半。

其二,要关注学生的起点能力。他来你这儿补课之前,知识技能和态度是什么状态，具体落地到实操上就是我前面提到的，每个机构对于入学的学生一定要进行全面的测试和分析，这样才能够有的放矢地去组织教学，才可能有效。

第三个是学生的学习策略和方法。这个重要性是不言而喻的，我前面反复强调授人以渔，真的让他掌握方法是最重要的。

第四个是学生的参与。皮亚杰指出，学习发展是个体在活动中不断同化，适应环境，将外部活动内化为内心心理的过程，没有个体对活动的参与就没有学习，个体的体验和思考，最终获得的策略和方法才能建立学生的自尊和自信。就是学习的过程，孩子亲身经历的事才能记得牢，才能理解得透，才能忘不掉。所以你得让孩子动起来，这是为什么鹦鹉螺云教室一直坚持这种点对点的互动授课，原因就在于此。我们放一段老师录像，特级教师的课程视频让你听有效果吗？你可能感觉上不错，但实际上对于孩子来说是没效果的。现在有很多在线教育类的公司，在解决内容和优质资源这个点上想到的是给你录个像，或者是远程的在电脑上跟你连线互动，或者让你在间虚拟教室里面互动，各种各样的形式。还有直播的，比如说有的网校，也有一些号称是云教室的会说我给你录视频信号，然后也可以名义上跟你互动。比如，一个老师可能同时都有100间教室，非常便宜的，你接进来听就行。这个老师也非常非常牛气，但实际上这都是假象，它不能够做到让孩子亲身体验和思考，所以也就没有办法让孩子真正学习到相应的知识和方法。

这也是我们为什么一直坚持用最接近于传统的精品小班课程的原因，教学的本质是学习体验，这个体验的过程才是真正构建孩子知识和能力的过程。

6

家长如何成为孩子的"好老师"？

——《好妈妈胜过好老师》

我相信所有的老师和家长都有困扰，就是你需要不断去管理或者逼迫孩子好好学习。其实这是一个最不应该发生的场景，本来学习应该是一件快乐的或者说叫自主的事情，由于我们的教育方法不得当，硬生生地把孩子的学习变成了一个痛苦的事儿，这里有几个点非常值得大家借鉴和参考。

《好妈妈胜过好老师》这本书的作者是尹建莉老师，她亲自做了16年的教学工作，同时又是一个为人母亲的老师。尹建莉结合自己多年的教学和教育孩子的经验写的这本书，可以说是家庭教育的一个手记，是作者在亲身经历的基础上进行的总结与提炼。

这本书主要有七个章节。第一章介绍如何提升爱的质量，告诉家长应该怎样去对待孩子日常生活当中的一些磕磕绊绊的小事。第二章是讲要把学习做成轻松的事，主要强调的是怎么样去引导和培养孩子建立一个好的学习习惯和学习的主动性。第三章讲一生受用的品格教育，就是说怎么样去培养孩子一些优良的品格，形成他的是非观、善恶观。第四章是讲培养良好的学习习惯，主要是在比如作业、考试，学习的自主性、自觉性这个方面。第五章讲做家长应该有的智慧，就是一些比较新的或者说比较得当的教育孩子的方法。第六章叫小事就是大事，举了一些非常具体的在教育子女当中常遇到的问题，比如说孩子的隐私，孩子不爱吃饭，孩子睡觉怕吵，孩子不爱接触小动物等等。第七章是走出坑人的教育误区，指出了我们在日常生活中经常有一些教育方面的错误的认知，比方说我们会给孩子强调一种刚性的是非观，或者是刚性的结论，比如说河水一定是蓝的，不可能是粉的；如果孩子说河水是粉的，我们就说这孩子瞎说，会打击到孩子的自信心。还比如说涉及到孩子要不要上学前班这样的问题，所以每个章节从不同的角度去解读妈妈，其实不仅是妈妈，而是所有跟孩子打交道的人。所以我相信这本书不仅对于每一个学生家长有帮助，对咱们每一位老师和校长同样也会很有启发和帮助，因为大家都为人父母。

　　每个孩子都是一座宝藏，所以家长应该把教育子女看成是一项无比伟大的工程。我们盖一座大楼，可能有个二三年就能够建设完成，现在快的可能几个月就盖起一座大楼来。你看到的是眼前的一个几十层的建筑物，你觉得好了不起，这个建筑物可能价值多少多少个亿，但实际上每一个子女的教育过程就像构建一座大楼一样，你相当于从白地里凭空创造一个人，而这个人会影响到他身边的成百上千甚至百万千万的人。大家作为一个人的父母，首先应该有这种强烈的神圣感和使命感。与此同时，应该意识到教育孩子是一项复杂的、严肃的、充满责任工作，同时也是伟大和充满意义的工程。有了这样的一个基本的心态，我们对于教育子女这件事儿才能够不马虎了事，才能够让自己有意识地更加专业，更加用心。

给大家举几个书上提出的非常典型的例子。很多时候绝大多数的父母实际上是抱着一份恨铁不成钢的心情去指导和教育孩子的。孩子打针，这是我们生活中常见的一个情形，当孩子打针的时候，一般都会哭和吵闹。孩子在哭和挣扎的时候，我们往往会看到大人是怎么样的一个处理方式，"你别哭了，干吗哭，有什么可怕的，把胳膊给我放好，别乱动。"当你用这种方式和孩子沟通的时候，实际上是加剧了孩子心目中的恐惧感。从孩子的视角来看，打针这件事情是充满了未知，充满了恐惧的。家长如果想引导孩子用平和的心态去面对这件事，更多地要从两个角度去帮助他。第一个角度，是先理性地帮他去说明为什么要打针。可能孩子懵懵懂懂，但是最简单的道理让他知道打针是有必要的。比方说你可以停下来对他说，宝宝现在生病了，咳嗽是不是非常难受？孩子一定说特别难受，你想不想赶快好起来？我想。如果想好起来的话，就要听大夫的话，要是不打针的话，你的病就好不起来。这是给孩子一个概念，我为什么要打针？在这个基础之上，接下来第二个步骤是缓解，或者说叫这孩子对于经受的痛苦有一个明确的预期。不要告诉他不疼，因为如果你告诉他不疼，他一打针却很疼，他就会非常的恐惧。你可以明确跟他讲，说打针疼不疼？会有点疼，不过疼得不是特别厉害，就好像你坐在凳子上不小心摔了个屁墩一样。他一听，噢，原来我之前也有过那种疼的感觉。就是有一点疼，但他心里面有一个正确的一个预期。在这个基础上，第三个步骤就是要去鼓励他，比如说，妈妈或者爸爸觉得宝宝特别的勇敢,你可以看看自己有多么勇敢,你要是能够忍住不哭,就是最勇敢的小朋友。

刚才举的这个场景,我相信大家生活中都遇到过的。你强制性地或者不加解释地让孩子去坚持,或者由于他的哭闹而责骂他,孩子就会留下长期的一个心理阴影。而你用刚才这样三个步骤理性地告诉他必要性,让他心理预期到这个痛苦程度。第三步再给他勇气和鼓励,大多数的孩子就能够更好地去接受。

举我们生活当中非常见的一个例子,大家可以回想一下自己的小孩有这样的情形的时候,你是怎么样应对的?有没有很好地给他一个引导。这一章还提到了一个非常见的场景,就是强调不要捉弄小孩,或者说不要捉弄孩子。捉弄和逗孩子是两个概念,逗孩子是以孩子的开心快乐为前提的。捉弄孩子,比如说,我们带着小孩到一个地方,有几个叔叔跟他在一起,妈妈出去买东西了,或者上厕所了,孩子要找妈妈,叔叔可能就说,你妈妈不要你了,让你跟我走,所以就走了。这种情形就属于捉弄孩子,你用一种谎言也好,或者说用一种开玩笑的状态也好,来吓唬孩子,这种情况大家在生活当中一定一定要极力去避免。因为在这种情形下,孩子会丧失对人的信心。他会形成一种对外人,或者说陌生人的恐惧,影响到他对人的信任,也会触及到他的自尊心。这些场景,当它在咱们身边发生的时候,我们往往可能认为这件事没什么了不起。不就逗逗小孩吗,哭一下哄一哄就好了。但是,这本书包括胡老师跟大家要强调的是,对于每一个孩子而言,没有小事。任何一个细微的小事,都可能在孩子的心灵中留下难以磨灭的影响。

弗洛伊德的心理学有一个非常重要的逻辑,就是可以将你在成人以后，性格心理上的各种各样的问题全部追本溯源到你非常幼小的年龄段里。我们中国有句老话叫三岁看老，同样的道理，孩子小时候的任何一点刺激和问题，都会给他们造成深远的影响。如果你孩子现在已经上初中高中了，你觉得他有这方面的问题、那方面的问题，什么学习主动性的问题，各种各样的性格上的问题，实际上都可以追溯到在他的幼小阶段，一些细节的事情上你的处理不当。这件事挺可怕，它就像我们每一个人的信用记录一样，就是你一旦有一个违约记录留下来的话，你这辈子可能都离不开它。同样，如果你的孩子有任何一件小的事情，你没能够很好地处理的话，那么可能这个阴影会伴随着孩子的一生。

这样说起来，大家觉得压力山大了，作为一个父母还真的应该谨小慎微，但其实如果你理解了教育子女当中的几个最基本的原则，这些事可以水到渠成地、自然而然地加以避免。在第一章节当中还举了一些具体的场景，比如说，当一个小孩摔倒，或者是被一个东西磕了绊了的时候，有的家长就会选择去打那个桌子，"别哭了，你看妈妈打它了，你看，讨厌让你磕着我们家宝宝。"这样一个小的细节，实际上是让孩子和与他发生了摩擦冲突的这个对象产生了一种报复性的行为和心理。因为你伤害了我，所以我妈妈打你，其实在孩子幼小的心灵当中，在他的眼中，桌子、椅子、土地、小动物和人没有任何区别。在相同的逻辑之下，如果你现在说碰了他就打桌子，那同样未来，如果在生活当中有人触及到他，或者伤害到他，他同样地会像打桌子一样去报复那个触及和伤害他的人。在这样不知不觉当中，你是让孩子和人之间，或者和外界事物之间产生了一个对立。在书本中作者给了一个例子，她怎么处理的呢？如果孩子被桌子磕到了，在安慰孩子的同时，妈妈还会去安慰桌子，桌子我帮你揉一揉，你也很疼吧，你看跟我们家宝宝磕在一起了，其实从这样一个小的细节，家长在向孩子传递一种善良和体谅他人的心，就是让孩子意识到作用力与反作用力。当我受到伤害的时候，其他人同样也受到了影响，我觉得疼和痛苦，对方的感受是同样的。在这样一种教育方式下，孩子很容易就会形成一种同情心和体谅别人的心。这是我们应该特别注意的一些细节和原则。

举一个我自己的例子。小的时候，到夏天会买冰棍，在我的世界里，最终的处理方式就是会把一群小朋友邀请到我的家里来，然后打开柜子把所有的冰棍分给大家吃。这个时候可能我妈妈也会问，说你为什么不自己吃呢？在我看来，把这个好东西分享给大家，自己心里面得到的是更大的快乐和享受，这样的一种同理心和体谅别人、为别人着想的心态和感觉是要从小培养的，与家长的引导也密切相关。有这样一个原则大家仔细去体会，那就是利己和孤独是同义词。你的孩子是一个利己主义者，凡事都是为自己去考虑，那么同样，他注定是孤独的，因为身边没有人是傻子，大家都会感受到，跟你在一起，你更多的是为自己的利益考虑的，每个人对你都加以防范和抵触，最终你的身边就会没有真正的朋友。

另外还有一点，就是家长在孩子成长过程中，要给他创造一个属于他的小天堂，或者一个小的神秘世界。在这本书中作者举了一个例子，非常有意思，就是过圣诞节。圣诞节有一个重要的传说，就是圣诞老人会给孩子们送圣诞礼物。有对夫妻就坚持从孩子很小的时候开始，每一年的圣诞节精心地给孩子准备礼物，在他睡醒之前放在他的床边，告诉他这是圣诞老人送的。

　　当然了，小的时候孩子一定是非常天真的，特别兴奋，每年都会期待着圣诞老人到来，还会不停地问问题，圣诞老人住在哪？他为什么晚上来，我看不到他呀？他怎么知道我喜欢什么礼物？其实家长并没有因为孩子问的这些问题很傻，去打碎她这个童年的梦幻，告诉他哪有什么圣诞老人，就你爸妈给你买的。绝不能这样去做，而是要维持孩子童年非常美好的梦想。这样一个童年的经历，实际上在孩子的心目当中会成为他一生特别美好的回忆。随着年龄的增长，当他有一天意识到实际上世界上并不存在真正的圣诞老人，那个礼物是我爸爸妈妈为我准备的，但即便如此，他也会非常珍惜，甚至可能到最后都不会去点破父母孩子之间这种特别美好的童话一般的经历。前面的这几个点其实都是在给家长们讲怎么样在日常的生活细节中给孩子正确的爱，而不是那种从小就强制性地让孩子去接受恐惧，或者说去捉弄孩子，损伤他对人的信任和自尊心，而是把这种对孩子的爱，对周围人的爱，甚至对周围万事万物的同理心和体谅的心情能够传递给孩子。这样的话，才能够让他在未来的生活中更好地适应社会。

　　尹建莉老师除了是一位非常优秀的老师以外，也培养出了一个特别优秀的女儿。他女儿是1991年的，应该是2006年在北京参加的高考。她在高考中的语文成绩考到了150分满分当中的140分。这些经验，都是她在自己教育孩子的过程中总结和提炼出来的。当然了，孩子们还会经常面临的一个问题，就是所谓的早恋，我相信很多家长也会面临这样的苦恼，特别是如果你是中小学阶段的教育机构的话，孩子在青春期这样的情况更是极为常见。在这本书中，作者也同样给出了处理早恋问题的一些建议，有这样几个关键的步骤。第一，孩子在青春期对于异性产生好感，这是非常正常的现象，作为家长应该引导孩子去直面这样的情形，而不应该把它想象成洪水猛兽或者大逆不道的事。就是这个时候男孩女孩有好感，这是非常正常的，所以不要有任何的不好意思，或者是担心，这是第一个关键点，就是大家要以平常心去看待孩子的这些日常当中对异性的好感。第二，未来你在生活中可能还会遇到很多优秀的异性朋友，那么人家有人喜欢你，或者你去喜欢别人，一定是因为对方包括你自己有非常吸引人的闪光点，你一定是一个优秀的人。这其实是告诉孩子，你首先要自立自强。你越优秀，你才能够得到更优秀人的喜欢，其实是把他的精力和关注点向一个正的方向去引导。第三，要跟孩子去约定一个所谓爱的底线，或者说情感的一个底线。比如说我在中学时代也有过同样的情形，胡爸胡妈在这一点上对我的态度和做法就像在这本书中尹老师介绍的一样，第一他们告诉我这很正常，并没有把它描绘得多么的危险，或者多么的严重。第二，告诉说宇东你要更优秀，你更优秀的话就会有更优秀的女生同样喜欢你。第三，跟我有个约定就是高考前绝对不许谈恋爱。原因很简单，你现在主要的任务是学习，你可以对女生有好感但是不能影响你的学习，要以保学业为前提。由于我的父母跟我非常开明，正向的去讨论这个问题，同时我也把他们当成我可信的朋友，非常遵从我们之间的约定。所以在整个的高考升大学之前我非常严格地遵守了和我爸爸妈妈的约定，也很好地处理了生活当中的一些类似的困扰的问题。所以说当父母如果能够跟孩子站在一个平视的角度去交往，那么你才能够真正走到孩子的内心深处去，才能够让孩子感受到父母对她的爱与尊重。这样做在孩子心目当中种下的是什么呢？是自尊、自信、自强、自爱的一个种子。如果他从小被父母怀疑，被父母监控，被父母挑战，被父母不信任，被父母捉弄，或者被父母在精神和身体上对他有类似于虐待的感觉的话，那么他的内心一定就是不自尊，不自爱，不自强，不自信的一种状态，等到他年龄越来越大，你看到他学习也不行，也不孝顺父母，社会交往也不行，也不积极向上，那个时候你所有的这个痛苦，孩子可能会十倍百倍的还给父母，最终其实还是自己种下的苦果自己去品尝。

我之前曾经跟大家提到过，我们曾经访谈过大概10位高考的优秀考生，每个孩子可能聊一两个小时，试图去挖掘到底是什么原因让他们能够有一个更好的自觉性、自主性，能够成为至少在高考考场上的胜利者和佼佼者。你会发现几乎每一个人对于学习的兴趣与那种不服输的劲儿都是由于他爸爸妈妈在日常生活当中的一些细节给予他们的。有一个学生叫裴传浩，他从小学三年级就酷爱读书，三年级的时候走十几里地的路到镇子上去买书回来看，而不是到河里去摸鱼，到什么树上去掏鸟。

这原因只是因为他从小印象当中爸爸爱看书，其实是武侠小说，也不是什么特别严肃的读物，但正是因为他爸爸喜欢看，在他幼小的心灵里面就形成一个印象，就是书是好东西，我也想得到它。所以有很多家长经常说，孩子为什么老是爱打游戏或者孩子老是沉迷于这些玩的东西？如果自己在生活当中没有给孩子做一个好的示范的话，你爱打麻将，你爱打牌，你爱抽烟，孩子就觉得抽烟是好事。你看我爸都那样。我爸妈还打麻将，我爸妈整天的看电视，看电影，上网刷微博、发微信，那个就是好事，所以这种模仿效应会非常强。比如说还有一个女孩叫云云，她是当年市高考理科的第二名，她给自己的要求就是不允许自己当第二，永远要争第一。我说你什么时候开始有了这个劲头？一个小女孩子考试一定要考第一呢？我发现她父母是这样的人。她父母自学了大专、大本，自学了研究生。然后又自学了律师，通过了司法考试。她的父母就一直不停地在学习和提高自己，在自己的单位和工作领域里，争取能够脱颖而出。所以从她记事开始，便看见爸爸妈妈特别是她妈就一直在那里学习，不断地提升和进步，那她自然而然就形成了一个概念，我不能当第二，我一定争当第一。再举一个例子，比如说我们那一年市高考理科状元宋卫平，他就能够做到说我做一件事情，百分百的专注，丝毫不分心。跟他说你为什么会这样，什么时候形成这样的能力，或者叫习惯，能够做一件事情特别专注？他说我爸爸。他爸爸就是一个地道的农民，根本没有多高的知识储备或者多么高的文化素质，但是他爸爸有个爱好是什么呢？做手工活，比如说家里有俩板凳，这板凳腿瘸了，那个板凳面坏了，他爸会把这两个板凳都拆了，然后组装在一起成为新板凳，而且所有一切严丝合缝，细节打磨重新刷漆，看起来就像个崭新的板凳一样。他说我小的时候印象特别深，就是看着我爸在那里弄那板凳，最后当他把板凳组装完以后，比新买的还要漂亮。大家仔细体会一下这个场景，在一个只有五六岁的孩子的心目当中，这是一种什么样的印象和感觉？所以说这是父母对于孩子非常重要的影响。同样的道理，孩子对人对事的态度也是跟父母对人对事的态度密切相关的。

书中还提到了一个观点，就叫作如何看待孩子的过错？

作者有一个特别好玩的提法，叫作"像牛顿一样"，就是你看看你又犯了像牛顿一样的错误，什么意思呢？因为有一些大科学家的故事和传说，比如牛顿，他特别痴迷于研究科学，经常会粗心大意地忘这忘那。比如说，说外面叫他吃饭了，牛顿出来吃饭。他到了餐桌前，发现桌子上一片狼藉，突然一拍脑袋，原来我已经吃过了，我都忘了，一头又扎回到实验室里做研究去了。他自己都忘了自己吃过饭还是没吃过饭了，这些其实后来传为美谈了。但是呢，这个妈妈就用这样的一个传说，像"牛顿一样的错误"来看待孩子的错误。什么意思？第一，他确实是犯错了，这个错误是应该改正的。第二，这个错误是可以被接受的，因为这是一个伟大的人的错误，他可能预示着说你专注做了其他特别了不起的事儿。所以你要给孩子这种犯错的空间，而且不要怕孩子去犯错，不要怕孩子吃亏。跟大家举个例子，我上个月我在成都讲课，课间休息的时候，我在楼道的大厅里跟老师在聊天，聊天的过程中就发现有一个校长带着孩子来参会，小孩在外面玩，大概有六七岁的样子，然后小孩在地上跑，跑着跑着突然脚下一滑，扑通一声响，摔倒在地上，然后我们在旁边的人马上就很紧张，赶快冲过去想扶这孩子。结果他妈妈特别严厉，别动，你别管他，让他自己起来，就是不让我们去扶。结果也很有意思，我本来以为孩子摔了可能哇一下子就会哭起来，但没想到这个小孩在地上趴了两秒，可能缓了缓神，自己手一撑站起来，拍拍腿，接着又去玩儿了。所以你说小孩子真的很娇嫩吗？其实不是，重要的是当他受到的一些小的挫败的时候，家长是什么样的反应。如果你把每一次小的挫败和损害都看成是一个天塌下来的大事，然后马上扑上去，看一看，没摔坏了，怎么那么不小心？孩子自然就会产生哭闹这样的反应。反过来你让他自己去面对自己，真的摔疼了，他下次就一定会注意。

本书第二章，是对于我们作为机构的校长和老师更关心的部分，就是怎么样让孩子们把学习当成轻松的事儿。

我相信所有的老师和家长都有困扰，就是你需要不断去管理或者逼迫孩子好好学习。其实这是一个最不应该发生的场景，本来学习应该是一件快乐的或者说叫自主的事情，由于我们的教育方法不得当，硬生生地把孩子的学习变成了一个痛苦的事儿，这里有几个点非常值得大家借鉴和参考。

我选几个关键点给大家梳理一下。

第一，语文的重要性。这一轮高考改革中有一个非常重要的变化，就是大大提高了语文学科地位，以后高考可能要把它从150分改到180分，其实这强调的就是语文学科对于孩子整个的思考能力，包括其他的学科的学习，都有非常重要的影响。语文重要性的逻辑是什么，我给大家举一个实际发生在我身边的例子。清华大学我的一位恩师王雪莉教授是非常有影响力的人力资源专家。我们曾经做过一次关于成长和学习的探讨，她跟我分享了她自己人生的经历。她说，我这一生之所以学习特别的顺利，得心应手，如果只找一个原因的话，是因为在初中二年级的时候参加了一次全国语文知识大赛。王雪莉老师是东北人，她上中学的时候，学校有一位很年轻的富有激情的副校长，还是语文老师，第一次组织了她们学校的人去参加一个全国语文知识大赛。为了准备这次大赛，他们把挑选出来的孩子组成了一个校代表队，这个代表队经过了三个多月时间的特训，这三个多月都干吗呢？就是让他们大量地不受限制地读书，不上别的课。三个月的集训营，大量的读书、诗、词、曲、古文、现代文,海量地阅读三个多月时间,然后老师在当中点评引导,大家互相讨论,其他的什么数学英语课不上了,就干这一件事。通过这三个半月左右的淋漓尽致的学习,然后她们到北京参赛,很不幸,初赛第一场就被干掉,然后灰溜溜地回了老家。但即便是在这样的情况下,雪莉老师回想,在她中学时候那三个月,是她整个人生当中最充实快乐的日子。从那次集训开始。第一,她的语文成绩永远在年级里面名列前茅。第二,很神奇的是,她学其他的学科也都变得非常非常的轻松。然后就一直保持着一个特别好成绩的走势,这背后的科学原因是什么呢?就是我们如果从人的学习成长角度来说,语言中枢基本上约等于人的逻辑思维中枢,语言能力的训练培养和强化了人大脑的逻辑思考能力。

这种逻辑思考能力的基础训练,就好比说我们盖房子时候,你的那个基础工具和基本的建筑原材料,不管你是盖数学大厦,盖化学大厦,盖物理大厦,盖英语大厦,你最终都需要有基本的逻辑思考能力做支撑。所以如果一个孩子语文能力突出的话,就为他所有的学科学习都奠定了特别好的基础。

第二,语文重要,最简单的学习方式是什么呢?特别简单,就是大量的阅读。教育部对于孩子各个年龄段的课外阅读量有明确的标准规定。比如小学要求的文字阅读量是145万,初中生是260万字,高中生至少要150万字的课外阅读量。但是大家想一想,在现在的这个高考压力之下大家不能把这个板子都打在高考制度上,更多的其实还是家长和老师错误的教育观念导致的。因为大量的阅读并不会让高考成绩不好,反之能够让孩子有更好的成绩。但是往往我们看到的是家长会不让孩子读课外书,老师也会严格管理不让孩子读课外书,好像你所有的时间去读课本，才是天经地义的，才是正确的。实际上这是大错特错的，不仅在理论层面错，实践层面错，连政策都违反了。教育部本来是有标准的，大家其实都在违反这样的标准和规定。本书作者的女儿做到的实际情况是怎么样的呢？二年级的时候开始，已经开始读长篇小说了。

第一语文很重要，第二是大量阅读。第三是怎么样培养孩子的阅读习惯。简单来讲就是你要诱惑孩子，让孩子真的体会到读书的好，阅读的好。举个例子，之前我们在各种课上也都提到过。比如犹太人，全世界各个民族阅读量最大的，他们是怎样培养孩子的阅读习惯的呢？在孩子小的时候，他们就会开始把蜂蜜涂在圣经上，让孩子去舔那个圣经上的蜂蜜，就是建立起书本是好东西的这种感觉。心理学上有一个专门的名字叫作神经链。举个例子，比如说大家想象一个场景，你早上出门了，在路边走，走着走着你突然看到了树上垂下来一条黑影，抬头仔细一看发现是一条蛇，你当时会怎么样？你啊的一声大叫，赶快跑开。如果是女老师的话，可能还会吓得够呛。那么等到第二天甚至第二个星期，你再走到这条街的这棵树底下的时候，你设想一下会有什么感觉？你一定还会抬头看一下，上次这块儿看到一条蛇，你马上就会情绪紧张。这其实是神经链的一个最简单的小例子。

家长如果想让孩子的学习变轻松，最重要的一个任务就是把学习这件事儿和美好的感受建立起神经链。如果孩子不爱写作业，你硬逼着他去写，你想想孩子什么感觉？孩子的感觉会说写作业是痛苦的，妈妈在逼迫我干一件痛苦的我不愿意做的事。在他的心里当中就会去抵触写作业这件事。你如果防范他，不让他去打游戏机，他会觉得打游戏是件好事，我妈妈硬管着我，我偷着摸着想办法，也要去打游戏。所以实际上这些努力，结果是适得其反的，你越逼着他写作业，他越不愿意写。反过来，你越不让他去干什么事，他越想去干。有个特别经典的例子，说有一个小区，有一帮年轻人，每天他们都会恶作剧，把这个小区的垃圾桶全部都踹倒，然后你去抓他，你去追他去打，都不行，这些小孩就是要的这个效果，整天去踹垃圾桶。后来有一个老伯伯，可能是小区的看门老大爷，有一天他找到这几个小孩，说孩子们，我教给你一项任务，你每天去踢那个垃圾桶，你们每天把垃圾桶踢倒，我给你10块钱。孩子们说好，当然好，既捣乱了，还能拿钱，很高兴就去了。过了几天，老伯伯又跟他们说，我最近花销比较大，我只能给你5块钱，这孩子有点不乐意了，你原来给10块，现在只给5块钱，那勉为其难也去了。又过了几天，老伯伯说，我最近收入锐减，开销很大，你们再去踢的话，我只能给你们一块钱了。孩子们说，一块钱老子才不干呢，我们就不去管你这个事了，不去帮你去踢这个垃圾桶去了。结果反而让孩子们就不再去做这个调皮捣蛋的动作。这个小故事其实讲的就是这个道理，关键是说，从孩子的心目当中，他怎么样去看待他正在做的这件事情，把它看成一件有诱惑力的事儿，还是一项任务。如果当成是任务的话，它就会越来越烦这件事。所以在吸引阅读习惯上，作者做了一个很好玩的尝试，比如说刚开始让孩子去读长篇小说，孩子一定是读不下去的，不乐意的，那么他采用的方式就是讲故事，就是妈妈给你讲故事。讲到了一个特别紧要的关头，妈妈说，这个书那块我还没看到，等我看完了再给你讲。这个时候，孩子已经被吊起胃口来了。妈妈，后来到底怎么样了？就只好抓起书来开始读，真的读进去了，就一发不可收拾了。因为我爸爸是老师出身，我小时候，总看他读特别老的一本书，特别艰深难懂的古文，后来知道那是《昭明文选》。我那时候根本读不懂，但是我爸老拿着看，我就觉得那个东西是好东西，所以后来我一直对古文有极强的兴趣。

我读古文，我觉得像读音乐一样，它是有一种很美的韵律感，所以我整个学生时代的文言文阅读成绩都非常好。大家作为家长也好，老师也好，你想让孩子真的感到学习一帆风顺，并且自己沉浸在其中，最有效的办法就是打开他的阅读大门。如果你真的把阅读之门打开，给孩子一个美好的精神世界，后面需要操心费力的事就少得多了，所以我这里建议每一个学校、每一个教育机构，大家应该建立一个小的图书馆，哪怕是一个小的借书架也好。

这本书的第三章重点讲到了一生受用的品格，一生受用的品格里有几个非常重要的话题。一个是关于性，所谓的性启蒙或者叫性教育，大家都会面临这样的问题和挑战，应该怎么样去和孩子谈，让他有一个正确的认知。第二个是怎么样处理孩子说谎。小孩子撒谎都很常见。第三个是怎么样处理孩子犯错。第四个就是在他的生活当中，如果遇到了坏人或者坏同学，他应该怎么样去看待和面对。第四章重点讲培养良好的学习习惯。培养良好的学习习惯，有一个核心的原则是不要陪着孩子，或者说叫防范式的监管孩子。有这么一句话，叫自由的人才能自觉。如果你对孩子缺乏信任，强制他去做，你能管得住的时候，慑于你的权威，他照你说的做，但最后他一定会逃避，或者叫叛逆，去抵制学习这个行为本身。而正确的模式是给孩子建立一个正向的积极的神经链，把学习跟快乐，学习跟成就感连接在一起。

我们有一句话叫，榜样的力量是无穷的。当孩子有了自己的榜样和学习的目标与对象的时候，他的努力和勤奋就会变成自发的。我小的时候有一个榜样，就是我爸他们单位同一办公室的孟叔叔的孩子，名叫孟东。他从小就是我的榜样。我印象特别深，在他们那个办公室，我们几个小朋友过去玩。在三年级左右，我这个孟东哥就能指着世界地图，随口说出任何一个国家的名字和首都的名字。当时我超羡慕，超佩服。后来他保送到了唐山一中上高中，通过全国竞赛，从唐山一中又保送到清华大学。

第三点，在这里特别强调，不要给物质奖励，大家听清楚，不要给孩子在学习上的物质奖励。还是我们说的那个神经链的概念，就是如果你把乐趣本身依托在或者叫依附于物质奖励方面的话，实际上你就让孩子忘记了学习本身带来的乐趣。如果你要通过物质奖励去刺激一个人做某种行为，那么这个行为本身的吸引力就会降低。他的关注点就会转移到物质奖励，当物质奖励一取消，这个人对于这个行为本身就失去兴趣。

最后，就是怎样去看待考试？我问大家一个简单问题，如果孩子考试没考好，大家觉得是应该开心呢，还是应该生气呢？我觉得绝大部分的人毫无疑问，肯定是生气的，没考好当然要生气。但是在我看来，考试没考好是应该开心的，这个听起来就好像挺离经叛道的。我给大家打个比方，比如说，马上春节了，各位老师、校长要带着你的亲人去探亲，然后你准备开车走，可能要开长途1000公里，一般我们开长途车之前会做个什么动作？大家可能会把车送到修理厂去做一做检查，做做保养。那么,假设把车送到修理厂去了,然后你回家,突然之间你接到一个电话,修理厂打来电话说,喂,你那车检查发现刹车片坏了,你看马上给您换个新的刹车片怎么样?我说好,当然好了。检查的结果是有故障,这个时候大家想想你是什么心情?你是很庆幸,很开心了。因为你在出行前检查出了问题,并且把它及时修正了。同样的道理,其实考试就相当于是一次验车,把你已经构建起来的学习大厦或者叫学习的这台机器从头到尾检查一遍,看看哪个地方零件有问题,哪个知识点掌握得不牢固。检验出来有哪里不好,接下来要做的事儿是改进它,让你自己变得更好,知识学得更好,这才是考试的本质目的,包括高考本质上其实都是如此。所以说家长应该引导孩子对考试的正确的心态是考不好我没有必要为这个分数高低而或喜或悲,我应该把注意力放在发现了更多可改进点的欣喜和改进的行动当中去,就像是检查出了刹车片有问题,谢天谢地。

如果我们家长能有意识地培养和引导孩子形成这样对于考试的认知,那么你才真正有可能激发孩子在学习过程中的成就感,让他自己能够越来越好。这个其实是我们讲一些正确的教育理念,反过来讲如果你的教育理念是错的,那么孩子就会越管越乱,越管越让人操心。后面的章节里面还有像比如说做家长应有的智慧,重点强调家长应该怎么样去跟孩子保持较高频率的沟通,应该给孩子自主权,要听孩子的话,要尊重孩子的判断和尊重孩子的选择,等等。还有很多有意思的事,比如说作者提到了让孩子结合生活去学习,比如开小卖部,通过开小卖部,家长跟孩子买东西来学数学。我小的时候我爸妈是叫我去卖冰棍,就是拎着个桶进点冰棍到街上去卖,大酷暑的时候拎着桶在街里面转了一整天,晒得都快中暑了总共卖出去三根冰棍,最后所有的冰棍都是我爸打电话叫来的叔叔阿姨抢购一空。这样的生活实践的对于培养孩子的思考能力,对学习知识实用性,或者叫有意义的学习的兴趣,都是有非常大的帮助的。

在我们校区的实践当中,我们最终可以落实在两件事情上。第一件事情是组织家长俱乐部。家长俱乐部的组织形式可以类似于我们这种读书分享和话题研讨的形式。比如说《好妈妈胜过好老师》的这本书当中的这些具体的案例和场景,你每一两个案例就可以拿出来做一周的家长俱乐部活动。就是组织家长们在一起把这个案例抛出来,让大家说说自己是怎么做的,然后跟他分享一下更加专业科学的做法是怎么样的。我们实际上在一楼的校区搞过很多次,大家在这个过程当中会有非常意外的收获。你发现家长的痛苦,家长的迷茫,家长的错误比我们想象的要多,而一旦你让他意识到了自己教育上的不得当,他对你的信任和依赖度会空前的大大的提升。所以具体就是落地家长俱乐部的活动,每个星期分组通知家长来参加家长俱乐部的研讨。

第二件事情是关于家庭教育或者叫家长的影响,还可以落地在第二个措施上,就是签订《家长公约》,一定要在家长报名的时候强调一点,家长不是交钱做甩手掌柜,而是要和孩子一起开始一个学习成长历程,否则我们不接纳你的学费。大家相信,绝对没有任何一个家长会因为你对他有家长公约的要求而放弃报名。反之,他会觉得你更加负责任,更加的专业和被信任。

7

怎样让孩子走出焦虑

——《让孩子远离焦虑》

焦虑的本质是什么呢？大脑当中的杏仁核的这个部分，位于海马体的末端，它控制着焦虑这种情绪的产生，它的本质实际上是恐惧。大家说恐惧是好事还是坏事？有的人可能觉得恐惧是坏事，但实际上恐惧是好事，恐惧能够让人去回避危险。

作为一名教育工作者，我反复强调两个基本的理念。第一，教育是一门科学，作为教育工作者我们必须专业才能有效给予孩子和家长帮助。我之前分享《教育心理学》时，提到过一个专门名词，叫作师源性伤害。那就是由于教育工作者教学方法、教育方法不得当，对孩子造成的非常严重的甚至是不可逆的损害。所以作为一个基业常青的学校，我希望每位同仁都有学习专业知识的意识和决心。第二，学习的过程，或者说思维的过程，同样也是一个科学的过程。

既然学习是一个科学的过程，就是可以被研究分析和改造的。说得通俗一点，就是家长把孩子送到咱们的教育机构来，那让孩子变得更好、更优秀、更成熟、成绩更好，这其实是一个非常科学的过程。要想实现这样一个科学的过程，同样要求大家对教育的心理、对学习的过程、孩子成长的规律有深刻的理解和研究。《让孩子远离焦虑》就是心理学方面一部非常典型的实操型的著作，这也是要把它分享给大家的一个基本原因。除了教育是一门科学，学习是一个科学过程外，还想跟大家分享几个我生活和工作中实际遇到的故事和例子。这些故事和例子非常让人心痛和着急，这同样也是我要给大家推荐这本书的原因。在我的至交好友中，有一个大学时代的朋友。他由于在生活和工作中承受了严重的压力，导致心理上出现很严重的问题，最终患上抑郁症。可能很多朋友对于抑郁症这个概念并不了解。但实际上当我身边的人真有了这样的情形，我才意识到心理方面问题的可怕。同样也正是因为身边的朋友有了这方面的问题，我开始深入地去学习和研究关于心理学方面各种各样的理论和学说。

不管是孩子还是成年人，在心理和大脑的层面上，同样也是一个构造非常精密的机器。在有一些情况下，当他大脑中的某一个部分或者某一种机能受到损害的时候，就像摔伤了腿一样，也会在心理和心态上表现出诸多的问题和变化。对于我们教育工作者而言，可能比较常见的就是学生的焦虑情绪，比如说最常见的考试焦虑。我们经常听到这样的故事，孩子平时的考试成绩非常好，总是名列前茅，但是一遇到像中考、高考这种决定命运的考试，就突然间发挥失常，成绩一落千丈。这样的例子不仅对于孩子个人，对于这个家庭都是一个巨大的损伤，同时对于我们教育工作者来说，也会扼腕叹息。

我之前就曾经带过一个孩子，他在我们当地一所重点中学，常年年级第一名，我亲自给他做过北京大学自主招生考试的辅导，他也成功地拿到了北大20分的自主招生的加分。大家想一下这是一种多么让人充满期待的场景。第一，孩子学习特别好，平常总是年级第一名。第二，孩子在老师的帮助下，成功拿到了北大20分的自主考试的加分。那基本上叫万事俱备，只欠东风了，就差他高考正常发挥。如果一切正常，他会成为那个城市近十年来第一个正式考入北大的学生。但正是在这种情况下，高考中他发挥严重失常，别说进北大了，甚至连重点大学都差一点失之交臂。

那到底什么原因呢？其实看这个孩子的心智成长就有非常明显的问题。我印象特别深的是在校长办公室给这个孩子做面试的辅导，当校长把这个孩子叫到办公室里面来，我简单地与他交流一下后，我说请你做一下简单的自我介绍，用两分钟的时间，结果发现他战战兢兢两条腿直发抖，连一个完整流畅的自我介绍都没有办法顺利完成。虽然后面经过我一整天的辅导和训练，他非常快地调整了自己的状态，并且最终拿到了高考的加分。但是其实通过那次面试和培训，我也很直观地感受到这个孩子在心理上非常的不稳定和不成熟。果然在后面的高考当中，极其焦虑导致发挥失常。

这样的例子不胜枚举，我相信每一个做过较很长时间教育培训行业的校长和老师都遇到过类似的问题。不管你是做文化课培训的，还是做兴趣类培训的，还是做音体特长类培训，都会有这种情况。更有甚者，有的时候孩子会因为焦虑，导致他根本没有办法顺利地展开学习。我给大家举一个我自己的例子，大家知道胡老师自然是姓胡的，那我父亲姓胡是毫无疑问的。我老妈其实也姓胡，我们家是三胡，因为父母是在一个村子当中长大,都是同一个姓氏。在我很小的时候,孩子们都会去学各种各样的兴趣班。我的爸爸妈妈也送我去学了一项乐器,而且跟我们的姓氏有关,二胡。那个时候我大概只有五岁半不到六岁的样子,现在回过头来看,那个时候我就患上了很严重的学习焦虑症,具体是什么表现呢?一到二胡班上,二胡声一响,我就举手跟老师说,老师,我要上厕所。就往厕所跑,结果老师也没办法,让我去了几次发现,一练习三五分钟就跑一趟厕所,三五分钟就跑一趟厕所。最后老师实在没办法,过了一个礼拜找我爸妈谈话,说这孩子这样不行,这样会落下毛病。于是,我爸他们就选择了逃避,让我停止了二胡的学习,所以直到今天,我可能弹吉他还不错,但二胡这项技艺却始终是我人生中的一个遗憾,这是我亲身经历的焦虑症的典型体现。

如果二十几年前我的父母读到了这本书,或者说了解了这本书的理论和方法,或许就能够帮助我很好地处理这种学习上的焦虑,从而成功地具有一种艺术的特长,在未来的发展中还可能克服更多的困难。所以我相信不管是文化课的机构还是艺术类的机构,你们都遇到过这样的孩子,面对学习某项技能或者生活中焦虑的情形,而这本书能够帮助大家很好地去解决孩子焦虑的问题。

当然,除了这些焦虑的情形以外,还有比如说像孩子对与父母相处有焦虑,对社交活动有焦虑等等,不一而足。其实不仅是刚才举的这些学生的例子,我们在员工当中也可以见到各种各样的焦虑,包括我们个人在压力巨大的时候,同样会感受焦虑。正是因为我们在生活中存在着形形色色的焦虑,我们用心服务的孩子和家长也会经历各种各样的焦虑和挑战,所以这本书对于我们而言就非常的重要。

在这本书中的知识用途上，可以帮助大家更好地去开家长会，将这些理念和方法传递给我们学生的家长，同时也可以应用在员工和自己的身上，当然，更重要的可以帮助到我们在读的学生，帮助他们去缓解焦虑，让他们更好地学习，心智更好地成长，从而成绩提升。这也是我们作为一个教育辅导机构的本分，是我们的职责所在。这本书的作者叫作塔玛·琼斯基，是非常有名的心理学大师，也是心理治疗领域的专家，这本书是他实践的精华。既然焦虑对我们学习和生活如此的重要，那我们就进入到这本书中，跟大家分享一些具体的知识和内容。

首先我们需要理解焦虑产生的原因。前面我曾提到过，人的大脑是一个精密的仪器，它可以被分析、管理、改造、控制。在大脑中，控制焦虑的是一个叫作杏仁核的部分，就是长的像杏仁那种形状和大小的一部分脑组织，它在整个大脑的中后端，大家可以摸摸自己的后脑勺的这个位置，处于海马体的末端。这个小小的东西是产生情绪、识别情绪、调节情绪、控制学习和记忆的脑部组织，可以说是咱们教育工作者核心关注的一小块组织。其实想起来也很有意思，我们所有的教育工作者，实际上重点在攻克或者重点在训练的就是大脑当中的这一小块，就是这个所谓的杏仁核的组织。由此我向大家推荐一本书，杰弗里施瓦茨博士和莎伦贝格利博士写的叫《思维与大脑》。这本书非常精细地介绍了人脑的基本结构和运作原理。刚才讲到的大脑当中杏仁核的这部分，其实就是我们平常在教育当中涉及最多的控制学习、记忆和情绪的部分。除了这个部分以外，还有一个对我们教育工作者很重要的脑组织的部分，就是前额叶部分，在天灵盖的这个位置，这叫前额叶的部分。

我个人还非常推崇的一本书的名字叫《自控力》。这本书重点讲了前额叶部分的一些有关教育学的原理和知识。前额叶部分的主要功能是什么呢？是自控力，就是管理和控制自己欲望的能力，比方说面前放一块红烧肉，你特别想吃，那你警告自己，为了减肥不能吃，这个控制你情绪的部分实际上就在你的前额叶，就是大脑灰质最厚的部分。所以我们前面说为什么讲人的大脑就像一部精密的仪器，是可以改造和训练的呢？如果你想增强你的意志力，自控能力，那么你就要训练和强化你大脑的前额叶部分。怎么去训练和强化前额叶部分呢？最通常的两种方式：一种是静坐；另一种是体育训练。

同样，如果你想增强自己的意志力，或者是情绪控制的能力也可以通过科学训练，使之得到强化和提升。有了这样的一种基本的科学观，就能够让我们更有信心，更有的放矢地面对学生和家长去展开我们的教育工作。

那么焦虑的本质是什么呢？前面我们提到的是大脑当中的杏仁核的这个部分，位于海马体的末端，它控制着焦虑这种情绪的产生，它的本质实际上是恐惧。大家说恐惧是好事还是坏事？有的人可能觉得恐惧是坏事，但实际上恐惧是好事，恐惧能够让人去回避危险。如果人不知道恐惧，走到悬崖边不害怕，迈开大步向前走，结果就会摔下万丈深渊。看到大火着起来不知道逃跑，不知道害怕，就可能会被火焰烧伤。所以恐惧也是人的天性。但为什么这种天性会导致我们产生焦虑呢？应该说恐惧并不是有害的，但不当的恐惧会对我们的生活学习和工作造成非常严重的影响。

我们可以把焦虑分成几种类型，从孩子的身上来看，比如说在孩子的幼儿期，会有陌生人的恐惧，一看到有陌生人就会哭，我相信大家带小孩都有这样的经历。当孩子再长大一点，最主要的就是分离的焦虑，离不开爸妈，一会儿见不着妈，就哭得不可开交。每次孩子被送到幼儿园，尤其刚开始的时候，会非常非常的焦虑，哭闹不停，等孩子再大一些，到了小学初中阶段，开始有人与人区别，或者叫身份认同的压力。

在这个阶段，孩子们也会开始对一些现实的危险产生焦虑，比方说摔倒被磕疼了，或者是被虫子或者小动物咬了，或者出门有交通事故被车撞了等等，他会开始担心各种现实的危险。在初高中阶段，最重要的焦虑来自于身份的认同。这个时候其实是孩子自我意识觉醒的阶段。所以各位校长和老师可以想一想，你主要面对的学生群体处在哪一个阶段，他们最常见的焦虑有哪些类型。还有一点值得一提的是，女孩子的焦虑情绪比男生要严重很多，这其实是由性别的因素天然决定的，女生更容易焦虑，这种比例高达6%到17%。

举一个例子，一天在学校里面，人们看到一个小女孩在哭，哭得特别特别伤心，于是就过去问她，你怎么了？为什么这么痛苦难受？她说我好担心好忧虑。老师就问，你为什么担心为什么忧虑？她说我将来想当一个宇航员。老师说那不挺好吗？她说，班里的Tom也想当一个宇航员。老师说那同学想当宇航员也没问题。小姑娘又说，可是我想嫁给Tom。老师更奇怪了，说你们两个都想当宇航员，你嫁给他那也很好。小女孩接着说，那如果我们两个结了婚又都当了宇航员，谁在家里照顾我们的孩子？所以我担心死了。大家想想这个故事，一个小女孩为了以后影都看不着的事情，忧虑或者焦虑成这个样子。这是很典型的一个小笑话，但代表了孩子焦虑的一种情绪的典型场景。

焦虑的形成因素总体上可以从三个角度去看。第一，焦虑的成因很大程度上受基因的影响，就是遗传因素的影响。换言之，如果父母的情绪控制能力有问题，或者说经常产生焦虑，那也会影响到孩子，这在基因层面上是有实际影响的。第二，行为意志，比如说一些典型的应激事件，由于一些事件的刺激，导致孩子产生了焦虑和担心，比方说他曾经受到过的伤害。第三，教养方式，教养方式是指父母对待孩子、老师对待孩子，父母和老师对待孩子的方式，这些是导致焦虑产生的三个非常重要的原因。很显然，前两个因素我们没办法直接干预和控制，遗传因素我们没有办法；事件因素，也非常难以拒绝与避免，而我们真正能够有效控制的是教养方式，不当的教养方式容易导致孩子产生严重的焦虑情绪。

你们仔细体会一下生活中学生的家长，或者自己是不是真的遇到过这些情况。第一，过度的控制；第二，过度的保护；第三，容忍或者鼓励逃避；第四，拒绝或者批评；第五，情绪冲突。我逐条地跟大家说一说这些不当的教养方式。

第一，非常典型的是过度控制。在教育孩子的过程中，尤其是中国式的家长、老师特别容易出现这种情况。所谓的过度控制，就是什么事情都不允许孩子去做，每件事情都限制得非常的严格，给孩子制定了各种各样的条条框框。比如说，坐一定要坐直，动作一定要规范，不能有任何的小动作，就像是一条条紧箍咒一样，把孩子牢牢地给套住。这种过度控制会让孩子无所适从，觉得自己每一个动作都是犯错，身边全部是红线。你可以换位思考，想象一下自己如果在一个充满了红色激光线的房子里，一动就会被灼伤，那种感觉一定非常痛苦，非常容易产生焦虑情绪。

第二个老师和家长经常出现的问题是过度保护。比如说爷爷奶奶姥姥姥爷这一辈在带孩子的过程中，特别容易出现过度保护，就是一摸这里脏了，这里危险，这里不能碰，这个地方要小心，捂严一点别感冒，这些都是典型的过度保护。过度保护实际上给孩子传递的信息是什么？是这个现实世界中充满了危险，总感觉身边充满危险，他就会产生恐惧，恐惧就会变成焦虑。特别值得一提的是，在这本书中尤其强调一个观念，焦虑是并不会自行消失的，它会永远存在，只能被掩盖。你看起来这个孩子好像没什么事了，但实际上他内心的恐惧和焦虑感并没有消失，这样的情况还经常出现在一些看起来品学兼优心态特别好的孩子身上。

家长和老师都没有察觉到孩子有什么情绪问题，但是像我刚才讲的焦虑不会凭空消失，它只会被掩盖掉。当这种焦虑积累到一定程度，就会出现一些过激的情况，甚至是孩子的自杀。在我们自己的试点校和合作校中，都出现过类似极端的情况，比如在迁安校区，一个孩子就曾经有过很明确的自杀倾向。当时引起了我们老师的高度紧张和重视，经过了非常精心的调解和沟通，才化解了这次风险。

第三个问题就是容忍或者叫鼓励回避，一旦遇到了困难和危险，孩子马上选择逃避，比方说前面讲的我自己的亲身经历，学二胡，一拉二胡就上厕所的这个事。最终，我的父母选择了让我退学，这实际上是一种逃避，我相信在我个人成长中，这样的处理方式也造成了一些不利的影响。

还有一种常见的情绪，就是拒绝和批评。一旦孩子有各种焦虑情绪,比如说,我不想上学,或者说我不想见人,我不想参加什么活动,或者说我特别害怕考试。这时候家长和老师就急了,有什么可怕的,怎么那么没有勇气,能有什么危险,赶快上去,甚至会跟孩子发火,甚至会打孩子。

大家想一想,这种情形下,孩子什么状态,肯定是眉毛拧成一坨,在那里又是哭又非常痛苦的表情。大家在了解了这些焦虑背后的心理学因素和脑科学的因素以后,一定要杜绝这种情形出现。情绪的产生是有原因的,不是我们主观意志上说要怎样就能怎样。

就好像你要求一个断了腿的人,"你怎么就不能跑步啊?你那腿断了就断了,你能不能够正常跑?给我跑起来"。这其实是一样的。大家想想你逼一个有腿病的人正常跑步,是不是很荒谬?可有些时候你逼一个情绪失控或者焦虑的孩子正常起来,就像是你逼一个有腿疾的人跑步一样,同样是荒谬的,所以我们了解了这些知识,就得正视承认并用平和的心态去面对孩子的焦虑情绪。还有一个教养方式的问题,典型的就是冲突,就是在大人的世界,比如说父亲、母亲之间,老师和同事之间有激烈的情绪冲突,这也会导致孩子丧失安全感,产生恐惧,进而导致焦虑情绪的发生。所以我们看,在焦虑的成因上,我们最能有效影响的就是教养方式。在教养方式中,不管是过度控制、过度保护、容忍或者鼓励逃避、拒绝或者批评或者冲突,都是在我们亲身的生活中经常出现的情况,这些情况,最终的结果会使孩子丧失安全感。一个孩子是否具有安全感,是他能否有好的健康心理和生理成长的重要基础。我在成长过程当中有一点是非常受益的,就是在大学时代之前,我的父母从来没有当着我的面吵过架,我甚至认为他们从来不吵架,直到后来我才知道不是不吵,是不让我看到,他们用那种未经人指导但很科学的理念和方式很好地保护了我幼小心灵中的那份安全感。这种安全感的滋养,使我有更强的精神力和能量,去学习和吸收更多的知识和能量,进而去平和地对待别人。所以说,这对一个人的人格成长是非常非常重要的,所以我们看到的这些教养方式领域里面焦虑的成因,我相信大家就已经是感同身受了。那么接下来的问题就是,我们可以在成因方面尽可能地去改善和控制这些不当的教养方式,那到底怎么样去解决孩子的焦虑情绪呢?在这里有个重要的概念,叫作"认知行为疗法"。这个概念听起来很学术化,其实它跟前面讲到的元认知异曲同工,说的通俗一点认知行为疗法就是能够通过谈话和分析告诉孩子,你正在客观地面临一种叫作焦虑的情绪,让他意识到这种感觉就叫焦虑。

当一个人能够站在第三方的角度认识到自己正处在哪种情绪当中的时候,实际上在心理层面上就完成了一个非常大的跨越,他就是认知了自己的行为或者产生了对自己情感因素的一个认知。所以通过认知行为疗法去解决所谓的焦虑问题,核心其实基于这样一个判断,那就是焦虑的想法决定了焦虑的行为,导致了焦虑的结果。大家仔细体会一下这句话,是你焦虑的这种特定的想法才决定了你会有焦虑的这种感受和行为,才会导致最终你进入到焦虑的情绪中。

换言之,怎么样能够解决焦虑的问题,把自己从焦虑情绪中解脱出来呢?那就是改变焦虑的想法。比如,你看到外面有狗,你知道狗会咬人。你的想法是狗会咬到你所以你恐惧你焦虑,那反过来如果你的想法是狗拴着链子不会咬到你,那么你的恐惧和焦虑就会消失。所以行为疗法本质上就是让孩子能够有意识地去分析到底危险是什么？到底危险发生的概率有多大？我的恐惧到底是否有必要？可能有的老师和校长觉得这样的一个思考过程让一个小孩能想明白太难了吧。实际上不是这样的，在这本书当中通过很多的小孩包括小到三五岁大到青年、成人，各种各样的训练的实际案例，说明这样的思考不但不深奥，反而非常简单和有效。其实焦虑发展到严重的情况下不简简单单是情绪问题，它会导致生理上的疾病，甚至有研究认为情感上的心理上的焦虑是导致癌症非常重要的因素。

我再给大家普及生理方面的一个概念或者叫神经学的一个概念。在人体当中其实有两种神经，一种叫作交感神经，一种叫副交感神经。交感神经负责激活战斗和逃跑，就是让你紧张起来。副交感神经负责恢复平静。这其实是几十万年以来人类进化出来的成果，当你的交感神经占主导的时候你就变得紧张，具体的体现就比如说心跳加速、头晕、出汗、胃疼、发抖。为什么会有这样的生理反应呢？比方说当心跳加速的时候，实际上是你的血液流速在加速，你的手臂和腿会获得更充足的供血。其实在进化上讲，就是为了你的战斗和逃跑做好准备，腿冲满了血，跑得就快一点。头晕，实际上也是脑部的供血下降，这个时候血液开始集中到四肢，来帮助你更好地战斗和逃跑。出汗的因素有学者分析是在搏斗的过程当中，出汗可以使皮肤变滑，就不容易被对手抓住和杀死，所以紧张的时候会出汗，其实体温也会升高，会开始排汗来调节体温。至于胃疼的原因，是因为你的消化系统停止了工作，全部精力放在了搏斗和逃跑这件事上。发抖的原因呢，发抖会产生更多的肌糖原，有助于提高你的身体运动机能。所以大家看这个人体，非常奇妙，孩子考试发挥失常，我相信大家进考场，包括上台演讲前都会有这种心跳加速、手心出汗的感觉,这实际上都是交感神经在发挥作用。焦虑往往是因为交感神经长期紧张,就不会放松下来,导致非常非常的痛苦。所以我们说用认知行为疗法来解决这样的问题,我给大家具体的六个解决步骤,就是当你遇到自己、自己的孩子、学生、员工遇到焦虑的时候,有六个步骤去处理,能够很有效地改善他们的状况。

在这本书中,举了很多典型的焦虑症状况,有不同的类型,但是处理方式异曲同工,全是这六个基本步骤的不同种类的实践而已。

这六个步骤是什么呢?

第一个步骤,理解孩子的感觉,就是同理心。首先你要让孩子感觉到你理解他,而不是责怪他。因为我们认知到的焦虑是一种正常的情绪。当孩子焦虑时,他大脑的那个杏仁体现在是有问题,就好像那个腿受了伤的人一样。你不会责怪他,反而你理解他,这样的一个心理建设特别重要,如果老师、家长表现得不耐烦、焦虑,那孩子就会更加焦虑。

比如,我理解,这让你很难过;我理解,你已经很努力了,这对你不公平;我理解,这件事看上去很难;我理解,你现在很着急。这些话术都是有效的。当孩子听到了这些话的时候,他会感受到,老师或者是爸爸妈妈。理解我的感觉,他没有怪我。这就是第一个步骤,叫理解孩子的感觉。

第二个步骤,给焦虑的大脑贴标签,什么意思呢?就像我前面讲的那种第三人称的感觉。这一种情绪叫焦虑,你要告诉孩子这一点。孩子,你现在的这种感觉,就是焦虑的感觉,根据孩子的不同年龄段,你可以给这个感觉起不同的名字,贴不同的标签。比如说,你给这个焦虑起个名字,例如大脑虫、恐慌先生、流行小姐，或者是害怕大王、恐怖怪兽等。当然对于年龄大一点的孩子你可以告诉他这种情绪就叫焦虑先生，或者焦虑小姐，它就代表了你的这种焦虑的情绪。我非常敬佩这本书的作者塔玛，这个贴标签的动作用非常形象并且非常容易让小孩理解的方式，成功地把孩子带到了语言认知的思维层次上，让孩子开始旁观自己的情绪，理解自己的情绪。

这样能够让孩子站在第三人的角度去看待自己的这种情绪，能够有更好的一个心理调节的基础。那接着就进入到第三个步骤，那就是用第二反应来替代第一反应，什么叫第二反应来替代第一个反应？就是以第三人称的视角和这个焦虑先生对话，然后你还可以给自己设立一个一个的脱敏训练，逐步加大训练难度，来战胜这个焦虑先生。它就变成了一个很好玩的心理游戏。你要打败这个焦虑先生，你理解焦虑先生为什么产生，那你怎么能打败它？比方说你可以教孩子这样去思考，焦虑先生你管不了我，我有权决定我自己怎么想的。焦虑先生你别烦我了，我现在想安静下来，我要粉碎你。比如说我现在不想让我的爸妈担心，焦虑先生你赶快给我滚开。诸如此类的，大家想想挺好玩的，孩子跟焦虑情绪之间的这样一种对话，其实是用发号施令的感觉去替代第一反应。第一反应是什么呢？就是焦虑的那个反应。比如说我看到街上有狗就担心被狗咬，这是焦虑先生的说法，焦虑先生告诉我出去就会被狗咬，那焦虑先生你滚开，我才不相信你的话呢，我不相信出去就一定会被狗咬。大家能体会这个对话和训练的过程，所以这个训练能对大脑传来的第一反应提出质疑，用明智和现实的第二反应来应对。

焦虑先生让我在高考考场上紧张了，焦虑先生你赶快给我滚开。你告诉我考试可怕，其实根本就没那么可怕，我能够很平静地正常发挥参加完考试。这些焦虑的想法其实可能本来已经占据了学生整个的大脑，通过这样的训练你可以让孩子更明确地体会到自主的意识，自我的思考不被情绪所左右。就像我们前面讲元认知一样，元认知影响到的是孩子的自我学习策略和自主的学习管理，说通俗一点就是孩子会变被动为主动，自己知道怎么样去学，遇到困难应该自己想办法克服，这样的能力一旦具备，对于家长和老师来讲就是敲锣打鼓放鞭炮要庆祝了，意味着他再也不需要你操心了。

能够独立自主地解决学习中的问题，这是元认知的巨大作用。同样在这个焦虑克服训练当中，自我意识的培养也有助于孩子培养独立的人格和认知。要在明确的一种自我意识不被情绪左右的基础上，逐步训练和加大难度。就比如说如果一个孩子就是不愿意练舞蹈，或者是一到考试就紧张，那么你要跟他去耐心地讲前面那三个步骤。第一个步骤，理解他的感受，用你的话语告诉他，你理解他，你没有责怪他；第二个步骤，告诉他这就是焦虑先生在干扰你，让你在考试的时候紧张。第三个你要跟他一起去分析，不要听焦虑先生的话，他那样说是没道理的，我有什么可紧张的？

细节的步骤是要逐步进行脱敏训练，什么叫脱敏训练呢？还拿刚才说外面有狗这个例子，我不敢走但是我可以先看，我可以先尝试着去观察那只狗。如果这一关我过了，我可以再靠近它一点，比如走到它10米以内，能够感受到它的动作和气息。这一关过了，我可能在它拴着或主人在旁边的情况下过去摸一摸它。这一关再过了，我可能敢蹲在它面前，深入地抚摸一下它，再往下可能松开锁链或者离开主人我自己牵着它。这样的训练方式有点像什么呢?这个在医学上叫脱敏,我不知道大家有没有这种经历。比如说我个人有个小毛病是过敏性鼻炎,一到换季的时候,就会不断打喷嚏。香港有一种药叫大佛水,把它往鼻子里喷,它会直接导致你连着打一两百个喷嚏,基本把你要打的喷嚏都打光了,脱敏训练也就结束了。

第四步,关掉身体的警报,什么意思呢?刚才我们提到当孩子在焦虑的时候会有各种各样的生理反应,这种生理反应会加剧他的焦虑情绪,那要让这种反应消失,最有效地去关掉这种心理上的忧虑,生理上对应的反应方式就是呼吸法。这本书中给的一些场景,比如说拉住孩子的手,让他安静别着急,跟着老师一起做深呼吸,呼气吸气,呼气吸气,别紧张,来跟老师一起想象,我们吹起一个红色的气球,好,飞出去了,我们再吹起一个蓝色的气球,又飞出去了,就类似于这样的训练。做一做扩胸运动,或者身体拉伸,都有助于孩子从焦虑的情绪当中解脱出来。大家注意,当你遇到孩子焦虑的时候,不要打骂罚或者是跟着着急,要让他的身体慢慢地安静下来,真的把他的这个杏仁体的紧张状态解放。经过了前面的四个步骤,理解他的感觉,给焦虑贴上标签,然后引导孩子和焦虑做第三人称的对话,然后逐步的去进行脱敏训练,同时让他的身体从紧张和焦虑情绪中安静下来、平和下来。

那接下来就是第五个步骤,要让孩子自己做主。一旦你将焦虑情绪镇压了,并且纠正了错误,孩子就开始做好驱逐焦虑向前进的准备。情绪稍微平复下来,你应该让他说,你不要在那儿坐以待毙,让焦虑先生欺负你。振作起来,做一点你自己喜欢干的事儿,看看你想做什么就去做,别被焦虑先生绊住手脚,做点自己想做的事情。让孩子自己做主,决定下一步的事儿。你也可以问孩子，如果现在不焦虑了，没那么紧张了，你想做什么？那咱们就去做，老师或者爸爸妈妈支持你。

第六个步骤，就是给予及时的鼓励和奖赏，有时候他并不一定能一下子从焦虑中解脱出来，比如说原来考试就紧张，比如说我原来就是懒得上数学，我看到数学老师就头疼，那你可能不能一下子让他爱上数学课，或者爱上考试，但是你每看到他的一点进步，就要给他鼓励，每看到他练习有进步，就要给他奖赏。这跟训练身体是一样的道理。你不可能让一个人一夜之间变成刘翔，你也不可能让一个人一夜之间就能举起100公斤重的杠铃，身体的训练是循序渐进的。同样心理和情绪的训练也是循序渐进的，这样的心态，科学的教育心态，对于咱们每一个教育从业者来说非常非常重要。所以，这是这本书当中核心的关于缓解焦虑，也就是所谓专业的说法叫认知行为学疗法的六个关键步骤。理解他、贴标签、训练孩子自主精神和情绪对话，关掉身体的警报，然后让孩子自己做主，鼓励和奖赏他。

这是个听起来复杂，但实操起来，调节孩子情绪的过程并没有那么复杂。这本让孩子走出焦虑的书中，作者塔玛除了这些基本理念以外，更多的篇幅是举了很多实际的案例，都是各种各样典型的焦虑情绪。通过这些怎么克服焦虑情绪的实操案例来给家长和老师们以提示。大家想想自己的学生和孩子有没有类似的情况。比方说没有办法放松，永远害怕有各种危险，不敢出门、怕狗、怕猫、怕不卫生等。比方说，这个害羞的孩子，他在社交上有恐惧症、焦虑症、不愿意和人交往、不愿意参加集体活动。比如说黏人、分离恐惧、分离焦虑、离不开爸妈、离不开老师。还有，强迫症、抽动症，这都是比较严重了。再比如，孩子们有一些创伤后的这种应激反应，比如说有什么家庭的婚姻破裂，或者是受到一些暴力侵害，都会造成一些心理上的创伤。这本书当中把这些所有的学生常见的焦虑情绪，如何去应对和解决，都给了以这六个步骤为框架的实操的解决方案。

　　作为一个教育工作者，我再次强调前面的几个基本的观念。第一个观念，教育是门科学。大家要让自己变专业，同时当你专业的时候，家长也会给你更多的信赖，你也会有更好的招生和更好的客户黏度。另外一点，人的大脑，学习、认知和情绪，是可以科学地认识的。作为一个老师，你了解了这个科学的过程，你就能够更有效地帮助孩子，帮助家长。焦虑就是一种心理和生理功能作用的表现，要正常看。在具体的落地执行方案上，既可以用上述的六个步骤去帮助自己校区的学生解决现实问题，也可以把这本书当中的内容作为家长课堂分享和学习的内容。我相信在家长心目当中，一定会树立和强化你这个教育机构的专业性，会对他们产生莫大的帮助。除此之外，在自己的员工和个人层面上，这本书也有助于大家更好地调整自己的生活和工作状态。

8
未来的学习是什么样？
——《混合式学习》

在未来的学习模式下，老师不是现在的这样一个角色了——讲课和做知识的解读。老师应该是学习的设计者、学习的顾问、学习的促进者、导师、评价者、咨询师的角色。

如何更好地利用互联网提高学习效率？混合式学习有一个说法，叫作哪里有问题，哪里有痛点，哪里就有新的机会或者叫有创新的机会。大家想一想，今天的教育，今天的学校，包括今天孩子们的学习方式，有没有问题，有没有那些让我们觉得别扭，甚至是痛苦的地方呢？毫无疑问，现在相当部分孩子可能是讨厌学习，讨厌学校的。很多时候，我们招来的这些孩子，都是被爸爸妈妈逼迫着到教育培训机构里来学习。

如果我们看整个人类的发展历史，你会发现，原本不是这个样子。学习其实是一种天性，它植根于人对这个世界最基本的好奇心，我们看科学探索的过程，从火的使用到发明车轮，到发明马镫，到发明电、蒸汽、互联网都是如此，其实从来没有哪个人是用着皮鞭,或者各种惩罚措施逼迫着那些科学家去研究去发现,但恰恰是他们通过非常艰苦的努力,使得人类的科学和知识在不断进步。那么在这种情况下,未来的学校会发生哪些变化呢?在《混和式学习》这本书中讲到了一个最主要的变化方向,就是像工厂一样的这种标准化的教育体系会转变成更加差异化、更加定制化的教育体系。为什么说这本书对于每一个教育行业的从业者都非常重要呢?如果我们不去拥抱未来,很有可能有一天你会发现,传统的学校不再适合市场需要了,可能人们已经完全通过一种全新的模式去学习。这个时候,如果你还坚持走老路的话,大家说结果会怎么样?

没错,你就会被无情地淘汰掉。现在我们国家的高考改革方向其实是非常具有前瞻性的。新的高考录取标准也开始向着更加差异化和定制化、多元化的方向转变。所以我经常跟校长或者是老师朋友们讲,作为教育工作者,首先应该关注着未来的变化方向。如果研究未来,我们就得回首看过去,现在的这种学校教育体制到底是怎么产生的呢?我之前曾经跟大家分享过,它产生于18、19世纪之交,伴随着工业革命的发生,才有了今天的学校教育制。这本书介绍了在1900年那个时间点上——100多年前,美国只有50%的5到19岁的学生能够进学校去学习,所以当时的社会为了让更多的人能够走进校园,为了能更高效率地完成教育目标,就参考了工厂的生产体系,把相同年龄的人编在同一个班级,然后安排一间教室,每个班分配一些老师。在这样的努力下,教育的效率大幅提升了。经过短短的二三十年时间,到了1930年,以美国这个国家为例,它的入学比例就从原来的50%提高到了75%。应该说,这样的工厂化的教育体系就是所有人按年龄、班分组,一个一个的班级去学习知识，适应了那个时代的发展的需要，但那个时代只有17%左右的工作需要知识型的工人，大部分还是体力型的劳动。

大家可以想象一百多年前工厂里生产的样子。但是到今天，我们已经不再是那个工业时代了，而是互联网时代，有60%甚至更高比例的工作需要知识型的工人，这自然对教育就提出了新的要求。所以即便我们不做什么未来的预测和分析，至少可以得出一个结论，世界变了，学校就一定要变。但我们现在眼前看到的学校教学，看到的辅导机构教学，跟30年前50年前的差别大吗？我们看古代的私塾里头也是一个先生站在讲台上，带着一个班的孩子们在那里摇头晃脑地背书，给大家讲解问题。这恰恰说明这种情况并不会一直维持下去，它一定会发生相关的变化。所以在新的时代背景下，需要更多的知识型的工人，更多的知识型的劳动者。

我们面临的现实情况是，第一，每个学生的学习速度是不一样的，张三和李四学习的效率不同。另外一点，每个孩子的基础也是不一样的。一个班里面假设有50名同学，首先基础不同，第二，学的速度还不一样。就好比是在操场上有的人跑得快，有的人跑得慢，有的人站在100米起点，有人站在跑道的拐角，整个操场的跑道上一团混乱。这个时候如果你作为一个裁判员，作为一个老师的话，可想而知有多么的手忙脚乱。这就要求在新的时代，我们的教育必须更加多元化，多元化的课堂成了新时代的要求。

如果我们去预测未来的学校或者未来的学习模式，会有这样几个基本的特点。第一，未来的学习更多的其实不是教学，而是以学生为中心的教育体系，同时它一定更加个性化，是基于不同学生不同的能力水平的学习。所以我们看到现在的高考改革的方向也正是如此。高考改革新课标强调的是这样几个基本原则。第一叫作自主学习，就是鼓励孩子们能够自发自主地完成学习的过程。当然，这背后还有每个孩子学习要有更强的自我驱动力。第二个叫作合作学习，要求孩子们能够主动地在一个组织和集体当中完成学习和创新的过程。最后就是探索性的学习，探索性学习自然是蕴含着创新这样一层含义的。大家都知道现在知识更新的速度越来越快，可能我们今天大一入学学的那个专业，到了大四毕业的时候知识早就已经过时了。有可能我们之后从事的工作在我们读大学的时候压根不存在。比方说，大家可能很难想象在之前有什么自媒体这样的专业，也很难想象会有程序员这个专业，顶多是有个机械师的专业，所以世界变化越来越快，要求孩子们具备自己去探索知识寻找答案的这样的能力。在这样的背景下，学校会发生怎样的变化呢？我们作为民办的培训机构，作为一个社会的辅导机构，我们又该怎么样去变化呢？大家可以尝试着拿这样的几条标准来检验一下，现在自己的教育机构里面孩子们是什么样的学习状态。

　　以学生为中心的学习应该符合哪些基本条件呢？首先就是孩子们是有学习的自主性的，就是他可以自己去规划自己的学习目标和学习的进程。第二，孩子们在学习过程中，对于他自身的进步会产生很强的归属感和成就感。这个很容易理解，孩子们打游戏的时候其实就是这样，一个个过关斩将，这个杀敌，那个通关，会有很强的成就感。第三是孩子们通过学习，不仅学到了眼前的知识，还具备了学习未来知识的能力。他会成为一个终生的学习者。我相信这样的教育场景是每一个从教者、每一个家长,甚至每一个孩子都梦寐以求的。

在未来的学习模式下,老师不是现在的这样一个角色了。我要去讲课和做知识的解读,老师应该是学习的设计者、学习的顾问、学习的促进者、导师、评价者、咨询师的角色。大家可以仔细体会一下这几个词,这样的角色会扮演什么职能?学习的设计者。也就说老师应该是在帮助孩子去规划学习的路径、学习的顾问,被顾到的时候才会被提问。当孩子们遇到困难的时候,他会主动来寻找老师来求得帮助。另外促进者有点像拉拉队一样,不断给孩子加油鼓劲,让他走得更顺。导师,自然是在前面引导着,而不是在后面用鞭子去催着。评价者,从另外的角度为孩子的学习进展和学习结果进行评价。咨询师,孩子们有问题的时候可以咨询我们的建议,获得有效的学习上的帮助。所以这注定了我们将会以不同的方式去教育。

可能有的校长该说了,胡老师你说得都对,都挺完美,但是现实生活当中我们怎么做呢?或者说现实生活中到底会变成什么样呢?这个时候就引入了现在学习变革最大的一个影响因素,那就是在线教育。在线教育实际上能够很大程度上去解放传统老师教学上的精力,能够帮助我们更好地去了解每个学生个性化的学习状态,从而使得这种学习的革命变成了一种可能。在线教育会从哪几个方面来驱动这种学习的变革呢?给大家举三个方面的例子,第一个驱动力就是个性化。通过在线教育这种自动化或者半自动化的形式,我们可以非常精准地收集每个孩子对于知识点掌握的情况,了解每个孩子不同的学习进度。像一些智能题库一类的工具,它能够精确地了解每个孩子到底在哪个知识点上正确率高,哪个知识点上错的题目多,甚至是错在什么类型的题目上，哪道题目上，都能够统计得很清楚。

这就为我们作为老师了解每个孩子的知识掌握情况以及个性化的学习成果提供了一种可能性。第二个方面的驱动力，叫作增加学习的机会。最通俗的一个理解，像在大学教育领域的慕课，这也是我之前讲过的在线教育的7种武器之一，就是大规模的在线直播课程，有机会进到哈佛、耶鲁这种全世界顶级名校的人是有限的，可能一年有那么几百几千人就很不错了。但是，世界上有那么多的年轻人，或者他们应该有机会去听到全世界顶级的大师的教诲。那么我们就可以把这些老师的课程录制成视频，以在线的形式把它们复制和传播给更多的学生。这相当于增加了全世界学习者的学习机会。

第三方面的驱动力，是成本的控制。如果理想的情况，我们有几亿个爱因斯坦，或者叫几亿个教育大师，能够一对一地帮助每个孩子学习和成长，当大家的导师当然好，但是大家都知道人是最贵的，优秀的老师也是最稀缺的资源，所以这在成本上是不可能的。但是在线教育给我们提供了一种可能性，就是可以以更高的效率去传播知识。就像我之前也曾经跟大家隆重推荐过的，我一个特别喜欢的朋友，也特别喜欢他们的团队，就是之前讲到的洋葱数学，一帮哈佛大学、斯坦福大学、北大的年轻创业者们，他们会把数学学科上一个一个的小知识点，做成特别轻松搞笑又条理清晰的小动画，帮助孩子们听一遍就能够很清晰地理解，并且牢牢记住这个知识点的基本原理，甚至是解题的要点。这些其实都是能够降低教学成本的一些因素。我们说个性化，增加学习的机会和控制成本，是大家愿意去尝试和采用在线学习的驱动力。光有在线学习够吗？显然，经过了几十年来的教育实践，答案是否定的，只有在线教育，并不能够提高孩子们学习的主动性以及学习环境的问题。所以，我们将在线教育和线下教育结合在一起，就成为了混合教育模式。

本书给出了几个非常经典的案例，在这里跟大家分享一下，一个是在美国纽约市教育局的前局长乔尔克·莱恩的帮助之下，从2009年夏天开始，纽约开始了一个数学的实践项目，叫作一人学校，就是一个人的学校。他做了这样几个尝试：第一，主要通过个性化的自主在线学习，去完成新知识的获取，就是孩子们都打开电脑登录到网站上，然后在网站上浏览支持的教学视频合作题。第二，每天结束的时候都会进行一次测试，诊断孩子们今天数学知识点的掌握情况。到了第二天的早上，就是第三个步骤了，第二天早上计算机系统会自动生成一个学习列表，每个孩子都不同，根据他昨天测试的情况来帮助他规划出来，这一天的这个学习计划每个人都不一样。比如说你学到了第二章的第四小节，然后题目都做对了，那么你可能就开始学第三章。但是可能李四小朋友没学，题目没做对，那么他今天仍然还会学昨天的那一个章节。然后第四个步骤就是孩子们会根据屏幕上显示的自己个性化的学习规划，采用多种学习方式，比如说前面讲到的在线去看知识点，也会有线下的小组讨论，会有跟老师面对面的咨询和答疑，通过这样的形式去完成学习。

我们纵览一下这个一人学校的流程。它相当于是孩子自主学习知识点，然后根据个人的测试情况定第二天的学习计划，如果发现学习中有问题的话，它的解决方案不仅是线上也含了线下的小组讨论和老师授课这样的教学形式。这就将在线的成分和线下的成分糅杂在了一起。到夏季结束的时候,他们对学习的结果做了一个反馈和检测,学习技能和速度的测试上,这样的学习模式之下,比普通的学习的速度快了7倍。

分析一下,到底背后是什么力量推动着孩子们的学习效率比原来更高了?有这样几个主要的影响因素。

第一,孩子们对于自身的优劣势的认知更加清楚了,每个人都搞清楚自己到底哪个地方学得好,哪个地方学得不好。在传统的学校教学班上,一个班五六十人,这节课下课就下课了。我听懂没听懂,也不敢吱声,时间就这么过去了,明天就开始讲下一节课了。但是在这种情况之下,每个孩子很清楚,今天到底哪个知识点会了,哪个还没有掌握,这样激发了他自己的一种成就感。他有一种征服欲望,就像咱们打游戏的时候通关一样,这个关没打过去,被这个大boss给打败了给干死了,三条命全没了,那么他马上会投币,争取再来三条命重新去闯关,而且还会好好总结一下前面到底是在哪个地方丢的血丢的命。

第二,在这种模式下,老师得到了解放,他可以给学生富于针对性的帮助,把精力花在分析学生的需求和小组教学上,包括孩子的个性化指导上。这个时候的老师就不是一个照本宣科的复读机,或者是一个知识的普及者的角色,而是有针对性地去解决每个孩子学习中的问题。书中还举了第二个例子,在2011年,有个叫作罗斯的学者启动了一个项目叫作teach to one。教一个人,跟前面那个一个人学校其实异曲同工。我看了一下这个组织的一段视频,他讲了用这种模式学习的孩子们的感受,有一句孩子说的话,还是挺触动我的,一个黑人小孩在镜头前说,在传统的课堂上老师们实际上是在教这个班，而不是在教我。所以在这种情况之下，其实孩子们是有自己个性化的需求无法被照顾和满足到的。在所谓的teach to one的背景之下，有两个非常重要的角色转变。第一是有助教的角色，助教这个角色会成为孩子们学习进程、学习目标的一个辅助者，同样也是他们在学习过程当中有疑问有困惑时的一个及时的采集和沟通者。第二是学科教师的角色实际上就变成了导师，他会就重点和难点问题给孩子们做针对性的解读。大家会注意到，前面所举的这两个案例，都不是纯粹的在线学习。因为毕竟对于一个中小学阶段的孩子而言，让他完全靠自主的形式在线上完成学习是不现实的。他是把线上的学习和线下的老师和助教的指导糅合在了一起，发挥了两个方面学习的优势，这就是我们前面讲到的混合式的学习。这本书中还举到了一个案例，有一个美国的教育组织，叫作KIPP，翻译过来叫知识就是力量，就是网络平台，它同样也是一种混合式教育的解决方案。主要就针对那些师资力量薄弱，配不上那么多优秀的称职老师的城市和地区。它的学习模式也很有意思，每个班、每个学习的单元有90分钟的时间，这90分钟被切成三段，有30分钟的时间跟随着学科老师上课学习，还有30分钟的时间是跟着助教学习，在学科老师对知识的重难点进行了讲解和突破，进行了讨论和激发以后，交给助教，助教可能重点是看着孩子们去完成练习。再有30分钟的时间，是孩子们登录到在线系统去进行自学，如此周而复始，不断轮换，每30分钟一个单元。这样相当于同样一组老师可以带更多的孩子，每个孩子又都有不同形式的学习。在实践当中，这种学习的效果怎么样？2011年的秋天，这个学校有61%的学生处于低水平，考试按咱们中国的标准来讲，可能就是所谓的不及格，60%以上的都不及格。转过年来,到了2012年的春季,有91%的孩子们达到了高级水平,比如说85分以上。想想简短的一两个学期,从60%的不及格到90%的85分以上,应该说是取得了非常好的效果。书本上的这三个例子,其实就是把在线教学的模式和线下的学习指导,包括线下的班组课程的模式结合在了一起。其实在中国的教育市场上,也有很多这样的实践,包括我们之前在课程上跟大家介绍过的北京十一学校,包括重庆的聚奎中学,还有一个杜郎口中学等等,国内也有很多的公立校在采用这些实践进行改革。

大家可以去想一想,我们自己作为一家教育机构,我们的教学和上课的模式,有没有这种创新和改造的空间?这种在线学习的元素并不神秘,以前在光盘那个时代就有过类似的方式,用光盘把老师讲课的视频拷下来。但是在这个过程当中,我们越来越发现,在线学习除了知识的学习以外,它是绕不开通过亲身体验和实体的学习环境才能够真正得以强化的这个部分。作者做了一个预测,即便是在未来在线教育更加强大,90%的孩子同样也需要实体的学习场所。在这种情况下,实体的学习场所,学校或者说课外辅导机构的主要功能,跟今天可就不一样了。

分享了这么多的案例,我们来给这个混合式学习下一个定义,它由三个部分组成。第一是有在线学习的部分,在线学习的关键点在于学习者,或者说孩子们能够自主地控制学习的时间、地点、路径和进度,就是他可以随时随地去学,并且可以决定自己接下来要学习什么样的知识点,能够把控自己是要加快速度还是要减慢速度?这是第一个元素。第二个元素是孩子们还是要在一个受监督的实体场所进行学习,有老师和指导者在现场,在家庭以外的这种受监督的实体场所。大家听到这部分应该开心,因为我们其实扮演了很大一部分这个元素的内容。第三个元素,就是在线学习的部分和实体学习的部分是被有机地整合起来的,不是一种简单的拼凑,而是有机整合的。比方说,我们可能这周在线学习的知识点跟线下的小组讨论、教学计划的分配、老师教学前的准备都是有机结合的。这是所谓的混合式学习的3个方面的定义。

书本上还介绍到了亚利桑那州的一家叫作游码中学,它的教学模式也很有意思。第一,学校的主要教学场所是一个大的空间,里面有300多台电脑,每个孩子有一个固定的位置和自己的账号,他们在这里完成最主要的知识学习,戴上耳机去听课程。老师主要给孩子们完成实践课,讲习课,互动课,谈论等等这些课程环节。老师除了做这些课程的组织以外,还有一个主要工作就是在后台查看每个学生每天的学习报告和数据,同时发现哪个孩子在哪个知识点上学习有问题,据此主动去找他们。当然这样的老师也可能像咱们一样,从小学一年级跟到六年级,或者从初一跟到初三,保持师生关系的一种连续性,指导这些孩子们养成好的学习习惯,跟他们分享爱好,探讨学习和人生的目标。这样一个以300台电脑为核心教学场所的学校,它的教学成绩在亚利桑那州怎么样呢?在它这个学区优秀的比例是57%,而这个学校的优秀学生比例高达92%。应该说取得了非常好的效果。

我们了解了混合式学习的定义,也知道了四五个案例,下面再具体化一下。混合式学习都有哪些主要模式呢?在书本当中介绍了七种。

第一个叫作就地转换。它由这样三个核心环节组成。一是在线学习环节。在线学习的环节,是在教辅人员帮助和监督下完成的。二是教师指导学习,就是我们通常讲的课堂环节。这个环节是由专业的学科教师完成的。三是它会有协作活动和场所,比方说自习、讨论、课后的答疑等等。这同样也是由助教这个角色在线下完成的,这个就是所谓的就地转换。在过程中,教学工作者被分成了两类,一类是专业的学科教师,还有一类是专业的教辅人员,就是我们通常讲的助教。鹦鹉螺云教室的老朋友已经有感觉了,这其实跟鹦鹉螺云教室所主张和推广的学习模式很相像,只不过这个在线学习可能是被两部分替代了。一部分相当于是在公立学校的学习,提前了解了一些知识的梗概,替代了这个模型当中在线学习的一部分。当然未来我们也会整合和开发更多的在线学习的工具和平台,提供给各位校长和老师,帮助孩子们更系统地完成在线学习的部分。

后面的老师指导学习和助教的协作学习就是我们现在鹦鹉螺云教室的名师课堂,远程互动教学和我们助教在线下所组织的学习托管,以及课前课中课后的教学辅助工作。

第二种学习模式,就是机房转换。它相对来说要简单一些,但是同样和鹦鹉螺云教室的逻辑相同,也是将教学角色分解成专业教师和教辅人员两类。这里包含了专业教师的直接授课环节,然后由教辅人员在学习的机房来辅助和监督孩子们完成在线学习的部分。

第三种模式,就是翻转课堂。在翻转课堂模式中,学科教师完成教学过程。孩子们自己在家里完成在线学习和讲授内容。当然了,翻转课堂其实和前面的两种模式比较变化不大。区别的地方是翻转课堂较少有教辅人员的参与。但实际上我们提供的解决方案,会更加全面和完善一些,还会有专门的教辅人员的参与环节。这点对于保持孩子们学习的专注和信息反馈的及时性是非常重要的。

第四种，个体转换，这种学习模式较为复杂。一个大的电脑房，无数的孩子们在电脑机房中自主学习。中间游走的是教学辅助人员，随时帮助孩子解决问题，监督他们的学习进度。在旁边，会有若干个小的教室，里面有这种干预学习。老师把几个有问题的孩子或者学习有挑战的孩子，挑选出来重点指导。还可有研讨会，同样是优秀的学科老师来组织孩子们对某个重难点知识进行讨论。也会有直接授课，也会有小组项目，还可能会有一对一辅导。它是最综合和立体的一种学习场景。再往下就是所谓的弹性模式，弹性模式其实跟前面几种也有很多的相似之处，更加强调和依赖于在线学习的部分，只不过是在在线学习的同时会有这种线下的集中学习体系，除了完成各种各样的讨论、休息、交流以外，给了一个孩子们社交的学习场所和解答疑问的场所。后面还有两种学习模式，分别是菜单模式和增强虚拟模式，其实都大同小异。这里的核心还是以在线学习为主，辅之以线下的面对面辅导。所以大家看，虽然前面讲的这七种模式拆得很细致，但实际上，无外乎就是由两个部分构成。一是线上的学习，重点在于知识点的初步了解和习题的简单测试。第二个环节就是线下实体的部分。实体的部分又可以拆分成两个不同的角色，一个角色是专业的优秀的学科教师或者专家，还有一个非常至关重要的角色，就是教学辅助人员，也就是我们鹦鹉螺云教室经常讲的助教。这样的分工，代表了未来教育改革和创新的方向，大家也应该仔细地去研究和尝试这样的模式创新。

跟大家分享一个很重要的时髦的概念，就是所谓的颠覆式创新。有一次我去中欧商学院去听360的创始人周鸿祎讲课，他当时就着重讲了颠覆式创新的概念。我们听到颠覆式创新，往往意味着一个行业的模式会被彻底改变。颠覆式创新其实有两个非常重要的特点，大家可以用这条标尺去衡量一下，自己有没有可能去做颠覆式创新。第一条标尺是颠覆式创新往往发生在主流市场之外，那些边边角角的地方或者是原来被忽视的群体。第二条标尺是颠覆式创新刚开始的解决方案，往往效果远差于现在。我们举几个例子来帮大家理解什么叫颠覆式创新。

70后、80后的校长和老师应该还有这个印象，我们最开始电脑上插的不是U盘，U盘之前插的是光盘，光盘之前我们插磁盘。我在中学时代，电脑还是插3.5寸的磁盘，但可能我们没经历过的是3.5寸磁盘之前还有更大的磁盘。其实磁盘的一个发展史，就是一个典型的颠覆式创新的历史。原来的磁盘都是应用于大型计算机的，存储量可能有三四十个兆。所以刚开始有厂家去发明什么3.5寸、5寸的磁盘的时候，那些大型的计算机厂商是不买账的。很简单的两点，第一，俺们那个机器全都用的是大磁盘的空间，就是适合装大磁盘。你这小磁盘，我们没地儿插，原来设计不含这个。第二，你的小磁盘的存储能力远远不如大磁盘，所以我干吗要用你的呢？所以小磁盘最开始很不受待见。但是不知不觉当中，磁盘的存储能力越来越强，直到有一天，3.5寸的磁盘跟十几吨的计算机的磁盘存储能力相差无几了。这个时候，颠覆式创新的这个新技术就开始从原来边缘化的个人电脑杀进了主体市场。大型机器都开始采用更小的磁盘，原来生产大磁盘的厂家纷纷倒闭，被市场淘汰了。同样的道理，最开始的相机都用胶卷，数码照相技术刚刚产生的时候,也是在边边角角的市场,因为市场上主流的相机全是用胶卷,如果你想专门弄那么一台数码照相技术的机器,成本高得吓人,而且那个时候数码照相技术的存储质量远远不如胶卷。所以有大量的厂家不重视数码照相技术,包括当时的江湖老大柯达。最终的结果怎么样,数码照相技术的存储能力、照片的效果、冲洗的方便程度越来越好。直到有那么一天,它终于追赶上了之前的胶卷,并且迅速地淘汰了它。

这样的例子其实在商场上不胜枚举。我们如果回到咱们教育这个领域来看,同样的道理,比如说鹦鹉螺云教室,其实在我看来也是一种颠覆式创新。首先,我们关注的市场是那些教育巨头或者传统的教育强者忽视了或者说没被他们充分重视到的一个领域,就是帮助我们二线三线四线城市的中小教育机构的校长去解决师资的问题。当然了,在起步的时候,我们的教学效果肯定还是比不上百分百的老师到现场去授课的。大家在安装云教室的设备,甚至是做软件操作的时候,包括跟老师连线互动的时候,还会感觉到诸多的不方便,但是我敢打包票,随着科技发展,云教室的教学体验会越来越好,直到有一天可能会超过面对面上课。等到了那个时候,就是我们云教室全面颠覆和改变传统的面对面上课的时代。

可能满天下的教育机构,包括各种各样的教学的领域,都会采用这种云教室授课的模式。那个时候的鹦鹉螺云教室可能就会成为真正意义上全国乃至全世界最大的师资输出和远程教学协作的平台了。

回到今天跟大家讲的混合式学习。其实混合式学习更像是一种未来学习和传统学习之间的过渡状态。打比方来讲就最开始有了蒸汽机的时候,那个时候的帆船很少有人装蒸汽机,因为那东西又重又沉，维护起来又麻烦。最早产生了蒸汽帆船，它既有帆又有蒸汽机，没风的时候用蒸汽机，有风的时候就把蒸汽机关掉，再比如说电动汽车，大家也会看到什么油电混合动力的汽车，它们都像这种混合式学习一样，代表了一种过渡状态。

如果我们往更长远去看，有理由相信，有一天这种混合式学习可能真的会被纯的在线学习替代，就像黑客帝国一样，迅速传输一下程序，知识就学会了。但是在这种未来的情形下，我们传统的实体教育机构或者是实体学校，并不会被彻底淘汰。所以作者特别讲了，说在线教育或者是混合式教育，会颠覆掉的是传统课堂，而不是教育机构，就是教学的课堂模式会变，但是实体的价值并不会彻底消失。那么在未来，我们线下的教育机构，实体的学校要完成的主要职能，可能不再像今天一样是知识点的传授和讲解，这些工作其实可以更多地依赖于在线平台和智能计算机去完成。我们线下的实体机构会有哪些新的使命呢？如果各位校长和老师要迎接未来，成为新的时代的竞争佼佼者，现在就可以着手去做这样的调整和创新了。

有四个方面可能是我们未来关注的重点：第一是深度学习。这里强调的是知识的学以致用，自主创新。孩子们的辩证思考，学生们之间的合作和他们彼此的社交关系、社交能力的提升，这就是深度学习。这是在线教育很难去替代的，要依赖于实体中人与人的互动。第二个最基本的职能是安全的照料。这个可能大家会忽视，但想想其实也蛮重要的，那就是作为一个K12学生，他始终需要一个在家庭以外的物理空间，去给他提供安全和各种保障。第三个是环绕式的服务，就是除了学科的学习以外，还会包括比如说咨询、医疗、餐饮等等。特别值得一提的是咨询服务，这里面可能包含了比如说对一个学生个人发展、性格塑造、品格塑造、领导能力的塑造、未来的大学的规划、职业发展的规划甚至是人生规划和家庭教育等等方面。这种环绕式的服务会成为未来的实体教育非常重要的职能。第四个方面是学生在社交和技能拓展上的职能。孩子们是需要一个实际的环境去成长，需要在交往当中去适应社会的。所以这四个方面，深度学习、安全照料、环绕式的服务，特别是人生的规划与咨询和学生的社交和技能拓展，是未来教育的重点。

在作者看来，未来的实体学校，实体教育机构，可见的未来不可能被纯在线的模式去替代的。其实我们讲回到鹦鹉螺云教室，在我看来每一个和鹦鹉螺云教室牵手合作的校长或者是机构，实际上是与未来牵手。我们并不简简单单地给大家提供一个学科教师，像最传统的模式那样照本宣科的去讲课。这种新的引入学科导师角色，包括教学辅助人员，也就是助教的这种精细化的分工，实际上我们希望带领着各位校长和教育界的同仁去拥抱学习的未来，拥抱学校的未来。我们在这个过程当中除了给大家提供师资，也会包括各种在线学习资源的整合，包括辅助大家去完成教学人员的培训和指导，大家共同去探索和改造成未来的学校或者叫未来的教辅机构的模样。

怎样做到这种改变呢？我们说一些非常具体和实操的策略，在这本书上给了大量的篇幅帮助大家去理解和落地如何将自己变革成一个混合式学习的教育机构，大的方面有八点。

第一明确行动纲领，作为一个校长和这个机构的领导者，你要明确大的方向，统一团队的认识和愿景。第二是组建创新型的团队，这既包括了对人的选择也包括了人与人之间怎么分工，怎么授权。第三是提升学习的动力，真的要让孩子们爱上学习。第四提升老师的教学水平。在这种新的学习模式下，对老师的要求是更高了还是更低了呢？对于很多老师而言，你让他照本宣科一节课45分钟，把这个知识点从头讲到尾，把题目的标准答案讲完，他擅长而且很乐意。但是如果你不让他讲课了，让他开始根据孩子的不同情况给予指导。马上就麻爪了。这其实对老师的知识掌握，融会贯通和应变能力要求更高。第五是更具体的，叫虚拟和实体装备的设计，就是你要采用哪些设备，采用哪些技术手段。第六是模式的选择，前面我们讲了七个模式，你可以看看你更加适合哪种？第七是塑造文化形式之外，还不能达成目标，一定还要有一个融会贯通的文化，就是老师真的要打心底里以学生为中心，而不是传统的那种老师硬要套一个新的模式。最后一点，发现自己的成功之路没有一定之规，包括这七个模式，你可能自己会摸索出更适合本地情况的创新模式来。这八个方面：行动纲领，组建创新团队，提升学生学习动力，提高老师教学水平，虚拟和实体装备，模式选择、塑造文化和发现自己的成功之路。

最后，只解读一个关键步骤，就是提升学习动力，怎么能够让孩子们达到这种状态：快到礼拜六了，我迫不及待地想去学习中心学习，我特别想去补课，这样的理想效果怎么能实现呢？这本书给了一个特别有意思也很实用的理论，我觉得应该对大家有启发，叫作待解决任务理论。什么意思呢？作者举了个例子，有一家奶昔店，每天都会有大量的人在上班的时间来买他的奶昔。店老板为了促进奶昔的销量，先后采用了两种方式，第一种方式，就是传统的我们大多数人会想到的方式。他会去做顾客调研，问大家你对这个奶昔有什么意见？他会得到各种各样的顾客反馈，然后就不断地去改进它的奶昔产品，但结果发现这些改进实际上对销量帮助不大。后来他又换了第二种方式，就是这个所谓的待解决任务理论，客户在购买你的产品和服务的时候，并不一定是为了你的产品服务本身，而是因为它要解决自己的某个现实中的问题。他来买你的东西是因为他遇到了一个问题，需要有一个商品或者服务帮他解决眼前的问题，这可能有很多种选择。什么意思呢？我们看他用第二种方式去做调研的情况，他去问这些顾客说，你为什么来买这个奶昔？你是在遇到了什么困难和问题的时候会来我们家买奶昔呢？结果他得到了一个很相似的答案。一般情况下是因为这些上班族从家到公司，往往要花半个小时一个小时甚至更久的时间。路途上或开车或坐地铁，他没事干。这个时候他也知道上午到十点十一点，可能肚子会饿，那么他需要有这么一个东西来打发自己路途上的时间，同时又能够补充一些能量，使得自己不至于一到公司就肚子饿。大家看，这是顾客面临的问题。当然了，除了买奶昔，他也可以买个面包圈，买个什么零食去替代这一职责。在这样的问题解决背景下，店主做了这样的创新。第一，它增加了奶昔的黏稠度。就使得这个奶昔更经喝，喝起来花的时间更多一点，更能消磨时间。第二，在奶昔里面加了好多水果的颗粒，这使得你在吸的时候，有个水果颗粒，总有那么一点新鲜感，有点意外之喜。在这个基础之上，它让奶昔的杯子变得更加好拿，适合于开车的时候放在扶手的位置，或者是坐地铁的时候不至于被碰洒。在这样的背景下，销量大幅度地提升了。当然了，书上还举了一个健身的例子，就是公司希望员工健身来提高身体素质，降低生病导致的误工，但结果都是那些身体最好的人坚持健身，并不是大家都愿意健身。后来换了个思路，从大家想解决什么问题出发。他发现，有的员工实际上是想增加点收入，这个对他很重要，健身对他感觉意义不大。于是公司就提出，坚持健身给奖金，于是就带动了更多的人去健身。我们沿同样的思路看教育，孩子们来上学是痛苦的，对不对？大多数是这样，那么他们到底要解决什么问题呢？其实最终孩子们往往是解决两个核心问题。一个核心问题是，每个孩子在青少年青春期都需要成就感和进步感。第二，他需要有社交，需要跟朋友们在一起，感觉到开心。这是孩子们要解决的问题，当然它有很多解决方案。他可以在学校中获得这种成就感和进步感，和朋友们一起开心。他也可以在电脑游戏里面获得成就感，感到和人交往的开心。他也可以去打篮球获得成就感，感觉到人与人交往的开心，他也可以去当小混混，打架，感觉到成就感，也可以去谈恋爱等等。

我们如果作为一个教育者，要想打造一个孩子们喜欢的主动学习的环境，你就得将学习营造成一个让他有进步感和成就感，同时在社会关系当中获得交际的快乐的氛围，他就不会去打网游，打架，谈恋爱，而会喜欢上课堂和学校。所以混合式学习的关键点，就在于它通过个性化的学习进程管理，让孩子们感受到了每天一点一点的进步，这是属于在线教育带来的好处。另外一点，它仍然兼具了线下教育部分人与人之间的互动，学生与老师之间的互动，它能够获得一种社交上的成就感。与孩子、与朋友们共同进步，这应该就是混合式学习之所以能够取得好的效果，受到孩子们喜欢和欢迎的更深层次的原因。

最后，我再分享书本上提到的一个场景，我觉得对我们教育机构很有启发。美国的一所学校叫作高峰中学，它在2011年开始尝试从早到晚规划学生们在这家教育机构或者叫这家学校当中的一天，这里面包含了一上来先是孩子们自主制定当天的学习目标，然后自己掌握学习进度。教师获得孩子们的学习行为数据，就是学习的进展，并且及时反馈告诉孩子你今天进步了，你又掌握了一个知识点，并鼓励孩子们去展望更长远的目标，为今天的学习获取意义和动力。鼓励独立的静读时间，除了集体学习以外，还给孩子们自己独立读书和思考的时间。接下来是有意义的工作体验，它会让孩子们体验各种职业的工作场景。同时还会有导师制度以及积极的团队互动。

这些例子实际上是混合式学习落实在日程上的场景，也希望对大家能够有所启发和帮助。

机构经营篇

9

口碑的神奇力量

——《引爆点》

我们会发现身边有很多事情，在不知不觉中突然流行起来，没有丝毫的迹象，没有任何感觉，也没有任何征兆来表明某件事情就要突然爆发。但是在引爆点那一刹那间，它以摧枯拉朽之势迅速地蔓延开，成为有巨大影响力的产品、服务、品牌。

《引爆点》这本书提供了非常多的经验，可以在我们的招生、市场推广和运营中借鉴。本书被福布斯杂志推选为20世纪最有影响力的20本商业书籍之一，其作者是美国纽约客的专栏作家马尔科姆·格拉德威尔。这本书解决了以下几个基本的问题。

第一，谁创造的流行、流行趋势？突然之间，喇叭裤流行起来，某种发型也流行起来。导致这些现象背后的原因是什么？以及流行的奥秘到底在哪里？如何创造流行？以教育培训行业的视角来看待这件事儿，相信很多朋友每天都在被招生、续费这样的问题所困扰。我最近参加了很多民办教育领域的培训和分享,看到一个让我百感交集的现象,就是校长在培训中大量向大家分享各种各样处心积虑的销售技巧、销售办法、销售小手段和销售小心计。我觉得这些都只能达到治标的效果。我相信每一个校长,每一个真正的企业经营者,想要达到的最理想境界是希望自己的产品、服务、品牌能够口口相传,人们络绎不绝,主动上门。这本书恰好能帮助大家做到这一点。

整本书有一个非常典型的例子,就是我们会发现身边有很多事情,在不知不觉中突然流行起来,没有丝毫的迹象,没有任何感觉,也没有任何征兆来表明某件事情就要突然爆发。但是在引爆点那一刹那间,它以摧枯拉朽之势迅速地蔓延开,成为有巨大影响力的产品、服务、品牌。我相信每个人都希望自己的学校,自己的品牌,能够在本地市场成为这种引爆点,突然之间人们口口相传,都说你的机构最好,要去你的机构,相信每个人都想要这种状态。这本书向大家介绍了三个最重要的法则,即个别人物法则、影响力法则、环境法则。在这里逐一向大家做简要的解读和分享。

什么是个别人物法则?书中举了这样一个例子,就是在美国独立战争之前,英军调集了部队在海港上集合,准备去镇压美国的独立运动者,在离海岸最近的小镇,人们发现了英军这个动向,但是没有人知道会发生什么事。美国当时并不是一个非常完整的政治实体,它还是一个殖民地,那时候有一个叫保尔·瑞维尔的人,他骑着马奔走四方告诉大家,英国要侵略我们了,我们要起来准备反抗。用了一天一夜的时间,走遍这个海岸周边的小镇,迅速把英军要来镇压的消息传遍了各地。民众在他传口信的背景下快速组织起来。等到英军开始进攻的时候,突然发现每个小镇都提前做了精心的准备并顽强抵抗,导致镇压根本无法推进下去。这个事件往后衍生出了美国的独立战争。可能有人说,只要有一个人向大家报信,大家就会集合起来,这种想法肯定是不对的。

其实在保尔·瑞维尔骑马奔走时,还有一个叫威廉·戴维斯的人,他也和保尔·瑞维尔一样出发了,目标是去另一方向的小镇传递这个消息。但非常有意思的是威廉·戴维斯所走的路线上没有任何一个小镇组织有效的抵抗。那么这个时候问题就来了,同样的信息,同样的时间,同样的形式,只是不同的人去传递这个信息,产生的效果却截然不同,这背后所隐藏的就是个别人物法则。就是在我们的客户群体,或者我们身边的人中,有这样三个非常重要的角色,即联系员、内行员和推销员。

我在这里向大家分享一个人际关系的六度空间理论,它讲述了一个非常基本的道理:在这个世界上,你如果想找某个人,只要找到六个中间人就能联系到他。大家仔细想一想,这件事情是不是有一点不可思议,不管你是谁,你在什么地方,如果你想联系世界上将近70亿人中的任何一个人,最多找六个中间人,你就能联系上他。六度空间理论,其实强调的就是人际网络的加成效应。比如说,我要联系奥巴马,实际上可能六度空间都用不上,我可以直接找我们经管学院的院长钱颖一教授,钱颖一教授肯定认识美国哈佛大学的某位著名的教授,这个著名教授可能是白宫顾问委员会的委员,他就可以直接联系到奥巴马。其实你看从钱颖一教授到美国的教授到奥巴马,中间只隔了两个人。对于一些不知名的人,同样道理,大家也可以尝试着去做这个测试,通过六个人一定能够找到任意一个人。

实际上我们今天讲这个引爆点的个别人物法则，强调的并不是六度空间，而是在六度空间背后还隐藏着一层逻辑，就是个别人物法则。在社会学历史上曾经做过一个实验，举例来讲，比如说我们选100个人，给他们共同的一个任务，即让每人写一封信，这封信发给谁呢？比如说在纽约市的约翰·戴维斯。这个约翰·戴维斯谁都不知道是谁，谁都不认识，你就说把信发给纽约市的约翰·戴维斯，那你能怎么做呢？在你的朋友圈中去想，找最有可能跟纽约市的约翰·戴维斯有关联的人，你把这封信先邮递给他。同样，他作为第二个人也去想，谁最有可能认识这个人？再往外接着传递，这个实验非常有意思。最后告诉大家的结果是几乎无一例外，目标城市的这个人收到了100个不同地区的人寄来的信，这个其实就是我们前面讲的六度空间理论。我找一个相近有可能的，那个人再找一个相近有可能的，顶多隔6个人一定能找到世界上的任何一个人。但是发现了一个更有意思的现象，虽然最终这封信都送达到这个人手中，但这封信不是从100个人那里发给最后这个人的，它往往可能只通过了十几个人就发给了最后这个人，所有的信最后都汇集到了最关键的那十几个人身上，这十几个人都认识这个兄弟，把信传递给了他。其实这个小的社会学实验，就是讲的联系员这个角色。

在人际网络中，虽然每个人都能通过人际网络和另外一个人相连，但真正起到最核心中枢神经作用的只是少数人。换言之，我们如果站在营销的角度来看，比方说口碑传播、续费、报名推荐，要想真的引爆市场上的一个反应，关键点在什么地方呢？就在找到你客户群体当中那个关键的联系员的角色。大家仔细想一想，我们的客户群中，比如说家长群体，一定有一些家长是那种能言善辩、非常热情好客、朋友圈特别广的人，他们也非常容易交朋友。这些在人际交往中人脉关系广，在群体中有足够影响力的人，就是我们在营销当中关注的重点，他们就是我们在客户群体中的个别人物，即联系员这个角色。

所以我们说，如果你想在你的客户群体中形成好的口碑传播，那应该怎么办？是不是应该把你所有客户都重点跟进，把所有客户都维护好，凭此就能传播出去呢？不是，而是要出来在你的客户当中认真甄选出那些最具影响力、人脉关系最广泛的人。大家仔细想想，你的客户当中有没有这样的人，把他们真正挖掘出来，维护好、开发好，他们就会成为你引爆市场的一个关键突破口。

后面还有两个关键的角色，就是内行员和推销员。大家有没有这种经验？在招生的时候，发现请你去给孩子做学习分析的家长比你还懂教育，尤其在北京这种大城市，对教育重视度特别高，家长比分析师、教育顾问还懂，什么教学重点、孩子哪方面行，哪方面不行，都非常非常懂。这种内行的角色，一旦它形成了你口碑的传播者，威力和影响力也非常大。因为现在人际网络的营销推广比你打多少广告都管用，他们会成为客户群体中的推销员，所以在引爆点这个核心理论体系里，"个别人物法则"就是要引爆一件事儿，就要找到群体中的联系员、内行推销员，把精力投放在他们身上，就能产生引爆的效果。有些时候这种引爆包括联系员的无意识推广，其实都是无心插柳。书中举了一个例子，有一种美国品牌的鞋，叫暇步士，就是30美金左右的那种非常便宜的休闲鞋。在1994年，这种鞋的一年销量大概只有3万来双，非常普通的一个销量水平。然后，突然有这么一天，这种鞋的市场经理被告知，最近在几条街上开了他们这种鞋的品牌专卖店，其生意特别火，大家都抢购，在随后两年时间里，这种鞋的销量从3万增长到了43万。这是翻了几十倍的一个增长量，这种情况下暇步士的品牌厂商特别高兴，太好了，增长那么火爆。后期他们因为销量的爆炸式增长，得了一个营销的大奖，CEO在领奖后发表获奖感言时说：我们没为销量提升做任何事情，莫名其妙地它就流行起来了，销量也因此大幅提升。后来专门有学者去分析这个过程，它其实可能就是恰巧在一个特定的时间才能达到这种效果。有一位叫作皮威赫尔曼的明星，他在拍一个时装设计师的大片时，偶然穿了一次这种鞋，设计师感觉这个搭配还不错，就另外多采用了几次，由这个皮威赫尔曼的明星扩展到很多年轻人，年轻人又进一步引爆了整个流行的趋势，所以大家千万不要小看这个关键角色或个别人物在传播中的作用，人际网络这种病毒似的传播，非常可怕。

有一个经常被问到的测试题目，大家可以体会一下，就是引爆点的这种加成，即所谓的指数效应到底有多强。大家想象一下，咱们拿着一张正常的报纸，你把报纸对折一次，然后对折两次，厚了一点，对折3次，对折4次，那我问大家，你对折50次这个报纸有多厚，可能有人会说有一张桌子那么厚，还有人会说有一堵墙那么厚，那我告诉大家，这个厚度的数量竟有地球和太阳之间的距离那么大，这其实就是最简单、最直观的一个人际网络引爆口碑效应的例子，大家回去可以试一试，你看你对折多少次能达到什么的厚度。

这本书分享的第二个重要法则，叫影响力法则。影响力法则是指你要传播的这个产品、服务、品牌，它必须具备的一个要素，就是能让人过目不忘，这种深刻印象的附着力能使客户看了入脑子，不是那种看了后没感觉会轻易忘掉的状态。这书里举了几个案例，对于大家也是非常有帮助的，比如说现在大家招生怎么招，好多人都发传单。发传单打广告时，我相信校长们都会有这种苦恼，就是学校放学的时候发传单，门口一群人围着发，满地传单乱飞，全擦鞋底了，你不花这个钱吧感觉别人都花了，你不花好像少点啥；你花了这个钱呢，也知道学生和家长拿了传单，看都不看直接往垃圾桶一扔，其实也没有产生效果。这个时候你要想你的宣传内容是否真正具备附着力，让人看了之后不容易忘记。可能有的朋友会问，怎么能让人过目不忘呢？这书中有两个例子非常形象，我们可以借鉴，一个例子是同样一个厂商打一个广告。他在电视指南的杂志上有这样一篇广告页，就是将好多产品全都罗列在那里。这个广告页花了不少广告费，但实际上很少有人看，打回电话去订购或咨询的人就更少了。后来他们做了一个很小的一个调整，什么样的一个调整呢？就是他们在宣传这个广告的时候，在电视上同步打广告，电视打广告的时候，加了一句广告语，就是大家可以在电视指南杂志上看我们的广告，广告当中大家可以寻找到一个标着金盒子的产品，只要找到这个金盒子，就可以领取一个特别的奖励。我在这些琳琅满目的产品中藏了一个金盒子，大家只要找到这个金盒子，我就给你额外的一份小奖品。这样一个小的设计，实质上让整个广告的效果提高了几倍，效果特别的明显。这是一个很典型的附着力的案例，让客户在看到这款广告的时候，就会有一个非常具体形象的事项或者动作，客户在找盒子时兴趣就被调动起来。我们去反思，无论我们在做招生还是市场宣传，我们的广告设计中到底有没有附着力，能够使得阅读广告的人产生兴趣或产生一些思考及行动的小点，它可能会几倍十几倍几十倍地提高你的品牌宣传效果和传播效果。我们再举一个例子，可以让大家觉得更形象一些，对附着力的理解更深一些。书中还有这样一个例子，它讲的是一个医院向一个群体宣传，让他们去打破伤风针疫苗，在广告设计上，如果让你去做这个宣传，你会怎么做？你肯定会强调不打这个疫苗的严重性，并用各种各样的情况来说明它的后果。实际上看了这则宣传的，真正去打疫苗的人不足3%，几乎没人被这个广告所驱动。后来他做了一个很小的调整，在这个广告下面加了一个打针地点的地图，只是标注这个位置在什么地方，线路怎么走，非常小的一个变化，但就是这样一个变化却产生了一个特别神奇的效果，打针的比例提高了28%左右，这是十几倍几十倍的一个增长。不管是一个金盒子的例子，还是加地图的这个例子，它们有一个共性，就是让阅读的对象即我们的目标客户产生某种具体动作的兴趣，或者是某种具体动作的引导性。我们看所有具有引爆点特性的东西都是这样。比如说我们前面讲的那种鞋子，它特点非常鲜明，设计款式非常新，且很便宜。客户看到明星穿了这种鞋，非常容易去操作、去模仿，他不用自己费脑子去想，鞋子的差异是什么，我该怎么做，如何才能非常容易地去做，这属于影响力法则，或者品牌和宣传的附着力。所以就第二个法则，我们拉回到现实工作中，大家可以去思考自己学校的课程、老师、产品服务、招生宣传、试听课，在宣传过程中有没有那些让家长、学生感兴趣去尝试且容易去操作的点？举个例子，最土的办法，你可以在你的传单上标注你的校区位置，让家长和孩子拿着这个单子就可以到你那里领一个小礼品,大家别小看这些小的技巧,它对最终效果的达成可能真的会产生几十倍的影响,大大提升你的投入产出比。

这本书讲的第三个法则是环境法则,什么叫环境法则呢?作者举了一个20世纪80年代纽约的真实例子,那时的纽约犯罪率特别高,这个城市基本上就是罪恶都市,抢劫、谋杀、强奸等犯罪行为高发,人们都不敢晚上出门。当时有一个轰动一时的案子,地铁中发生了一起枪击案。在地铁中开枪杀人,当时轰动了纽约市。后来纽约市开始治理地铁治安,想到用各种办法来增加警力,加大处罚力度,到处巡逻,但这些举措于事无补,根本没有效果。后来,社会学家介入其中,发现纽约地铁之所以犯罪率非常高,是因为环境因素的影响,即地铁非常的脏乱差,到处都是垃圾涂鸦,并且每年有17万人逃票,大多数人不买票直接跨栏就可以进入。后来纽约市的警察局在治理地铁高犯罪率时采取了两个措施。几个月的时间,地铁的犯罪率便断崖式下降,咔嚓一下子,犯罪率就下来了。两个特别简单的动作,第一抓逃票,专门派人抓逃票。第二把涂鸦清洗掉,涂鸦清洗掉就会使周边的环境变干净。大家说这跟犯罪率看起来没关系对不对?逃票属于小错,不是什么大事,跟杀人抢劫关系并不是特别直接。那时候特别有意思,今天刚刚把这些涂鸦清理掉,第二天这帮年轻人又来涂,再全部清洗掉,然后再有人涂,一来二去慢慢涂得越来越少。这样地铁的环境就开始变好,这其实讲的就是背后的环境法则。由此引出另外一个专业的名词,叫破窗理论,什么叫破窗呢?就是你看这一栋楼,好多玻璃窗,假设是个废弃的楼,他如果一扇碎玻璃没有,很长时间就一直是这个样子,不会有人打碎它的玻璃。一旦有一扇窗被人打破，你看接下来可能短短几天内噼哩咔嚓其他大量玻璃就会被打破，这就是社会学上的破窗理论。其实它跟前面讲的这个环境法则大体上是一个道理，就是周围的环境会影响到一种行为或人们普遍心态的变化。在抓逃票的实际过程中，发现了大量携带危险物品有前科的人。可能逃票只是他转念之间一个小的违规动作，但是后面蕴含的是他接下来可能会在某时间点抢劫、杀人。而涂鸦和环境的清理也是同样的道理。在一个相对整洁的环境当中，人自然的冲动、暴力犯罪的倾向就会降低，这是环境法则影响的作用。所以大家回到咱们自己的业务中，你看我们的校区，如果想更好地形成一种印象传播，你想想你校区的最基本环境如何，能不能让大家在这里待着心生愉悦，有好感。大家不要小看这样的环境对人的影响，这些环境的一些细枝末节的影响，很可能会影响到你整个品牌在客户心目中的形象。

当然，这本书还分享了一些其他比较重要的规律或知识。比如说一个叫作150的神奇数字。实际上这个数字准确地讲应该叫作顿巴数，因为发明这个数字或提出这个数字概念的是一个叫顿巴的科学家。准确地说这个数字其实不是150，而是148，148叫顿巴数。顿巴数是什么意思呢？它是一个人类组织、一个社交群体的上限人数，这个上限的人数就是148。在148个人以内，我一见着我认识的人会说这是我们班的谁谁，我们公司的谁谁，超过了148就容易混乱了，搞不清楚是谁，这其实是一个特别有意思的心理学事件。我再问大家一个问题，为什么七这个数字在生活中出现次数那么多？一周有七天，音乐中的音节有七个，七这个数字出现在很多地方，为什么？大家有没有想过这个问题？实际上它与人的进化、人的脑神经成长经历有着非常大的关系。人在进化过程中，从灵长类就是所谓猿猴、猩猩进化到今天的智人，即智力的人。他的生活的社交术、群体的数量，他周边的群体，比如跟他一起打猎、一起去摘果子的古猿人数量是一个相对固定的数，在这种协作的过程中，人的大脑为了适应这种社交关系，就发展出了与之匹配的大脑容量。为什么七个音节？为什么一周是七天？为什么七这个数字那么经常出现？比如说我出去狩猎七个人，如果多于七人，可能彼此间的协作、呼应配合就不是特别的容易。有社会学家做过研究，一些原始部落，基本上每个部落的平均人数也在148左右。大自然这个造物主的神奇之处就是它冥冥之中有一些规律在背后潜藏着。那可能有朋友说，这个顿巴数跟我们有什么关系呢？企业组织的客户群体中同样遵循顿巴数的原则，你会发现最直接的两个影响。现在在企业界有这样一个趋势，就是当组织膨胀到一定规模，就会把组织切分成小组，小组人数一般是7，就是我们经常说的管理半径为7个人，1个人管7个人正合适，再多管就费劲了，也管不过来，少管精力浪费也是同样的道理。客户群体，148这个小的群体比较容易建立起人与人之间的了解和互动。如果你的群体超过这个数，你应该去做客户分组，也应该是7的倍数，在148以内去做分组才能有效果。

《引爆点》整本书，核心就是讲前面三个法则，然后分享了顿巴数以及一些比较经典的案例。作者强调，我们回到这本书的起点来，就是引爆点，要想形成一种流行趋势，要想形成一个快速的病毒似的传播影响，要做到这样几点：第一，要由个别人物找到关键联系人；第二，传播的内容，必须让人过目不忘，或者非常简单、可操作、可引导性；第三，你要为传播营造一种适合的环境；第四，人际的传播范围，如果你主动去运营它的话，应该是在148顿巴数的范围以内，这是这本书中讲的几个核心的观点或者核心的知识。那么我们怎么把这些知识应用到我们日常的招生续费的过程中呢？我在这里跟大家分享一个具体的案例。我们在运营直营校区以及给很多合作校区去做咨询和指导的时候，利用前面引爆点的法则，做过一个很具体，可操作的案例，就是家长俱乐部。家长俱乐部的整个策划方案非常充分地利用了引爆点的一些核心理论，家长俱乐部最主要的目的是实现客户品牌和服务的口碑传播，以后就不用那么多招生人员了，全是客户推荐客户来主动咨询、报名、续费，这是我们每个人都梦寐以求的状态。那具体怎么来做呢？我把几个核心的要素跟大家简单做一下分享。第一，我们对应到个别人物法则，在你的客户群体中找到个别人物，就是联系员、内行和推销员这样的角色，发展他成为家长俱乐部的关键联络人。比如我们以前在合作校当中去做咨询和尝试的时候，我们就会一个一个跟家长联系，跟这些家长做沟通，久而久之，你会熟悉他们，了解他们的性格、他们的职业，他们平常怎么跟人打交道，他们爱不爱聊天，爱不爱交朋友，你就可以在这些人中筛选出合适的人选，其实比例也不高，能有个1/10就差不多了，筛选出来这些人只是第一步。然后去调动他们的积极性，因为本身他们对孩子的教育投入度会比较高，尤其是如果这个关键联系人恰好是个内行的话，那就更完美了，他们会有一种非常强的去分享、去被认可的心理上的需求和动向，让他们成为我们家长俱乐部委员这个角色，去组织家长俱乐部的有关活动。这是第一个关键点，利用个别人物法则，找到关键的联系员、内行和推销员角色。第二个点就是为你的家长俱乐部设定一个非常具体、简单、可操作的具有附着力的法则,就是这一个行动的目标。比方说在我们家长俱乐部的实践中,我们就是每周一场家长的小组聚会,小组聚会上每周分享一篇家庭教育的文章,并就这个文章的内容进行讨论,这非常具体、可操作,千万不能模糊说大家搞活动,谁都不知道到底搞什么活动,那久而久之,就跟那个看广告没地图一样,或者说,看广告没金盒子一样,他就没有做动作的这种心理上的驱动力。这里我有一个特别关系好的朋友,也是我非常尊敬的长辈——樊登,他原来是中央电视台的主持人,曾经接替崔永元主持《实话实说》节目,他做了一个特别有意思的事儿,花了一年多时间,发展了几十万的会员做一件很具体的事,就是樊登读书会,其实也是读书。但他不是针对我们教育这个领域的群体,而是非常广的社会群体。樊登读书会提了一个非常具体的目标,特别有附着力,你一听就明白,并且你觉得这是很具体可操作的。他想干啥事呢?就是一年带你读50本书。大家想,这个目标是不是相当具体,没人带着你,你一年能读几本书,我估计可能有人一年两三本。有一个统计,世界各个民族国家平均读书的统计,中国人读书最少,好像平均2.6本;德国人能读几十本,犹太人读的最多,每年读68本,所以读书这点我前面讲到特别重要,所以你看这是很有附着力的一个口号或者一个具体的动作。家长俱乐部的第二个关键点,非常有附着力、有可操作性的一个具体动作,就是设定一个简单明确可操作的俱乐部的主题活动,比如刚才讲的每两周一篇文章的分享。大家有时间往这里一坐,我们校区提供场地,然后可以给大家相应提供一个好的流程和规范,并且可操作。第三点就是从环境法则引发出来的,在这个家长俱乐部的交流环节中营造一个非常和谐、非常放松的环境，而不要形成一个一言堂的环境。我举一些具体的例子，比如大家说，你们觉得桌子是应该按上课那么排着摆，还是应该换个摆法？没错，一定得换个摆法。我们说最利于讨论交流互动的一个摆法是摆成圆桌型，就没有所谓的主与次，大家互相都能看见，这种互相都能看见的圆桌型的摆法，只是非常细节的一个点。第二个非常细节的点，是现场提供一些甜质的饮料和小吃。为什么呢？我有机会给大家分享一本《细节营销》的书，讲了客户在做购买决策时很多非常小的细节。那些甜质的饮料、小吃实际上能自然地让场景和氛围变得更加愉快、休闲。这是营造一个好的环境、好的氛围。所以在这样的一个环境和过程中，我们前面又有关键的联系人，然后我们给他提供了非常好的附着力，可操作性的活动流程和方针，我们的工作人员要配合去做一些组织和服务的工作。大家可以试一试，不管合作效益也好，职能性也好，效果其实非常好，不用我们说，家长就充分地热烈讨论，然后每个人都觉得，今天晚上收获很多，心满意足地走了，他下次还会主动推荐他的朋友来参加。所以营造一个好的环境，可能不需要你真的付出多大的成本，多大的精力，要让它自己去运转起来。还有，第四点也很重要。就是前面讲的顿巴数，一个神奇的数字148。就是要将家长进行分组，分组非常关键。你对你的客户群体有了充分的了解，每一个小组规模不宜过大。比如说20个人一个小组。小组当中，你要确保几种类型的家长都有。这一批家长不能全是那种闷闷不乐型、不愿意交流、特别抵触的那种；也不能说全是那种叽叽喳喳，特别能说会道那种。有些人可能会觉得这个好麻烦，我还得给家长做细分。但我跟大家讲，它给你带来的好处是无法估量的，绝对值得大家去深入做客户的分析和研究。

我最后跟大家分享一个知识点，叫作"引爆点的曲线"。学校周围50000个家庭。50000个家庭都要成为你的客户吗？肯定不是。你要清楚，客户群体是分类的。你真正能引爆这个市场的关键，在于前阶段的客户开发。分成哪几类呢？第一类的客户，我们叫"创新者"。他们只有2.5%左右，这些人是那种非常积极主动尝试新鲜事物的人。比如说苹果手机发售、苹果iPhone 6上市，在那里排两个通宵队，必须要第一批拿到的人，就是"创新者"。创新者再往后的人，大概13.5%叫"早期尝试者"。他发现有人用了，会跟随着去做尝试。看到有人买，他会紧跟着去跟进，这是第二类人。然后的，叫"早期的跟随者"，占34%。看到有一群人这样去弄了，那我也要试一试，大家都弄得这东西肯定好，这是顺坡下驴随大溜跟过来的。再往下34%是"晚期跟随者"。大家都用了，身边一转圈全用他才会用。还有16%就是死也不会用的，他用移动电话、用手机的唯一可能性，是固定电话已经掐了线，没固定电话这玩意儿。所以这种人你想都不用想，他绝对不会去尝试你的产品、你的品牌和服务的。所以我们说引爆点在哪个位置呢？大家说在这个曲线当中引爆点在哪个位置，引爆点实际上是在早期尝试者13.5%后面这个地方，这地方叫作陷阱。如果创新者和早期尝试者尝试你的产品服务，他感觉好，接下来，早期跟随者、后期跟随者不用你做任何努力，他随大流，哗哗地潮水一般就会过来。但如果你的产品服务不好，征服不了这一"区域"的人，那么反面效果马上出现，负面的口碑也会快速传播。

　　我最后补充需要跟大家强调的一点，我们不要沉迷于营销技巧，而要把自己的精力真的放在好的教学服务上，这才是咱们做教育的人的本分。

10

定义自己的价值

——《向定价要利润》

我们之前提到过二八法则，80%的客户创造了120%的利润。就是正确的客户创造了120%的利润，怎么是120%呢？因为还有20%的利润被那些错误的客户给亏损掉了。我们细算经济账，如果你不肯拿下错误的客户的话，你所付出的成本不但不盈利，反而会拖累你。

今天要探讨和解决的问题就是校区的定价问题，向大家推荐一本书，名字就叫作《向定价要利润》。

先讲一些基本的理念和观点。第一个基本的理念，大家要理解什么是商业经营的本质，什么是价格的本质，这个说起来很抽象，我说个更通俗一点的，绝大部分朋友都过初高中的政治课，初高中的政治课上讲到价格讲到金钱的时候，金钱的本质是什么？金钱的本质叫作一般等价物。它代表了价值，所以企业经营的本质是创造价值，你挣到的钱就是你创造价值所对应的一般等价物。你创造的价值越多，你挣到的一般等价物越多，也就是你挣到的钱越多。这个说起来有点拗口，但是从理念上来说，你要创造的价值够高才能有高的定价，高的定价需要有高价值的支撑，这是一个基本的理念；第二个基本的理念，是专业销售的分类，销售人员分成两种类型，一种类型叫作价格型销售，一种类型叫作价值型销售，前者主要就是看低价格、低价格，我便宜；后者更强调你的产品和服务所独具的价值的大与小。在这个基础上我们来讨论，不难得出一个结论：定价的本质其实是定义你自己产品服务的价值。我们回到更现实更通俗一点的角度来说，那就是如果你想收高价，你首先要把自己定义成一个更具价值的企业，或者说从咱们学校来讲，就是你的学校提供的教学和服务价值要更高，你才能够定更高的价格。在现实当中，我们校区经常遇到什么问题？第一个常见的场景就是降价促销。打个比方，我们收一学期收2000块钱，他们收1500，我收1500，人家收900。人家收900学四科，我们这儿才学一科，这种情况是经常会在现实中遇到的。还有经常遇到的就是各种各样的打折促销，大家可能都用过这种方式，什么几月几号之前报名打九折，这个国庆节报名送书包。诸如此类的促销活动，相信大家也都用到过，但是在这些打折促销的过程当中，到底有没有真正带来企业利润的增加？大家可能主观感受上是增加了。我们来详细地算一算这个账，从理性的角度来看一看，价格到底对我们的利润有多么大的影响。在详细分析降价或者涨价对利润的影响程度之前，还要跟大家再强调一个基本的概念，价格弹性。我们提供的是一种价格弹性比较低的产品和服务。什么叫作价格弹性低？就是你的涨价和降价，对于销量的影响比较弱。如果你稍微涨价，马上销量下滑，这就叫价格弹性高。反之，如果你长了一点价格，但是销量变化不大，这就叫作价格弹性低。通俗一点讲，有点像医疗，如果你的家人要看病，有两种药，一种药比另一种药贵，你肯定要用更好的药，找老师也是一样。所以，我们今天推荐的这本书叫《向定价要利润》，作者是戴尔·富特文格勒。他是一家咨询公司的老板、合伙人，这家咨询公司只专注于一件事儿，就是帮助企业在不增加成本的基础上，如何获取更高的利润。我相信这是每个企业家都想要的结果。它的核心招数，只有两个动作。

第一个动作是量化你产品的价值，第二个动作是向客户沟通你的价值。就是先把你的价值量化，然后再告诉客户。所以在这本书的一开篇就提了一个问题，也是我们经常在日常工作中遇到的，就是我不能涨价，涨价就没有竞争力了。所以整个这本书就致力于解决这个问题，就是让你实现涨价，而且是让你有信心地涨价。怎么能做到有信心地涨价？就要明确和量化你的产品或服务到底有什么价值？举个例子来讲，我们云教室的课程，85块钱一课时的班课，比咱们身边的其他普通辅导机构的班课要贵4到5倍对不对？那为什么我们能贵4到5倍呢？你要把你提供给客户的跟别人不一样的价值项目一二三四五地列出来，并且把每一个项目值多少钱量化地展示给客户。这样，就能够实现更高的价格。这本书的第一章的标题叫作"傻人无傻福，无知的代价惨重"。什么意思呢？就是说去打价格战的人是傻人，但是这种傻人的降价行为并没有真正带来福利，没有带来赚钱，而这种无知这种犯傻带来的代价是非常惨重的。你看到降价后销售变多了，这种错觉实际上算起细账来是非常不合适的。

我们经常会讲降价，而不是涨价，为什么不敢涨呢？第一，我没知名度，名气不够大。第二，客户就关心价格，价格低他才报名。第三，竞争对手比我便宜啊，我涨价了，那我就抢不来这个客户了。这是咱们经常会说的一些问题，但实际我们来算一笔经济账。这本书上详细算了一笔账，就叫价格每增长1%，假设你有100万的年收入水平的话，你的利润会多6500块钱，这是纯利润，多6500块钱。而如果你的价格要增长10%，利润就能多赚65000元。这是一个什么概念，增长10%是什么概念呢？比如说一课时的费用是30块钱，那增长10%涨了多少，是33块。大家说涨3块感觉很多吗？但就这3块钱，会让你多赚几万块钱。可见，价格的一个波动，对利润有非常直接的影响。客户在购买商品或服务的过程中，有这样一种心理：对于需要的而不是想要的东西，会尽量地减少开支；而对于想要却不是需要的东西，会支付更高的价格。你仔细体会一下，需要但他不想要的东西，他就想尽可能不买了，但是只要他想要这个东西，哪怕明明知道买回去什么用都没有，他也愿意花更高的价钱购买。所以对于我们教育机构来说，就是要让课程成为客户想要的东西，而这种想要可以带来几乎是600%的溢价，详细怎么算大家可以看书，就是有6倍的溢价。我给大家举一个现实生活中的实际例子。我这个人长得很东方，显然不是西方人的高鼻梁，深眼窝，那自然在着装上我就比较适合东方的着装风格。所以有一次在北京逛商场的时候，偶然发现了一家特别好的店，衣服的品牌叫单农，它的整个设计风格是中式风格，就是那种像唐装，而且全是麻布或者纯棉的面料，设计风格特别契合东方文化的那种感觉。我一看就很喜欢，在那里徘徊良久。第一次没买，因为觉得贵。但是后来有一次去蓝色港湾，专门找到这家店，花了八百多块钱买了一条中式的系带的纯麻裤子，穿在身上特别舒服。紧接着，又在不久之后逛街的时候添了一件上衣、一件外套。上衣两千多块钱，为什么会反复斗争，花了2000块钱去买一件上衣，就是因为我想要，我想要这个溢价。那到底这个溢价背后的逻辑和本质是什么？在这本书中，从理性的角度做了分析，因为客户想买的是价值。

第一章中讲的第二个比较重要的道理，就是同样的一个原理，雇佣更好的员工也会增加你的收益。大家可以详细算一下这个账，比如说我们把员工分A、B、C级，其实绝大部分的场景下，A级的员工比B级的员工工资能高百分之多少？通常意义上来讲，高一个级别的员工，大概也就比那个所谓的B级员工多个20%到30%的月薪，2000块钱30%就600，2600。但是反过来讲，一个更优秀的员工能够给你带来的销售额，跟一个不太好的员工能差几倍？差别可能就很大，有可能那个勉强用的员工一单也不出，但特别优秀的员工不停出单，80%的单都是他一个人在出。

本书作者估计是财务人员出身，给大家算了一笔账，你多付20%还是30%的工资，但是带来了2倍到3倍的销售额的话，最后算总账下来，能带来巨大的利润空间的增长，但是我们不太可能百分百的员工全换成A级员工，所以作者在这个测算当中只替换掉10%的员工，作为那种所谓的A级员工，算出来的结果是100万的营收利润能增加6万多，这个很了不起。你想一下，只替换掉10%就能增加6万多的净利。所以这也告诉各位校长，我们在使用人才的时候，要敢于去用更优秀的人，同时要敢于付出更高的薪酬。当然，你得选对人，非要给B类员工A类员工的工资，那就得不偿失了。所以这本书讲的一个逻辑是什么呢？你用什么钱去雇佣这种更好的A级员工？钱从哪来？逻辑就是，更高的定价带来更高的利润，就能去雇佣更好的员工，然后带来更大的销量和更高的利润，再来更好的员工，再来更大的销量，这叫良性循环。所以各位校长扪心自问一下，你平常是什么样的一个策略，是不是省点钱，少开200块钱，用更差的员工，降价降价，打折，恶性循环。

在这本书提到的第三个非常重要的原则，是放弃错误的客户。前面我们讲了两个，第一个是更高的价格，第二个是更好的员工，第三个是放弃错误的客户。我们之前提到过二八法则，80%的客户创造了120%的利润。就是正确的客户创造了120%的利润，怎么是120%呢？因为还有20%的利润被那些错误的客户给亏损掉了。我们细算经济账，如果你不肯拿下错误的客户的话，你所付出的成本不但不盈利，反而会拖累你。为什么呢？因为你想获取错误的用户，你就得花更高的成本，你就得花更多的时间，给他更强大的折扣，送更多的礼品，给更多的承诺。然后他可能还会退费，或许还会闹不愉快，你还得花时间去解决，里外里算账，其实你整体的亏损是非常厉害的，甚至会吃掉你大部分的利润。所以这本书的作者也算了账，大家可以看书里是怎么算的，它是假设替换掉20%的错误客户，换成正确客户，100万的营收会多带来28000多块钱的利润。这本书中举了一个实际的例子，对象也是作者的一个咨询客户。这个客户提供的是马匹寄养的服务，就是为那些家里养马的人寄养马匹。当时他的经营陷入了困境，他的马厩的空置率是95%，就相当于100个马厩有95个都没有马，生意很惨淡。经过了作者的一套打法，改良了以后的结果是价格提高33%，空置率降到5%。这本书详细介绍这个流程和方式。大家如果按照这个流程和方式去尝试着做自己的涨价策略，就很有可能也换来像刚才这个马匹寄养服务的这个商家那样，价格涨了33%，但是销量反而还扩大了好多倍，这是最理想的一个结果。

当然了，光说我要涨价，我要涨价，肯定也行不通。反过来我们再从客户的角度想一想，低价格真的让客户受益了吗？便宜真的让客户得到好处了吗？有的校长可能说便宜当然好了。但是我们还是理性地来看一看，到底有没有真的给客户带来好处。我举个实际的例子，前些年的那个金融危机是由次级贷引起的。什么叫次级贷呢？比如说路边一个扫地阿姨想在北京买房，那很显然，她一个月工资根本付不起房贷，这就叫作支付能力比较差，评级就是次级。次级贷就是为了让更多的客户买房，美国政府专门推出了次级贷服务。就是说我用专门的资金做担保，让扫地阿姨也能买房。但实际结果是什么呢？引起了全世界性的金融海啸。那么它的本质是什么呢？本质是客户消费了他无法负担的价值。我们中国有句话叫"出来混，迟早是要还的。"明明你提供的价值很高，但他付出了很低的价格，最终，这种不匹配一定会还的。

看一下几个我们常挂在嘴边的问题。第一个问题，缺乏知名度，就只能靠便宜吗？这本书上举了一个建筑商的例子，每个商家都拍着胸脯说自己家产品好，比别人家好，但是矛盾的是当说到价格的时候，都说我家比别家便宜。你仔细体会一下这是不是矛盾呢？我家东西比人家好而且我家便宜，看起来好像能够更有吸引力，但有这种可能吗？所以作者的主张也同样是我的一个主张。假设有一名潜在客户在你面前扭头离开，你希望他心里面嘟囔着啥。两种情况，大家做做选择题。第一种情况，一个客户转头离开了，心里嘟囔的是我要能买得起多好。第二种情况，一个潜在客户扭头走了，其实他在怀疑这产品是不是有问题，一分钱一分货，便宜在哪儿？大家希望哪一种？肯定是希望第一种。你怎么定价代表了你对自己产品或服务的价值定位，你定价低，潜台词就是你的价值低，这是一个最基本的逻辑。第二个问题是，有人说我们客户只关心价格，啥便宜买啥。这里需要强调的是，绝大部分买家其实更看重的一定是价值。举个例子，我之前用过好多品牌的笔记本电脑，什么国产的也都试过，但是我现在是坚定的果粉儿，就会用苹果的电脑，或者是用原来IBM的那个新派系列的笔记本。它真的很贵，一台笔记本电脑要一万多块钱，为什么我最终选择了高价格的产品呢？第一，用苹果显得比较酷，有面儿，拿一个大苹果logo。第二，这东西扛用，我这个平板已经用了三年半，之前的那个本打开一个word文档都需要十分钟，早已搁置在库房。你们用笔记本时是不是也有这个体会？实际上你看用多久，我这个三年半了还运转如飞，这是省了我的钱。第三，为什么买苹果笔记本？因为用着确实好多功能很顺，能提高你的效率，省时间，你打开一个word等两分半，你那两分半都是钱，都是价值。所以说，客户只关心价格吗？不是，他除了这个还关心很多其他东西。另外一点，为什么从我们感受上来说，客户只关心价格？是因为客户他自己会说，我想要便宜。但你仔细去分析两方面的原因，一方面是人都希望便宜点，都希望能便宜买更好的货。另一方面，最重要的原因是客户找不到别的标尺，或者说别的标准来说服自己，你还没有给他讲你有什么价值，所以他只能按照价格这条线来跟你砍。他之所以跟你砍价，是因为他的注意力在价格上，没在别的东西上，如果他的注意力到了产品功用上，比如炫、耐用、快捷，也就是让他关注到价值，他就不会一味砍价了。还有第三个，我们不敢涨价的原因是竞争对手不涨价，他不涨我怎么敢涨呢？那要看你自己有没有能力把你的价值展示出来。他涨不涨跟你没关系，只要你能够讲清楚你涨价的原因，你就可以涨，如果你讲不出来，你硬涨当然不行。还有一个经常说的原因，我会失去市场份额，市场份额太艰涩了，说通俗一点就是客户变少了。大家还记得前面我们刚开始讲的那个概念吗？我们要选择正确的客户，剔除掉错误的客户。并不是所有的顾客都是同等重要的，大家仔细体会这句话，因为这个得看怎么算市场份额。你说怎么算市场份额，比如说迁安的李校长，您所在的城市有多少初中生啊？在迁安这样一个城市有20000初中学生，但是对于李校长所经营的鹦鹉螺云教室来说，你真正要拿下来的目标客户是那些重视价值的家长，是那些有消费能力的家长，其实它不是200，我觉得2000肯定是有的，所以你的目标就是拿下这2000个当中的百分比，这才叫你的市场份额，叫正确客户的市场份额。这个观念非常非常重要，如果你选择错误客户，明明这个客户只有一个价格导向，就图便宜，他没有消费能力，你费了九牛二虎之力，反复做各种销售技巧，打折、促销，连蒙带骗，最后把客户骗来了。结果呢？很糟糕。大家也算一算账，你到底面对多大的目标市场，你所在那个城市，你要拿下多少？比如说，你先瞄准200，瞄准500都行。你先把这200个客户拿下，比如说我们瞄200个年销售额在2万以上的客户。你都拿下来，你一年也应该有三四百万的营收规模。所以这个逻辑就是让大家别担心失去市场份额，而要找正确的客户。

《向定价要利润》的第一章，作者介绍了很多基本理念。更高的价格，更好的员工，然后同时选择正确的客户非常非常重要。第二章的主题叫作认识你自己，这讲的是什么呢？还是回到前面跟大家讲的那概念，叫价格销售和价值销售。所以你首先得看自己到底是价格型的销售，还是价值型的销售？书上很多具体的问题和测试，你可以测一测自己是属于价格型还是价值型？如何识别买家的分类，包括识别你销售人员的分类。各位校长和老师，你想想自己是什么类型？如果你的员工开场第一句话说，我们家学费便宜。这绝对就是价格型销售，那你自然吸引来的就是价格导向的客户，因此也就陷入了万劫不复的深渊。这方面书上有很多具体的例子，也给了一些数据，比方说实际调查显示，只有14%的消费者声称购买时价格是第一标准，另外86%，起码自认为是更看重价值的。大家可以用这个书上的问题自测一下，你到底是价值卖家，还是价格卖家？如果你是价值型的卖家，那太好了，你就沿着价值型销售的原则，高价格、高薪员工这个思路去走。反过来，如果你是价格型卖家怎么办？也不是没办法。两个解决方案，第一，你要相信人是可以改造的，你可以通过学习改造自己的观点，但这个仍然有难度。第二，雇佣那些真正价值销售型的经理人或员工，选对人非常重要。我们举几个例子，这书本上给了自测题，比如说你在买东西之前一般会先看什么呀？是先看哪个便宜，还是先看优缺点？比如说品牌对我重要吗？我想买牌子货吗？比如买衣服，我是想买一个商场里有品牌的，还是说地摊上捡一个，只要干净就行？我一般会为了质量可靠付更多的钱吗？我会因为大打折，而购买不需要的东西吗？我是更倾向于雇人为我做我做不了的事，还是啥事都自己干？我会花更多时间来省钱，还是来挣钱？这些是一些自测问题，当然你也可以看你的消费习惯，比如说汽车你买什么品牌的？汽车维修你去什么样的店？吃东西你去什么样的饭店？买什么样的电器？这都可以检测自己。

当然，你认识自己，同样你也得识别客户。识别客户，就是识别正确的客户，怎么识别客户呢？第一，你看他跟你聊的时候，先关心价格，还是先关心你们这儿都有啥？大家想一想，回顾一下自己遇到的客户，当家长上门来咨询的时候，他们如果刚进门开始问，你这儿多少钱？我相信这种不多吧？真的来到你的校区咨询的人，肯定先问你们这有啥老师啊？你都怎么教啊？怎么解决我们的孩子问题啊？然后说钱，然后跟你砍价，这是其一。其二，你要通过衣着和谈吐判断出他的社会身份，以确定他到底是看中什么。从我们自身来说，假设你的员工买东西喜欢买牌子的，修车总去正规点的地方，他在卖更高价格和价值的产品的时候，底气就更足，卖的就更顺；相反，如果你的员工全都是啥便宜买啥，那你要培训他说，你要涨价卖的，会让他很痛苦。所以，销售者自己的生活品位也很重要，因此你就要招募好的销售人员。如果你招募的销售人员不合适，比如说，他打心底里头就是一个价格型的人，你让他去卖价值型的东西，难上加难。你在面试中可以问这样几个问题，第一，你喜欢什么样的品牌？你崇拜什么样的公司？大家可以自己想想这个问题。另外你看他实际的销售经验，他以前是卖什么东西的？如果他卖的东西就是低价倾销的东西，那他可能很习惯于这样的思路。你可以问问他，如果让他给一个产品定价，怎么定？他第一反应如果是越便宜越好，咱就得比竞争对手便宜，这样的人就很悬。人家那家15块钱一课时，咱家10块，再送自习，就越搞越累，非常非常难。所以低价带来的损失是极其巨大的。

现在，关键步骤来了，你得学会量化你的价值，你为什么值这么多钱？为什么比别家贵？我们给了几个维度，帮助大家去做这个定义。第一，从九个方面去量化你的价值、产品和服务的价值。作者举了九个方面，比如说速度、服务态度、信誉、可靠性、方便、形象、创新、知识渊博。先说速度，就是我购买这项产品或服务，能享受到的速度快不快。拿咱们这个教育机构来讲，我交完钱是不是马上就能开课？如果你说交完钱搁半年开课，那他就觉得这事儿不靠谱，他觉得价值就低了。或者说我这孩子多长时间能把分提上去？你要说今天立马交钱，明天就涨了，也不靠谱，总之，你要更快地让客户得到好处。第二个态度很简单，来了之后你是冷若冰霜，还是很热情？另外信誉，就是你这里的信誉怎么样？有问题你是不是负责任？可靠性，就是稳定不稳定，你这个产品的质量稳定不稳定，到你这儿来十个里面有七八个都进步了，还是十个里面有七八个都退步了，还是没准儿？便捷，比如说我来你这上课是否方便？形象，是指跟我的格调是不是一致？举个例子，比如说张三亿万富翁，我问你他开什么车？奔驰、宝马、保时捷；我说李四，工薪阶层2000块钱一个月工资，他开电动车自行车。你会发现这个形象跟他的那个产品是有对应关系的。还有创新，你的这种模式，你的产品和服务是不是最新潮的、最新颖的、最新奇的？打比方讲，苹果最近出了一款手机叫iPone6S，还出一个玫瑰金，你看新闻报道，早上凌晨两点就有人排队，通宵的在排队买，为什么？就是因为那个东西新颖新奇，前卫。知识渊博，就不光是态度，前面讲的态度，这里讲的是知识渊博，就是很专业。这九个方面看起来很多，但是在这本书中，其实把它最终归结成了三个大的方向，那就是形象、创新和省时间。形象，跟他的地位、消费品位要一致，而且你这东西要新颖，有创新，同时能够帮他省时间省事。所以你不管是速度也好，态度也好，信誉也好，其实归结到最后，还是帮他省时间，因为如果你信誉不好的话，他要在你这儿产生纠纷还要投入更多的时间。

我们在这三个大的方面怎么来量化价值？在书本中，作者做了一个分析，比较跟你的消费档次基本上类似的产品和服务。比如我们鹦鹉螺的课程平均客单5000元，一年要花一万多块钱来学习。那么什么东西能让消费者一次性消费5000块钱，一年消费10000到15000？比如说像买服装，也可能是出去旅游，你可以列一个表格，大概计算一下，你能够基本计算出来，说这种类型的目标客户愿意为了更高的品牌而付出多少的价格。

第二个是创新定价，比如说像我刚才讲的苹果6S首发，创新灵感，有的客户愿意为了买到更新鲜的东西而多花多少钱？如果你能够始终在创新前沿的话，你就能够持续溢价。反过来那些后来学你的人，永远也达不到，拿不到早期高溢价。

第三个方面省时定价，就是能给客户节省多少时间。比如说，像鹦鹉螺云教室的服务中，我们可能除了上课，还有自习托管，甚至还跟孩子谈谈心，帮他解决一些其他的问题，这些事你想想给家长省了多少时间，让他少操了多少心。我们帮他省了这么多时间，这些时间对家长是多少钱，这都是价值。

我给大家一些数据概念，对于品牌敏感度高的那种客户，他甚至会愿意为一个品牌付出6到10倍的价格。对于创新的溢价，基本上是两到三倍，省时的溢价大概是一到两倍。一到两倍是一个参考值。回到咱们教育培训行业，为什么其他的教育机构收到25块钱到35块钱，鹦鹉螺云教室的课程收到90块钱，实际上是几倍溢价？按30算也是3倍。三四倍的溢价，其实你仔细分析一下，这里头三个因素都有。尤其是前两个因素，第一个因素，形象因素我选择了一种高科技的互联网模式，我选择了更好的老师，我这个教孩子的老师是北师大毕业的，你那个是某某专科毕业的，那对我来说是形象跟你不一样。我家孩子的老师跟你不一样，那对于创新定价就更明显了。至于省时定价，由于我们提供了线上的名师加线下的专业化的助教服务，省了家长操心的时间，所以最终的结果就是一课时的定价被相当比例的客户接受了。当然也有一些客户会不接受，可能属于那个错误的客户。另外，我给大家一条参考线，家长到底可以负担多少教育消费呢？国家统计局的国民经济普查数据，2013年全国城镇居民的人均年收入是29547块钱，这是全国城镇人口平均年收入。2014年中国基础教育调研报告的数据显示，家庭教育支出占到家庭年收入的30.1%，这也是平均数，大概每个家庭平均支付18000块钱。所以这个数据跟另外一个调研数据是契合的。2015年做的2014年的调查，53%以上的家庭在子女的教育支出上，月均消费超过2000，那是24000一年，这包括一二三四线城市都算在内。所以在价格策略上来说，学生在你这里一年所花的钱在18000或者20000元左右，这个数量之内其实都是客观上可承受的。但主观上，他愿不愿意花这么多钱，那就看他到底是价格型还是价值型，以及你真实的价值了。

自己定了个好价钱怎么样去把这个价值卖出去呢？讲一个基本原则：让客户自己发现价值。我之前经常给团队做一个叫专业销售技巧的培训，专业销售技巧中有一个很客观的比例：你跟客户在谈销售过程的时候，你们俩说话的比例是几几开，若是你讲80%，对方讲20%，那一定不成。你讲30%，客户讲70%。好的销售要学会问问题。所以大家在自己涨价之后想让客户接受涨价，并不是你们向客户直接讲我价值多高，我为什么这么多钱。这不行，要让客户自己发现你的价值高，为什么？首先大家仔细体会一下，为什么我们不能跟客户讲我们就是贵？第一，谁都不喜欢别人告诉我要做什么，你自己扪心自问一下是不是？谁都不喜欢被人指挥。第二，我们不轻易相信别人，这话要是你告诉我的，我就得打个问号，只要我自己想的，那就靠谱。第三，你自己发现你的印象才更深，你经常会发现你跟客户讲了半天，讲你这好那好，结果对方没记住。所以问问题的关键就是整个问题往哪个方向问，就是往让客户量化你产品价值的方向去问，引导他来给你的价值标价。如果你确定说你的产品和服务是有更高的品牌或者形象价值，更省时间，那你就都往这个方向去问：看您平常一定很忙吧？是非常忙，那您能在这个孩子身上花的时间多不多？别提了，整天加班出差，孩子都没时间管。我一看您就是特别繁忙的成功人士，这真是一分钟惜时如金，那您觉得我们这个服务包括我们给孩子提供这些服务对于帮您省心，省时间上有没有一些帮助？

本书还讲到了蛋糕上的糖霜——捆绑销售，其实也有助于提高你的价格，同时也给客户提供了更多的价值。那到底怎么样用捆绑销售呢？比方说，你在设计套餐的时候面临着哪些困难，顾客能从你的套餐中得到什么好处？当你的顾客把你的套餐跟竞争对手比较的时候，你可能会有什么样的问题被问到？回到咱们教育培训领域来，你会把哪些教学服务捆绑销售给客户？你为什么要把这些教学服务捆绑销售给客户？你在去匹配这些捆绑销售服务的时候遇到哪些困难？家长和孩子能从你这个综合的捆绑服务当中得到哪些好处？当客户把你的这些教学服务跟别家比的时候会问你哪些问题？做到最后，你还得为你的方案定价。原则上来说，你可以给你的方案至少定三层价格，就是所谓的高、中、低，三种类型的价格。比如说本书中用音响来举例子，他分了三种方案，方案一：顶级享受，博士高端音响系统，2万多块钱。方案二：明智听众的选择；三星的高端系统，5000多块钱。第三，入门级的系统，2000多块钱。你把标签一打，客户就该对号入座了。

实操上，我们讲落地方案。第一步，选出3种层次的方案。比如说高端、顶级高端、明智三种。第二步，描述你的方案。像博士这个高端音响，就是顶级享受，没预算限制，多多益善。三星就是"明智"，有一些预算限制，但是效果也不错。索尼就偶尔使用，预算很有限。这是所谓第二步描述方案。第三步，为方案定价。可能高端的和低端的要差十几倍。第四步，按价格降低的趋势去报价。就是你先报哪个？是先报那个顶级的还是先报那个入门的？先报顶级的。你给这三种套餐定上相应的价格，在销售谈判的时候，你按照先报高，再逐级下降的价格报。你仔细体会一下这个心理。

最后，吸引正确的买家。怎么能做到吸引正确买家，避免你在不正确的买家上耗尽心血，竹篮打水一场空？第一，宣传和销售过程中不用价格语言。就是不跟他谈我这儿打折，我这儿降价。一旦你提到这个价格，你就把他的注意力吸引到价格上去了。第二，找到有意义的价值点。这就是咱们前面讲的，从九个维度也好，三个维度也好。你提前想明白，你的教学服务到底对他有什么价值？第三，找到合适的语言来描述你的价值点。用一些特定的词儿，怎么样更生动，更能打动他的描述。比如说，凭什么我就非要找北京的名师，或者说找更高级的老师来带孩子？你可能有好多的词和语言去描述，比如近朱者赤近墨者黑，您希望您的孩子跟什么样的老师每个礼拜一起上课呀？是希望跟一个北师大的、河北师大的、东北师大的，还是希望跟一个普通专科的一起啊？就是找到合适的语言来描述，第四，就是讲顾客得到什么而不是自己做了什么。在销售培训上，有人说这是advantage。advantage是指我的优势，我产品好在哪，对客户有什么好处？举个例子，比如说我这个沙发是顶级天然，记忆塑料材质的，那你说你被打动了吗？这是我的特点，我的advantage，并不是对顾客的好处。我这个沙发可以让你如坐云端神一般的享受，这是客户想要得到的好处。同样你说我这个车启动速度可以4.5秒达到0到100公里的加速，这也是讲advantage，讲你的功能。我这个车的性能可以让你体验极速的畅快，这个讲你的顾客感受。同样道理，大家在描述我们教学服务的时候，也要讲顾客得到什么。你说我这老师怎么好，我们的服务怎么周到，so what？跟我有啥关系？你得讲到因为我们老师怎么好，所以孩子会学得更好，会变成什么什么样，因为我们的服务周到，所以您会怎么怎么省心。大家可以尝试用"因为""所以"来把自己的思路和表述引导到对客户的好处上去。第五，以结果为导向，让人兴奋的语言去打动人。有三种类型能够让对方兴奋的语言。谈三个话题，排第一位的是痛苦，所有人都更加惧怕痛苦。如果你的孩子得不到更好的老师、更好的教育服务，你将来会有多少的麻烦和痛苦。第二位是幽默，幽默有时候会让人引起兴趣，提高关注。好多校长和老师平常在跟客户沟通的时候不能总谈疾风苦雨，有时候可以稍微幽默一下。第三位是梦想，梦想能够让人兴奋和印象深刻。你想象一下，将来如果有一天您的孩子真的考上了清华北大，将来有一份特别好的工作，再聊到现在这个价值，最后他会问你具体价位，你说2万块钱一年，这个细节上大家还可以再去想。我们说在吸引正确买家时，你在营销上要有几个基本的策略。

　　我们总结一下，要意识到价格对利润的影响，要有价值销售的意识，选合适的员工、量化自己的价值。你要自己分析一下，你到底有哪些价值点，然后给自己制定这种捆绑销售的套餐方案，然后在销售过程中由高向低报价。当然，我刚开始也强调，如果没有价值，就是你的教学教师质量，你的教学服务，你的员工的服务支撑不了这个价值，你的一切技巧都是徒劳。

11
给客户最好的体验
——《细节营销》

你选择什么样的客户，就决定你自己是一家什么样的机构，同样也决定了你在市场上到底是怎样的一个定位，而真正在小的细分市场上占据大的市场份额，才是你真正发家致富和取得市场领先的秘诀。运用到咱们的培训中就是你到底是打低价的价格战，还是做中高端的课程服务？

很多校长都非常关注一个问题，那就是市场和招生。其实我个人从主张上来讲，一直在强调要以产品服务为王。我相信只有真正好的服务才能长久地留住客户，但是营销和销售招生也是一个非常重要的组成部分。这次我们要解决或探讨的校区问题是关于销售难、成交差、市场营销方面的问题。

今天推荐的这本书，名字叫作《细节营销》，它的作者是中欧国际工商学院的柏维良教授。谈到推荐这本书的理由，是因为中欧国际商学院最受欢迎的柏维良教授说，读了这本书相当于省掉了中欧国际工商学院一半的学费。我也专门查了一下，学费是45.8万，相当于省了22.9万块钱，既然这么值钱的一本书，里面的内容和信息量一定非常的大。很多人认为，销售、管理、沟通，这些其实并不算是一门科学。如果一个人的销售做得好，我们往往说，是因为这个人有销售天赋。或者当一个人销售做得不好，我们往往并不知道从什么地方去入手。所以在这里，想跟大家强调的第一个观念，就是销售、市场营销实际上也是一门科学。它从严谨、精准和可控的程度上来看，丝毫不亚于你去调试一种化学试剂，或者是做一项科学实验。可能绝大部分的校长和朋友，以往并没有真的系统学习过营销，在这里我建议，如果大家想让自己的校区、自己的事业做大做强，那么就应该回到书本中，去寻找那些经过前人总结和沉淀的经典，这是最便宜、最省事的一种办法。我个人经常有这样一种观点，那就是我相信任何人遇到的任何困难，我们绝对不是第一个人，第一次遇到，一定有前人的经验可以供我们借鉴、思考和分享。而书本特别是一些学科的经典著作，就是这样经验荟萃的地方。它对我们每个人解决眼前的问题，都会有非常大的直接启发和帮助。

在这本书中，首先就向大家明确了什么是营销？如何去理解营销？可能有的校长或者朋友会说，营销不就是卖东西嘛。非常简单，就是把人家叫过来，告诉他我这里有什么好的，给他打个折，给个优惠，他就来买我的东西。实际上，真不是那么简单。传统的营销学理论，将营销的过程拆解成了四项要素，叫作4P。4P是指产品、价格、促销和渠道。从这四个角度，传统的营销学帮助人们去分析和指导怎样做市场营销，就是思考我的产品到底是什么？我的价格上到底是怎么样的策略？我采用了什么样的促销形式和促销政策？以及我通过什么样的渠道去实现我的销售行为？这是传统营销学的分析方式。在这本书中，柏维良教授强调了一种新的营销观念，那就是4C。4C其实也是四个维度的英文缩写，我们在思考一个校区招生的时候，应该有的思考维度或思考方式是：第一，考虑需求；第二，考虑成本；第三，考虑沟通；第四，考虑便利。4P和4C说起来非常的学术化，可能大家一时很难理解。我说一个最通俗的理解办法，4P就是强调从一个生产者的角度，去思考我到底卖什么东西，怎么卖？而4C是从一个消费者的角度去强调思考，我到底要什么东西，怎么能拿到这个东西更加的方便，这两种截然不同的思考视角，一个是从卖家的角度去想问题，一个是从买家的角度去想问题，这其实对于我们日常在一线做一个小的教育机构或者中大型的教育机构都是一样的，重点是校长的脑子中要不断地思考，到底学生和家长想要什么，他们有什么样的需求？他们购买我的课程，购买我的教学服务，到底需要付出什么样的成本？以及他们是怎样和我校区的员工进行沟通的？以及最后一点，他们来我这里学习，获取我这里课程和服务的信息，是不是便利？这是这本书强调的一个基本的立场，就是从客户的角度去思考问题。

这本书强调的第二个立场，就是怎么样去认识市场营销？书中说营销的目的其实并不是要让客户满意，大家听，这个说法其实有一点点的叛逆。说我做营销并不是为了让客户满意，而是要让他不会去找别的竞争对手。大家仔细体会一下这句话，就是你向家长和学生做宣传、做销售，并不是说真的能够满足他们的所有要求，而是要让他们不去找别人，为什么呢？因为如果你追求的是客户满意，这是一个根本不可能完成的任务。你说怎么样客户最满意，毫无疑问，第一，不收钱。第二，给特好的服务。这样才能真正满意。另外一点，如果客户真的满意了，可能就不会再需要你的产品和服务了。这里面有一个咱们教育圈里经常出现的悖论，大家经常说我在这里培训就是能够让你提分，每次都提分，所以我这里的续费率就高，客户就多，但是大家有没有仔细想过，这是一个很有意思的悖论。每一门考试是有满分的，如果每次都能提分，总有一天会提到满分封顶，换言之不可能有一家机构，你在那里学了三年，每个学期每次考试都能让你的分数有所提高，这是一个悖论。另外一个悖论就是如果真的孩子成绩提高那么多，他可能就不再需要在这里继续补习功课了，所以这是一个很有意思的现象。我们说，营销的真正意义是让客户感觉到我们和竞争对手的差异，并且喜欢我们这种类型，大家仔细体会一下这句话。通俗一点就是萝卜白菜，各有所爱。咱就是要找到自己和别人的差异，同时找到那些喜欢我们这种营销理念或市场定位的客户。

我们说销售是一门科学，我举一个具体的例子。如果别家打折促销，是不是我也要打折促销？我之前曾经提到过，有的校长跟我讲说，人家一个学期才收1400。那我说1400的时候，人家就说1200块钱就能上一个学期。我说降到1200时，人家说降到1000，这就是典型的价格战。有一个"价格弹性"的概念，价格弹性其实就属于典型的市场营销知识，它强调的是不同类型的产品和服务对销量和价格的敏感度不一样。有的产品价格轻微上涨和轻微下跌，就会导致销量大幅度的变化。而有的产品和服务价格波动再大，销量变化不大。比较典型的价格弹性的例子就像我们之前提到的，去医院看病买药，药品就属于典型价格弹性相对较小的产品。换言之，这个药是救命药，1000块钱你会买，翻一倍涨到2000块钱，你仍然会买。但是可能在另外一些产品和服务领域，价格弹性就会很大。有的领域产品和服务价格弹性较低，在这种情况下，你通过打折促销，能带来的销量增长就会非常有限。而有的产品价格弹性比较高，那么你通过打折促销就能带来很显著的销量增长。大家说，我们的教育服务产品属于价格弹性高，还是属于价格弹性低？毫无疑问，教育产品属于价格弹性低的那类。换言之，你通过简单的价格折扣和促销行为，并不能够真正意义上带来销量的大幅度增长。可能有的朋友会说了，为什么人家打一元课的政策，或者是有时候做一些推广送书包一类的市场活动，就能够带来报名人数的增加？这里我们要区分一个概念，就是占便宜的客户和忠实客户，当你用一个非常有吸引力的诱饵，短期将客户吸引过来，成为了你的客户，其实并不意味着他们真正就是你的客户了。有个常常出现的现象，经常有一些加盟类的项目，他们会在开始的时候给你非常有利的销售支持，特别刺激的促销政策，甚至会派一整支团队，到当地去帮助你实现第一批学生的招生。这是只看到了故事的开头，故事的开头可能短短的一个星期、两个星期，帮你招到了一两百的学生，但是故事的后续内容，绝大部分是在后面的半个月、两个月、三个月中，这批学生又非常快速的流失了，这是典型的一个现象。所以我们强调，产品服务为王，满足客户的需求，才是真正最有效的一种营销手段，而营销真的要做好，不能够盲目去照抄其他领域的营销技巧，而应该结合咱们行业的特点和市场的特点，去做相应的营销工作，才能够事半而功倍，才能真正起到营销投入和产出的良好预期效果。

这本书中非常重要也是我格外强调的一个观点，就是真正通过客户的眼睛去看世界。从客户的角度去想问题，就是从家长和学生的角度去看待教育机构。假设你自己是一个学生，一个家长，面对新学期的新课程，你会怎么样去选择一家教育机构？这样的问题才是真正值得我们校长去深思的。一家公司的价值，实际上是取决于他的客户，就是你真正有什么样的客户，它不只是数量的多少，而是怎样才能够实现从客户的角度去看待世界，从客户的角度去思考问题？在这里，给大家提供六种训练的方法，帮助大家更好地找到这种感觉。可能有的校长说，我们总从家长角度想问题，但实际上你真的把这些动作做了，才能真正理解家长在想什么，他们看到的到底是什么？第一个练习的方法，叫作让自己成为一个小白客户，什么叫小白客户？小白其实就是一张白纸，别把自己当成这个领域的专家，把自己的大脑和以前的信息全部都放空，我就是一个纯粹初中学生的家长。我们有很多的校长，其实从年龄和人生阶段上非常具备成为小白客户的客观条件，那就是我们自己有孩子，如果你的孩子恰好学年段处在我们客户群体的这个学年段，那就最好不过了，但是我其实真的听到很多的校长朋友跟我讲，我是一个做教育的人，整天为别人的孩子操心，自己的孩子根本没有时间管。我告诉大家，这就错了，如果你真的想做好校长，首先你得先做好自己孩子的爸爸、妈妈，你真的关注自己孩子的学习，真的关注怎么样能帮助孩子提高成绩。这样，你才真正懂家长，他们在面对教育机构时候心中所想、所感以及困惑、挑战。那么，那些没有适龄孩子的校长朋友，应该怎么办？我用的办法，就是找一个有适龄孩子的朋友或者亲戚，让自己成为他在学习方面的监护人，站在他的角度去了解这个孩子，到底这个学期学得怎么样？这次考试成绩怎么样？要想提高成绩，怎么样去找解决方案？是找老师补课，还是找机构？找机构的话，找哪一科，哪一个机构，用什么样的标准去选老师，这是六个练习方法中的第一个，把自己真真正正地变成客户。

大家想一想，你是不是真的那么关心自己的孩子？或者你是不是真的找到这样年龄段的孩子，以他父母的心态，去想他学习上需要什么。我之前无论在郑州、上海、济南、还是西安，讲课中都曾跟大家分享过一个市场调查问卷的结果，那个问卷设计得非常简单，就是直接问孩子和家长一个非常简单的问题：当你在选择一家教育机构的时候，你最看重的因素是什么？排在前三位的主要元素是什么呢？第一，教师是否优秀？或者说是否有合适的课程设置？这两点都是围绕着教学的内容和质量。第二，能否感受到个人进步？这是教学服务反馈的问题。第三，学习氛围，就是真正体会到这样一个学习环境是不是积极、健康和有秩序的？这三点都是在调研过程中所谓小白家长和小白学生选择的。而我们平常花了大量精力去做的，诸如打折促销，排在调查问卷的选项的最后，选它的比例还不到8%，所以说这就是我们说的要真的站在客户的角度才能意识到什么最重要。而当你站在一个校长的角度去想，往往在想是不是我再打个折，是不是我再送个礼物，是不是我再搞个一元课，客户就来了呢？实际上即便他贪便宜来了，也是忽悠你自己的假象。

六个练习方法中的第二个方法，也非常简单和可操作，就是找离你而去的前客户谈一谈，我们经常讲老客户对于我们而言是非常重要和有价值的。我打一个比方，大家设想一下这样一个场景，假设有一天早上，你到校区去上班，到了门口突然发现门锁被撬开了，你走进校区一看前台电脑没了，那你想想你接下来会怎么样？你肯定会非常紧张，马上报警，调监控录像，想方设法问清楚到底谁最后走的？谁锁的门？为什么门没锁好？最后谁离开的校区？想方设法查出来这个电脑到底是被谁偷走的，会不会是这样？肯定是。但是我们再看另一种场景，假设有一个客户没有再接着续费，或者是有一个客户退费，或者是有一个客户本来已经被你们的销售人员邀约到了现场，但是最后没有签约，没有再向你们这里交学费，这种情况可能绝大部分的校长就会忽视掉，或者没有投入像刚才找电脑那么大的精力去找这个客户。但是我们冷静下来去想想，到底是电脑值钱，还是客户值钱？大家想想这个答案，毫无疑问，这一个客户可能意味着一年几千、几万的收入，而且这个客户背后还有大量的客户群体，可能意味着有更多的客户会过来，他走了可能好多人就不会来了。所以一个客户的价值显然大于一台电脑。所以我们给大家强调，这六个练习方法，就是所谓六个以客户视角去思考的练习方法，除了第一个做个真正的小白客户以外，第二个就是找那些离你而去的前客户好好谈一谈。

第三个方法，就是尽可能让你的一部分销售人员，甚至是校区负责人来自于你的客户，这也很有操作性。什么意思呢？就是从客户群体中去招聘，或者说让自己的员工成为自己的客户。这就是大家天然的血脉相通、融成一体了。可能有的人说这家长合适吗？我们的实践经验还真的有发展学生家长成了我们员工的经历，他在了解家长上有120%的自信。

第四个方法是神秘访客。神秘访客的打法是在市场营销和组织改进中常常用到的经典方法。什么意思呢？就是你安排一个客户，这个客户最好是真正的客户，到你的校区从头到尾的经历一次销售和服务的过程。你的员工不知道这个人是校长安排的，只有你和这个客户知道。客户纯粹从一个普通客户的视角，完整地记录他从进门开始到他消费服务全过程有哪些感受？哪些不满和不足？有了这样的神秘访客，实际上不仅对自己的员工在改进服务和重视每个客户上有实际的帮助，而且还能够让这些扮演神秘访客的客户感受到校区最高层领导对于客户体验的重视，这些客户后期肯定会成为你的铁粉。但神秘访客这个机制不能总用。频次基本上可为一个月或者两个星期，你安排一个客户充当神秘访客，去你们那儿咨询、报名，中间有任何的问题他随时记录下来跟你反馈，以便你们能更好地服务于家长和学生。他听到了一定非常的开心，并且很有成就感，像侦探一样去你们校区，记录很多你们之前想都没有想到的问题。

第五个方法是去别家机构。前面讲了，大家作为一个小白客户，你真正以孩他爸、孩他妈或者孩他叔、孩他婶身份去拜访你身边的那些竞争机构。千万不要闭门造车，不问世事，只有通过比较才能够发现差异和机会。前面还记得我最开始分享的那个观点吗？你的目的不是让客户满意，你的目的是让客户选你而不选别人。所以知己知彼，才能百战不殆，这是咱们中国人的老话。所以说经常扮演客户去别家机构非常重要。有的校长说我这脸太熟了，到哪都被认出来，那么，你可以用神秘访客去拜访别家。

第六个方法是经常让你的员工组织角色扮演的对练。角色扮演的对练强调的是一种真实的情境，这种对练的过程千万别搞成有家长问我这个，我就这么答；有家长问我那个，我就那么答。这只是你站在旁观者角度的陈述。情景演练就像演电视剧、演电影一样，考验大家的演技。在真实的情境中你就是张三学生的家长，张三在哪个学校哪个年级上学，考试多少分，要非常的具体。在这种演练的场景下我们经常采用的方式是拿一个真实的学生，真人真事真成绩，来作为实际案例做演练，会特别训练大家的思考模式。

前面我们讲述的这六个以客户为视角思考的目的都是让你和你的团队真正养成从客户的视角去思考问题的习惯。在这本《细节营销》中除了前面讲的这个最核心的观点以外，还提到了很多从客户角度思考的细节，例如如何更好促成成交的技巧和方法。我举几个例子跟大家简单分享一下，比方说我问大家一个问题，当你向别人推销一种产品或者服务时，以下哪两种情形更容易成交？第一种情形是告诉他买了这个产品和服务会得到什么，第二种情形是告诉他不买这个产品和服务会失去什么。大家说一说哪种情况更容易促成成交？这里就涉及到了一个在消费者心理方面非常重要的概念，其实还有另外一本书也很经典，就是《消费者心理学》，又叫《消费者行为学》。那里面的营销的技巧更是数不胜数，它们表达的一个最基本的消费者心理就是人皆恨失，就是每个人都会痛恨或恐惧失去的东西，所以说刚才那个问题你告诉他买了能得到什么，不如告诉他不买会失去什么，这是一个非常重要的销售基本意识。接下来我给大家举一个实际的例子就能很清楚地理解这是什么感觉了。比如说，我现在向在场的所有的朋友和学员提一个苛刻的要求，你们看看能不能做到，我现在手边有一个瓶子，就是咱们平常喝的矿泉水瓶，矿泉水的瓶子里面装着20只蟑螂，真的活着的蟑螂，它们正在瓶子里爬来爬去。现在你站在我面前，我给你提一项要求，让你嘴对嘴地把这20只蟑螂吞进肚子，大家应该都能想象到这个恶心的场景。那我问一问各位，你会不会这么干？吃不吃这20只活蟑螂。我相信绝大部分的朋友肯定说有病啊，我吃活蟑螂干吗？我接着提要求，如果谁吃，我给你100块钱，你吃还是不吃？我相信绝大部分的人还是不吃。那你吃掉这20只活蟑螂我给你1000块钱，你吃还是不吃？可能还是不吃对不对？好，我给你1万块钱，你吃还是不吃？那有人说我还是不吃。我给你10万块钱吃这20只活蟑螂，你吃不吃？可能好多人还是不吃。我给你100万，你吃不吃？那这时候保不齐有人可能忍一忍就吃了。但一定有人，你给他100万他也不吃，因为这对他来说是一种侮辱，他不缺你这100万。我们给到更高的价钱相信都会有人坚持到后面不吃对不对？

那我们现在换第二个场景，现在我把你最爱的人可能是你的妻子、你的丈夫、你的爸爸、你的妈妈、你的女儿、你的儿子绑在你的面前，一把刀冰冷地架在他的脖子上，我现在跟你说把这20只活蟑螂吃下去，不然我马上杀了你最爱的人。我问你吃还是不吃？我相信在这种情境下绝大部分的人会选择吃，甚至所有的人都会选择，至少我会吃，我一定吃，给钱不吃，但你要真的威胁我的亲人我会吃。这就是一个很极端的场景和例子，但它很直接地告诉我们，一个人你让他做一件事情重要的不是他能得到什么，而是他将失去什么，失去的东西才是最为恐惧的东西，所以这个极端的例子向我们说明了人皆恨失的道理。

我们再举一个更偏于实际生活的销售场景的案例，我给大家出一道题，给你两种方案，第一种方案，你可以百分之百地拿到3万美金的奖金；第二种方案，你抽一下签，有80%

的机会拿到4万美金,但是有20%的机会一分钱也拿不到,我问你选择方案一还是方案二?我相信绝大部分的人会选择方案一。百分百拿到3万美金,这其实就是一个人回避风险的情形。那我们再举第二个例子,如果方案一你有百分百的机会失去3万美金;方案二你有80%的机会失去4万块钱,但是有20%的机会一分钱也不失去,你选哪个?大家仔细想一想,我相信这种情况下可能更多的人会选择方案二,这个小的心理测试其实就是人皆恨失的原理。那它对我们销售有什么影响呢?影响的意义在于:在销售话术和销售逻辑上我们要更多地强调他如果不报班失去的是什么?大家在实际销售中仔细回想一下可能经常发生的惯性,就是跟客户不停地讲你买了我的课有什么好处,甚至说我送你这个,送你那个,这都是在惯性地向客户强调他买了会得到什么,但是真正对客户有杀伤力的销售逻辑是你如果不报我这个课程会失去什么。这是真正有杀伤力的逻辑。所以前面我们在讲4C,就是所谓的营销四模块,从客户角度出发的两个关注点,第一个是需求,第二个是成本。大家说客户买我们的服务,买我们的课程的成本仅仅是交的学费吗?绝对不是。客户需要花费的成本绝不是一元钱,他的成本是他儿子每星期在你那里学习的时间,是他的儿子这辈子只有一次初三下学期,甚至是由于选择了你导致他儿子少拿了五分,这五分可能影响孩子的一辈子,导致他没有考上重点大学,导致他没有娶到好媳妇,没有找到好工作,甚至是悲摧地过完一生。所以大家想想,客户选择一个教育机构的成本有多高?有多大?绝不简简单单是学费成本而已。人皆恨失,这种心理是营销人员必须了解的。另外还要提到一个销售方面的技巧,就是如果真正要想促进客户成交的话,就要分散其注意力，在应接不暇的时候，最容易跟着感觉走。所以大家注意到有很多成熟的销售机构，它都采用多人车轮战的模式。就是你跟顾问聊一聊，一会顾问再找他的上级主管过来聊一聊，一会这顾问主管再找运营负责人跟你聊一聊，左一个人右一个人，前前后后来好多。在这个车轮战的过程，你的注意力不知不觉被分散掉了。而当你精力分散的时候，就很容易去做成交的决定。这些都是细节营销中一些小技巧。

前段时间我看了一本书，叫《洗脑术》，这本书我不会跟大家分享，你们感兴趣就自己看，洗脑术，讲述的就是催眠术一样的技巧。

我最近听了好多的校长培训课，明目张胆地在用洗脑术给大家洗脑。这里面有很多元素，比如说咚咚咚咚咚的音乐、一堆的销售人员、词汇的高频率重复、营造大量的火爆现场、大量影音轰炸等等。大家如果感兴趣，自己去看洗脑术那本书，就经常用这种方法来给大家洗脑，忽悠大家刷卡和交钱。对这些我们不提倡。这本书中也教了大家一些坏招，比如说用异性去谈成交，男的家长就让女的招生人员去谈，女的家长就让男的招生人员去谈。男性在看到美女的时候普遍会计算能力下降，甚至用美女照片也管用，在谈判的房间里挂上美女的照片，在对男性家长下决心做判断的时候其实也管用。这些都是一些小的细节营销技巧，大家可以自己到书里去寻找，去研究。

在销售策略上还有一点值得跟大家分享，也是书本上提到的，就是我们通俗上讲的搭台阶，什么叫搭台阶？就像上楼一样，让你一步跨到3楼，你肯定跨不上去。但是一个台阶一个台阶地上，你最终肯定能爬到3楼，甚至30楼。为客户的成交搭建一个个台阶，才能最终实现大客户的订单。所以在销售上，我们经常用到一个跟心理学有关的技巧，就是先请客户帮个小忙，然后再帮大忙。书中举了一个案例，就是一个有几百人销售团队的公司，把销售人员分组，做了一个小的心理学实验，又叫销售实验。他要求一组的销售人员在拜访客户时，在开始正式的商务谈判之前，先跟客户讨一杯水喝，就是到对方那里拜访，说不好意思，我口渴了，能不能先帮我倒杯水？很简单的一个小要求，但就是这样一个很简单的小要求，导致这个组的销售业绩提高了3%。这个其实就是从心理学的角度，当客户给予了你的一种小的恩惠，或者帮了一个小忙以后，惯性地会更好地帮你实现一个大的目标。网上有个笑话，我不知道大家看过没有。说有一个男孩，他是同性恋，怕父母知道后不同意，就给他的父母打电话说："爸、妈，我现在正站在楼顶，我生活太痛苦了，我要自杀。我觉得我自己不正常，我好像不喜欢异性，我喜欢同性，我要自杀。"这个时候爸妈怎么样？一定吓坏了，对不对？好不容易把孩子劝下来了。说没关系，你喜欢同性也可以。从结果上来看，他并没想自杀，但是父母却接受了他。所以我们说大家做销售也好，做营销也好，一定要掌握一些营销的专业知识，或者说心理学的专业知识，这些知识有助于大家在实际业务中披荆斩棘，取得更好的结果。

这本书还提到的另外一点非常重要的事，就是市场定位。书中有这样一句话"今天的定位决定了你明天的成就，你客户的情形决定了你公司的价值。"什么意思呢？它其实强调了一种理念，即市场营销工作者的任务，不是发现客户需要什么，然后去满足他。而是首先要明确为了公司未来5~10

年的兴旺,必须要搞定哪些客户。不是说逮着一个客户就要满足他,而是想清楚自己到底要满足哪一小批客户,这是非常重要的理念上的区别。简单来讲,就是要想成为市场的领先者,就是舍大、取小、做精、做深,在10%的细分市场上,占据100%的份额。这跟我们常说的二八法则是同一个概念。你选择什么样的客户,就决定你自己是一家什么样的机构,同样也决定了你在市场上到底是怎样的一个定位,而真正在小的细分市场上占据大的市场份额,才是你真正发家致富和取得市场领先的秘诀。运用到咱们的培训中就是你到底是打低价的价格战,还是做中高端的课程服务?

在这本书中,作者做了一个非常精细的数学核算。有这样一个数字,价格上涨1%,利润上升11.3%,比如100块钱的课程你涨到101,你的利润会上升11.3%。做企业的目的,不是为了做大销售额,而是真正地产生盈利和回报。这本书中有个非常重要的理念,叫营销部门的职责就是提高价格。降价是最昂贵的市场营销策略,看起来很容易,但实际上成本最高。所以回到我们前面那个出发点,怎样去解决销售难成交差的问题。这本书中强调了三个非常重要的理念,我在这里再给大家小结一下。第一,从你到员工,要形成一种从客户角度看问题的思考方式,我们给了六个具体的训练方法,这能帮助你解决销售难的问题。第二,要明确自己的市场定位。市场定位的方式是大家要真正去做客户调研,了解你这里的学员到底是什么家庭结构,什么收入结构,什么样的居住环境,父母从事什么职业,然后成绩到底怎么样,分布在哪些学校?为什么选择你这个机构等等,真正去了解一下,客户群体中的哪个细分群体认可你。第三,要从细节方面、客户心理学的方面,去用各种各样的技巧和方法来促进成交。

　　截止到现在，我们仅仅分享了这本书的三分之二，后面的内容提到了如何做广告，在哪里做广告，以及在销售谈判当中的铁律，不谈价格。真正好的销售在成交中有三条规则，第一，不谈价格；第二，不谈价格；第三，不谈价格。大家可能会问不谈价格之后怎么成交呢？在这里说的是不谈价格要谈价值。书中有一个很有意思的案例，讲的是一家销售企业，客户跪在地上求着说"求求你，你告诉我吧，我知道你这东西真好，我不买的话是我人生的损失，你这东西到底多少钱？"如果能达到这种效果，那你的业绩一定会水到渠成。

　　再次强调，探讨解决销售难的问题是非常重要的，大家要扭转销售的观念，并且实实在在地去了解客户。刚才讲到的很多具体方法，校长可以从中选择，最好是能够更多地、更全面地在自己校区去做实践和尝试。

12
学校的影响力扩张
——《疯传》

疯传的前提,或者叫引爆的前提是我们的产品、服务一定要保持很高的质量,这样的疯传才是好的传播,而不是坏的传播。也就是我经常讲的产品思维,要打造自己的产品和服务。在这个基础上,疯传的这些技能和方式才能是一个加分项,而不是个减分项。

移动互联网时代到来了,并且渗入到我们每个人的生活中。在这样的情形下我们会发现,有一些产品品牌在这个时代得到了疯狂传播。

怎么用互联网帮助自己的品牌和产品得到更好的传播呢?怎么让自己的教育机构通过互联网,或者说要在这个互联网的时代背景下,得到更多的家长的了解和认可呢?《疯传——让你的产品、思想、行为像病毒一样入侵》这本书就揭示了在互联网时代实现疯传需要具备哪些基本元素。这本书我读过以后拍案叫绝,有相见恨晚的感觉。它提出的方法和具体的措施非常实用、精辟。

我一直相信，只有在一些底层的理念上有了深刻的认知和共识，我们才能够在表层上面更好地去落实各种各样的创新举措。在互联网时代，我自己有自己的一些看法。

首先，互联网时代意味着这个世界变得更加透明，更加地扁平。

什么意思呢？大家可以想一想，我们中国历史上有个经典的案例，就是被拍成好多种戏曲的陈世美，把老婆扔在家里面，然后跑到京城里去，当上驸马。那个时候，其实大家都没有什么信息渠道，要靠鸿雁传书去了解你周边的人的情况和周边的世界。但是到了今天，我们每个人都有互联网的软件，都有互联网的账号，会在互联网世界中留下自己各种各样的信息和痕迹。所以我非常喜欢扎克伯格的一句话，他非常年轻，创办了世界上影响力巨大的社交网络facebook。相当于我们今天的新浪微博或者微信的前身。他主张一件事，他认为互联网让世界变得更透明，从而会让这个世界变得更加的公平和正义。前些天还看到网上的新闻说，一个小伙子同时谈几十个女朋友，但最终还是被发现了，发现的途径其实就是通过互联网和朋友圈会有种种迹象去露出马脚。

第二个特点，是在互联网时代的人人互联。就是每一个人都会像一个脑神经元一样，被链接到一个大的空间当中去，在《引爆点》这本书中，我曾经跟大家分享过六度人际空间的理论，它的核心意思就是，你在这个世界上，如果想联系到任何一个人，最多通过六层关系，你就可以跟他建立联系。在这种六度空间的人际关系网络当中，意味着每个人都会成为信息传播的中心点。那么，回到我们的教育培训，我们都希望家长更多地知道我们的机构，成为我们的客户。

在我们学习所谓疯传的秘诀之前，我还是要特别强调一点，就是疯传的前提，或者叫引爆的前提是我们的产品、服务一定要保持很高的质量，这样的疯传才是好的传播，而不是坏的传播。也就是我经常讲的产品思维，要打造自己的产品和服务。在这个基础上，疯传的这些技能和方式才能是一个加分项，而不是个减分项。有句老话叫好事不出门，坏事传千里。大家只有把自己的产品、服务做好了，疯传才会有更大的意义和价值。这本书的副书名是"让你的产品思想和行为像病毒一样入侵"，什么是病毒呢？这个词可能大家经常听到，但是我们可能较少有人对它有精准的理解，它最大的特征就在于生长不受限制，会不断地复制，很难杀死。如果我们的产品和服务像病毒一样，那么它就会不断地扩大影响和传播。这本书的作者叫作乔纳·伯杰，是宾夕法尼亚大学沃顿商学院的教授。

值得一提的是这本书的缘起是沃顿商学院的一门课程。沃顿商学院是跟哈佛大学商学院齐名的著名商学院。最开始的时候，乔纳给商学院的学生上课，因为有的人不来上课，所以他发资料给这些人，希望他们通过资料能够了解疯传的基本理念。我们看了这本书，相当于读了世界的顶级商学院，非常划算。

先概括一下这六个疯传的理由，第一叫作社交货币，第二叫作诱因，第三情绪，第四公共性，第五实用价值，第六务实性。

这本书的开头先讲了一个小饭店的案例，这个饭店的名字叫作精品巴克莱牛排店。

这家精品是巴克莱是在2004年在费城开设的，没有任何优势可言，因为竞争太激烈了。费城一年内关门的餐厅就有25%。3年内破产的餐馆达到60%，基本上隔两三年就换一茬。但是就是这样一家最传统的牛排店，却成为了一个经久不衰的特别特别火爆的店，它是怎么做到的呢？第一个动作，它定价100美元的。创业者韦恩决心要重新包装一下本来特别平民化的牛肉三明治。他是怎么做的呢？先用新鲜的奶油和芥末刷在三明治上，再铺上较薄的神户牛肉片，以显示出它的清晰的牛肉纹理，其间，还加入了糖心奶油秘制番茄酱，还有三层的软奶酪，然后在奶酪上面又加手工的黑松露和黄油龙虾仁。在三明治旁边再放上一瓶凯歌香槟酒。大家看，就是这么精细、顶尖的食材营造出来的一个极品的三明治形象。这种感觉让人感觉好厉害，让人感觉飘飘欲仙，非常的与众不同。

他这个店一开起来就迅速火爆了。人们都在谈论，居然有一家这么牛的三明治，而且那个牛肉三明治是怎样的厉害，成了街头巷尾疯狂谈论的话题。甚至还成了媒体报道的焦点，很快就有一家专门的美食节目去采访他们，在他们的这个店里面拍摄这种看起来非常与众不同的牛肉三明治。在这种口碑的帮助之下，在那么激烈的市场竞争环境下，不仅开成了而且还长久火爆，连座位都订不上。到底背后是什么原因导致了这样一个小店能如此的火爆呢？调查研究表明，一个人的购买决策，有20%到50%是受他人影响的，所以最理想的市场宣传是能够通过消费者本身口头传播去扩大影响力。

这种口头传播跟单纯在网上转发的行为还不一样。它有这样几个特点。第一，口头传播并不是推销，我没有什么经济利益，我只是吃了一个特别帅气、与众不同的牛肉三明治，我并不是想卖东西给你，但是我想跟你分享一下这样的一个与众不同的餐饮体验。第二，它会具有非常直接的目的性，会直接导致购买行为的发生。其他人听到以后就想去吃。第三，它不是以商家为视角，而是以消费者为视角，讲的是我自己的消费体验。所以这本书中强调的疯传，还不简简单单是一个互联网世界的转发和传播，更重要的因素是发生在人与人之间的直接的传播。比如说在聊天的时候，跟你身边的朋友讲述你消费的，或者说你看到和经历的某一个特定的品牌。换到咱们教育培训行业中，当我们的学生家长跟别的家长在一起聚会、聊天、吃饭、逛街等场合下，他主动地提起自己的孩子在哪个教育机构里上课学习，这样的口头传播比他在朋友圈里发条信息更有杀伤力。

值得一提的是，在线传播并没有我们想象的那么巨大的影响。作者做了很精细的数据调研和分析，线上分享的比例在人际传播当中只占到7%。大家可能觉得，现在互联网营销不都是线上传播吗？其实不然。一方面，我们更多的时间不在线，大家想想刨去睡觉、吃饭、上班、走路，各种场景，你真正拿起手机在线的时间是多少。第二，在有限的在线时间里，海量的信息骚扰，实际上我们通过互联网传播，能接收到的有效信息可能只有10%。比如说我经常被老婆抱怨：你干吗不看我的朋友圈？我又发了一个什么蛋糕，吃了一个什么东西，或者去哪里玩，你为什么不看？

好多校长和老师给我发的私信，我也很难及时看到和回复，这都说明在线传播实际上没有我们想象的那么高的到达率，所以我们更理想的情况是，能够让客户在线下，在人与人面对面的时候去谈论，让人们在线下去谈论我们的产品或服务。

有些人对别人的影响力很大，你抓住了他们就能够引爆你的品牌传播。这种情况就好比你向水面上投了一块石块，确实会激起层层涟漪，但是它很难产生连续爆炸，更远处的水面不会出现波纹。这本书是教我们什么样的内容能够产生连续的爆炸，让整个湖面像沸水一样疯狂地激荡起来。它有六个基本的元素。

第一个是社交货币。大部分人会非常看重自己的形象，就像你身上穿的衣服，你开的车一样，我们很多时候都是以此来评价对方到底是一个什么样的人，到底有什么样的社会影响力。所以你可以理解成我们花钱买的不仅是东西，还在买自己的形象。你实际上也是在向外界去构建自己的一个形象。比方说我们教育培训领域经常有那种手提袋，你在街上看到的很多，特别是像逛街、坐车的时候经常看到有位阿姨或者是婆婆手里拿着一个袋子，上面写着什么某某教育机构这样的手提袋。这就是这家机构在向外宣示自己的形象。爱马仕的腰带会有一个非常醒目的大H，看起来特别的土豪。如果只是卖这个产品本身的话，干吗还要logo呢？有这东西，就是在增加自己的形象标签，或者叫形象的分值。所以换言之，如果你想达到一种疯传的效果，那么你的产品服务就必须具备社交货币的属性。说得通俗一些，就是你需要让消费了你的产品和服务的人在人前能够被看得出来，并且显得他们的品位和格调很高。因为我报了某某某培训学校，所以我能够被人们认为是一个非常有责任心，或者非常重视孩子教育的家长，要达到这样的一种效果。这就是所谓的社交货币。

第二个叫作激活或者叫作诱因。就是说你要设计的这种传播元素，或者说你的品牌和服务要能够及时地、更多地被想到。怎么让客户能够想起来我们的产品、服务呢？比方说前面举这个例子，他做了一个叫极品的牛肉三明治，但凡人们看到或者要吃三明治的时候就会想到它。比如说早上可能张三在他们家店吃过，第二天或者下个星期张三和李四一起吃饭，他一看菜单上有牛肉三明治，马上就会说，李四，我上个礼拜在一个店吃过一个特别特别与众不同的牛肉三明治，100美金一份。就是说他看到这个菜单，或者看到这个东西就会想起来前一个礼拜吃过的那个东西，这个叫作场景。场景一出现记忆便被激活，这是我们讲的第二个元素叫诱因。

第三个元素是情绪，就是你宣传的内容一定要能够去激发客户的某种情绪。比方说我们有很多朋友买了一部新的苹果电脑或者手机的时候经常会拍照片，发朋友圈，因为你会发现做工好精细，摸起来好有感觉，它会让你感觉到有一种惊喜。我今天出差从河北回北京，过高速公路收费站的时候交了好几十块钱的过路费。我当时马上就跟我车里的同事说，我们都纳着税，干吗这个过路费还要收？同事说，之前还收养路费呢！紧接着我脑海中想的是什么？之前我们去美国旅游，人家全国的高速公路都是免费的，只有两个地方收费，一个是旧金山的大桥，前面有个收费站；还有一个有个叫17英里的一条小公路，它在山海当中穿梭，我和家人去美国旅行的时候就专门付费去了17英里的小路，的确特别美。我们在一条停车线那里停车，突然间我老婆一声惊呼，我一看原来副驾驶窗口有一只小鹿正在转头向我们的车里望。你看，我从一个高速公路收费站导致的愤怒马上变成了一个美国的小镇公路的义务宣传员。这都是说服务跟某种情绪相关，会有特别强的传播性，或者叫有这种情境来激发你，回想起来你曾经消费过的某个产品和服务。

第四点叫作公共性，公共性其实简单来讲就是张三告诉了李四，李四自己可不可以也很方便地用这个东西。还是拿前面讲那个牛肉三明治。如果张三跟李四讲他吃了那么那么特别的一个牛肉三明治，李四马上表示我也去吃吃看。这个就是所谓的公共性。比如说我前面举的那个例子，去美国的加州17英里的那个公路，它的公共性可能不是特别强，因为毕竟不是大家都有那么多的时间、精力和成本承受能力去跑到美国逛那个17英里的小镇，这个是讲第四个，公共性。

第五点叫实用价值，人与人之间的分享其实都是希望能够互相帮助，就是你告诉朋友这件事，到底是能不能帮助对方节省时间或者节省钱财，要有一定的实用性就会有更强的疯传的动力。

第六个非常好理解，叫作故事。就是你的宣传本身要具备故事性，有情节，有因果，好讲述。比如说书中讲的特洛伊木马的故事：因为某某抢了某某的女人，然后某某就率兵去攻打那个城，打了好长时间打不进去，然后就造了一个巨大的木马，把兵藏在里面，然后，这个敌方守城的人把木马拉进城里当成战利品。结果晚上在敌方守城人员狂欢的时候，士兵从木马中出来取得了战争胜利。这些故事性的因素会让我们的客户在传播咱们机构的信息的时候有更强的趣味性，更加能够吸引人的注意力。大家会看到最近这些年，越来越多的品牌宣传开始关注故事性了。你比如说锤子手机，新东方的一位英语老师罗永浩，特别特别有意思的一个人。老罗创办了一个手机品牌叫锤子。他的广告语叫天生骄傲，就是老子就是有这个品位或者老子就是有我的价值追求，是一个骄傲的人。这种骄傲，他用故事来讲述，做了几个广告片，特别好。第一个广告片是一个出租车司机，他边开车边用蓝牙或者耳机给他的朋友打电话。他说今天特别倒霉，我在路边看到一个人倒在地上，我把车停下来去扶他，结果被他给讹了，说是我撞了他。太倒霉了，以后再遇到这个情况，我再也不扶了。正在说话间，突然路边又看到有一个人倒在地上，这个司机稍微犹豫了一下，还是把车停下来，下车去扶了那个需要救助的人。这就是一个司机小人物很感人的一个瞬间。他没有钱没有权，但是他那种乐于助人的善心，就是一种值得骄傲的品质。第二个小故事，讲的是一个卖菜的老伯，来这个菜市场买菜的都会到他的这个地方再称一遍重量，为什么呢？因为很多商贩在秤上做手脚，重量失真，但是这个商贩的秤保证百分百是诚信准确的。这个小视频就几十秒钟时间，就是他又帮人家秤菜，有一个商贩就来找他，说你那么多管闲事干吗？关你什么事儿，你在这里做什么好人？两边就打起来了，整个摊子也被人砸了。镜头一转，一地狼藉，他在收拾自己摊位的时候，旁边一个年轻人，看样子像他儿子跟他说，你干吗这样，不关你的事，你别管就行了嘛。干吗在这里充英雄？那个老头好像是讲重庆方言，就说我就是看不惯，我就是要做这个诚信生意。这也是一种平凡人的骄傲。老罗通过这两段视频向大家传递的都是故事，特别精彩。

最近也经常看到的一个广告是蚂蚁金服，就是阿里巴巴下面的一个互联网金融平台。它的广告就是讲厨师的故事，快递员的故事，菜农的故事，都是讲平凡的人也值得被信任，核心是讲平凡人怎么样在互联网上积累信用，使得自己可以拥有能贷到款借到钱的信用能力等等。这种广告很多，我就不一一列举了，它们的共性都是会有一个非常真实，非常有趣味，非常能够传递他们的品牌产品和服务理念的小故事。

我们再回到牛排的例子去看一看它怎么体现了这六个

点。首先吃100美金的牛排三明治，代表了自己的独特品位和社交地位。这就是所谓的社交货币的职能。你想想你跟你的朋友讲我上次去吃了600块钱的一盘饺子，然后你讲这个饺子怎么怎么好，对方一定觉得好厉害，第一你这哥们有钱，起码生活不拮据，另外真的有品位，这东西我也想试试，这叫社交货币的职能。第二个刚才我也提到了，就是牛肉三明治这东西太常见了大家天天吃，你看到三明治就会联想到还有那么牛的一个牛肉三明治。第三个情绪，像我刚才描述那个三明治的样子，它做得非常精致，非常的有格调，情绪上会让你感到愉悦，回想那个很美味的感觉。第四个公众性，当然这个牛肉三明治谁都能吃，100美金虽然不便宜，但是大家咬咬牙，腐败一把还是能吃得起的，这就是公共性。它可以被传播的对象去采用。第五个实用价值，当然有实用价值，那么美味的东西推荐你去吃一吃，吃在嘴里面很爽，很与众不同。还有一个故事性，这个牛肉三明治怎么做的？它用的是哪个酱？用的是什么虾？正因为前面讲的这个牛肉三明治的六个特点，所以它快速地在人间产生了疯狂传播的效果，成了排队都排不完，预订都订不上的非常精品的餐馆。那么如果回到我们的一个教育培训机构，大家可能已经理解了这六个点，但是我们怎么样跟自己的教学机构的情况结合起来呢？我再给大家讲一些更加实操的细节，帮助大家去启发思路，看怎么在咱们的教育机构去实践。书本在社交货币的这个章节中还举了一个例子，就是一家热狗店里的酒吧，一个特别热闹的热狗店吃快餐，在这个非常热闹的店里面有一部老旧的电话亭，你可以想象着在一个早点铺里面有个电话亭，当你走进这个电话亭里面拨一下那个号盘，这个时候有人会开始跟你对话，突然有声音从电话里传出来，那个声音会跟你说欢迎你光临我们的某某某酒吧，请问您之前得到过邀请吗？你说没有。他说那我们今天特别赠送您一个名额。话音刚落那个电话亭后面的一道暗门悄悄打开了，你进入那个暗门发现里面别有洞天，是一个酒吧，而且人家特别告诉你请不要外传，请不要外传。大家能想象这样一个场景吗？其实这就是营造了一个特别与众不同的场景，要通过一个暗道和密令进入到这个酒吧，这就形成了一个非常强的具有社交货币属性的传播点。我自己就亲身经历过一个这样的商家。上海有一家餐厅。叫作萤7人间，那是我向我老婆求婚的地方。之所以选择那个地方，就是因为它非常的特别。当你走到那个指定的地图的地址的时候，你发现你的前面是一堵墙，死胡同，根本连门都没有。但很奇怪的是墙上有9个洞，大概有碗口粗。大家可以想想吃拉面，那个大海碗粗的9个洞。你在预订之后，会得到一个唯一的密码，比如说6677。你要把手按顺序伸到这9个洞里，就像那个电话的键盘一样。伸完以后，墙壁打开，然后发现里面才是餐厅的入口。如果你之前没查没约，根本就看不出来，你就以为那是一堵墙。就算你知道那里是餐厅，但是你拿不到密码，也没有办法进入到那堵墙后面的。所以非常神秘的这种感觉，其实跟这个热狗店里的酒吧异曲同工，这是一种很神秘很专属的感觉。其实我们从心理学的角度出发，这是有科学依据的。哈佛大学的神经科学家简森·米歇尔和黛安娜·塔米尔发现了一个大脑当中的神奇现象，就是当人跟别人分享自己的一些经历和体验的时候，本身就是一种对自己的奖励。他们怎么做的实验呢？就是给一个受试者戴上脑扫描仪，然后让这个受试者去分享，比如说我家的小狗多么可爱，或者我之前去哪里旅游有什么什么经历。当他分享这些的时候，发现这一些分享时间点的脑电波居然和你得到的钱财或者是食物的脑电波一样，都是非常兴奋和有成就感的。

换言之，就是当你跟别人分享的时候，就好像别人给了你好几百块钱一样，你会感觉到非常愉悦和开心。这就是我们为什么要在朋友圈中分享，为什么可以去传播的原因。因为在生理上，我们会因此获得很强的成就感，那到底怎么样去铸造所谓的社交货币呢？给大家三个非常具体的执行的方法。第一，你需要发掘非常有标志性的事件。第二，你要设计一个能够撬动客户的游戏杠杆、游戏规则。第三，你要建立人们的归属感，身临其境的那种归属感。这三个条件具备了，你就算是成功地创造了一种社交货币，让你的产品和服务具备了这种疯传的基本条件。什么叫作非常规的事件，比如说像一些新奇有趣儿，特别生动的事儿。

举个例子，袋鼠这种动物是可以往后跳的。大家脑海中想到的袋鼠都是这个奔儿奔儿的往前跳，但它是可以往后跳的。再比如说一个人一生中平均要花两周的时间在等红绿灯，把那些等红绿灯的琐碎时间拼在一起，居然有两个礼拜，你可以想象一下自己站在红绿灯前一动不动，坚持两个星期会是什么样的一种感觉。

我在这里给大家举一个成功的案例，有一个手机的新闻客户端叫作新闻头条。它这样一个新闻客户端其实就是出新闻的，在去年拿到了一亿美元的融资。大家想，一个客户端弄点新闻，怎么会拿那么多钱？怎么会那么值钱？我们传统的新闻媒体都是什么什么描述一下这个事件。其实新闻头条自己可能都没有什么采编的记者去采写新闻，它就是一个新闻的搜索引擎，但它并不是简简单单把这个新闻搜出来而已。它会换一种方式去呈现在阅读者面前。比方说像我刚才打开这个软件，我看到的几条新闻，我给大家读一下标题，大家感受一下，你想不想看。第一条，"中纪委从抓人到宣布，最快只有两个多小时"。就是中纪委在抓那些大老虎的时候，从抓人到宣布最快两个小时，都抓的谁？两个小时，这领导从省部级，甚至国家级干部到被宣布落马就两个小时。第二个新闻，比如说"陈奕迅版本的浮夸"，浮夸是一首歌曲，陈奕迅版本的这首歌曲，你能够感受到陈奕迅的沙哑情愫。大家想象一下。

所以你看它其实就是把每一个看起来可能枯燥无味的新闻，换成了一种新奇有趣的表现形式。比如说，如果它把新闻标题换成中纪委抓人的执行流程。你想看吗？所以其实这是一种表述的理念，或者技巧层面上的东西。就是对非常规的事件，让你的宣传故事变得新奇、有趣和生动。第二点，就是让你宣传的内容神秘或者有争议，你比如说，前段时间上映的一部电影叫作《解救吾先生》，吾用的是古文自称，这部电影成本极低，但是却得到了很好的票房。有个很重要的原因就是它是通过一个真实事件改编的，故事梗概是有一个电影明星被杀手绑架，绑架之后勒索钱财，然后决定撕票，把他杀死，最后他怎么机智地被警察解救了出来。就这么一个故事，看起来这种警匪片情节精彩不到哪里去，但它之所以得了很高的关注度，除了本身片子质量不错以外，从疯狂传播的原因上，就是因为这是真事，而且当事人吴若甫是一个年龄较大的电影明星。好多年轻人可能不知道，吴若甫本人出演了电影当中的一个角色，所以我在看完这部电影以后，在百度上狂搜吴若甫，搜当时的真实情况，搜当时的视频，搜当时的照片，然后逢人就讲，他就达到了疯传效果，我就在不知不觉当中变成了这部电影的一个义务的，还是给他掏钱的宣传员的角色。

我们再举个例子，比如说假设你是一个卖卫生纸的厂家，怎么样让你的卫生纸产品特别的新奇与众不同呢？作者出了个主意，你有没有想过做一个黑色的卫生纸？卫生纸都是白色的、粉色的、浅绿色的各种各样，你想做一个黑色的，那一定就会有很多的新奇感觉和宣传的效果。

讲了那么原理和案例，我们回到教育培训这个行业当中，我举几个实操的例子，大家可以想一想，比如说如果我们想让我们的传播具有这种新奇性，具有故事性，我们可以去策划一个宣传的故事。比如说为什么一个北大学子来迁安小城上课？或者说一个孩子怎么样一个学期实现了成绩质的飞跃？或者说老师或者说一个叫辅导机构，怎么样避免了一位初三学生的自杀，我们随口去说几个宣传点，大家可以体会一下。这个其实至少是符合前面讲的，比较有新奇性、引人关注的点。

社交货币铸造的第一个要点，就是你要有新奇神秘或有争议性。第二个要点叫作杠杆原理，就是要设定一些游戏规则，让客户去享受成就感，从而才能有更好的传播。最直接的例子，你看我现在经常要去全国各地讲课和出差，那么我一般都会尽可能选国航，因为什么呢？因为我是国航的会员，它会有所谓的里程积分。每次它给你发短信告诉你，胡先生您已经有多少公里的里程积分的时候，还是让我觉得很愉快。大家坐飞机的时候，还会有一个经常看到的场景，就是在飞机起飞前空姐经常会走到座席旁边，跟一位客人说，您好张先生，您是我们的星空联盟的会员，感谢您的乘坐，这是一份报纸给到您，您看还有什么需要？大家说航空公司为什么要派一个空姐专门跑到经济舱里面，跟一个所谓的会员去送上一份报纸？你站在会员的角度来说，其实给份报纸或者给杯水，没什么特别的，但是你想象一下，当你身边一堆人围着你坐，然后有一个人说您是我们的贵宾，尊贵会员，这种感觉一定很爽对不对？你会觉得自己与众不同，同时如果你换在旁边的人的视角来看，哇，怎么能成会员，你自然也会想成为会员，想让自己与众不同。所以这就很典型的一个例子，它有一个游戏规则，让客户去积累成就感，显示自己的与众不同。

我们教育机构怎么样来做呢？

比方说可不可以为你的学生和家长制定一些特别的标识，或者给到一些特别的待遇，让别人一看就知道说，这个是在鹦鹉螺云教室的家长和学员。或者说你可不可以有一个课时积累的计划，就是家长的孩子在你这里报的课程越多，它的成绩进步越明显，你会给它不同的勋章和不同的等级。这些其实都是一些杠杆性的游戏规则，可以让这个家长更多地去传播。可能孩子会跟同学说，我现在已经是鹦鹉螺云教室的什么金牌学员了，就像电脑游戏当中发各种勋章，也是同样的道理。比如说你可不可以给家长赠送一个车贴，或者赠送一个冰箱贴来显示他是怎么样重视教育，怎么样有品位的家长，选择了你们这么好的一个教育机构呢？这些其实都是我们在教育领域可以用的方法。

第三个铸造社交货币的方法叫作使人们感觉像是自己人，就是有那种专属感，跟别人不一样。

书上举了一个案例，有一家网站叫作smart bargings，就是国外的一个购物网站。它卖一些库存的较便宜的但是比较有设计感的产品，后来由于电子商务领域竞争越来越激烈，他就搞的半死不活的快经营不下去了。后来这个创始人做了两项改动，短短的一两个月的时间里，让他这个网站起死回生，他新做了这个品牌，名字叫噜啦啦，好像也是一个国外的品牌了，但做了两项改动，第一项改动限时抢购，比如我这个产品就到几点几分之前像双11一样。另外还有一点，叫作会员推荐，你只有通过会员邀请，才能成为我的注册会员，你才能参与抢购。看起来好像是提高了门槛对不对？但实际上它却达到了特别火爆的效果，因为它一方面营造了一种归属感，另外引导了一种稀缺性。

一个叫作哔哩哔哩的网站也是应用了这种原理，它做的视频网站不仅是邀请制——你必须让你朋友给你发个邀请的链接，你才能够注册这个哔哩哔哩的会员，而且注册的时候它要给你打好几十道题对您考试，要经过非常复杂的考试，你才有资格注册成为会员，结果，它就被疯传。

我之前去台湾，有一家这样的店，每天就那么多碗面，卖完就没有了，同样也特别的火爆。我们拉回到教育培训行业当中，我给大家举个例子我们开开脑洞，可不可以我们的学生报名要采用推荐制？不一定，我只是给大家开开脑洞，拓宽一下思路。比如可不可以说我这家机构只招收300位学生？可能好多机构，其实生源没达到300。可能我只招收300位学生，就是我只为300个家庭服务。你要采用推荐制入学。大家设想一下，其实这样的例子不是没有，北京的一家教育机构就利用了这种心理，他们从来不在平常接受学生和家长报名，你拿钱来不接受。你要报，至少报一年或者半年，他们只在每年的一个特定的时间，在几天的时间内，完成全部的续费和缴款工作。这出现了一个什么效果？到缴费的那个时间点，它们的那个报名大厅就像火车站的春运现场一样，挤满了来报名的家长。它通过这样一个限制报名方式，达到了特别好的引爆和传播的效果，所有的家长都争着抢着跑到那个地方排队、领号，还有排号机，在那里报名缴费，就短短的一周，可能收上几百万上千万的学费。其实它也是用了这样的一个营造稀缺性和专属感的原理。

前面讲了铸币的三个动作。

第二个关键元素叫诱因。就是创造让客户想得起来你这个机构的场景。比如说，大家觉得是迪斯尼乐园更具有传播性，还是黑芝麻糊更具有传播性？就是哪个他会更被经常提起。可能大家觉得迪士尼乐园貌似更有冲击力，就好像我刚才举的那个17英里的公路一样，但是你想想，一个人一辈子能去几次美国？有多少人会真的到美国到那个17英里的公路上去，可能很少。所以虽然它非常新奇，非常有冲击力，但是它的场景，或者叫诱因出现的次数和频率太低，就是太少有人想起来去美国，或者有机会去美国，并且到这个17英里的地方去了。而反过来，像黑芝麻糊或者说什么什么粥，每天大家会接触到的，才会更加高频次地被提及。所以有的时候有趣的东西不一定就被传播得更好。重要的是你要让这个东西被经常提到，谈论的次数要多。大家可以想一想，教育机构多久会被家长谈论起来一次？多久会被学生谈论起来一次？孩子周一到周五在学校上课，他在什么场景下会想起来，我周末在哪儿上辅导班？或者我周末再到哪儿学课程。家长在什么情况下会想起来跟别人去说这件事？这同样需要我们去设计一些场景，去提醒家长，做宣传和推广才行，在书本中举了一个叫作玛氏，英文叫Mars的一个巧克力公司。

1997年的夏天，突然之间这个玛氏公司的老板发现他们的巧克力销量暴涨，噌噌噌地往上蹿，挡也挡不住。他们说咱们没做什么市场活动，也没打什么广告，为什么销量突然暴涨呢？原来在1997年夏天，美国宇航局发射的探路者号无人探测器登陆了火星，在那里取回了火星的土壤样本。你想，人类的东西第一次上了遥远的火星，所有人开始谈论火星，恰好火星也叫Mars，就它使得大家反复想到这个巧克力。到处都在谈论登陆火星这个激动人心的人类历史上的伟大事件的时候，恰好在你身边看有个巧克力，上面明晃晃的写着Mars，你马上就有冲动，买一块儿尝两口，就这个原因。商家还做过一个超市里的酒类实验，大型超市里有许多种酒，在这个超市里播放不同国家的音乐，便发现当播放法国音乐的时候，法国红酒的销量就大幅度提高。当播放德国音乐的时候，德国的啤酒或者德国的红酒就会销量大幅度提高，其实也是这个原理。当你的耳边萦绕着那个特定国家的音乐，你就自然地在那个情境当中容易想起这个国家，并会消费它的产品。还有一个例子，我们主张孩子们去吃健康的蔬菜和水果，有两种方案可选，一种是在食堂上挂个大条幅，弄个标语"健康生活，从每天5种水果开始"。第二种方案是把这个提示的话放在餐盘上，"每天吃5种水果"。实验的结果证明，在餐盘上放提示语这个方案使得吃水果的提高25%。这就启发我们，如果我们想让自己的教育机构的品牌和教学服务被疯传的话，你就得让它频繁地在家长和学生面前出现。

比如说孩子每次上自习打开笔记本的时候，当然最好是做得很漂亮，并且有我们教育机构的非常有创意的显著标志，他马上就会想，这个本是哪的？油然想到它是周末上辅导班时发的。让孩子更高频率想起我们。

后面的四点我们不展开去详细地讲，最后概括性地把这六点给大家支一两个小招，看一看你可不可以在招生和管理当中用这样的实践措施。如果你很好地使用社交货币的原理，那么你可以将你的学员分成不同的级别进行不同的标识，可以像我前面讲的赠送车贴，赠送奖牌，赠送证书一类的，能够让家长和学生经常使用，还把它摆放出来，让它被频繁地看到。这其实就用到了第二条，我们叫激活，就是创造更强的频度，让大家有机会想到你。如果你想发挥社交货币属性中的传播性的话，你与其把传单做成了一个非常传统生硬的介绍，倒不如把它变成一个个真实感人的故事，就是挖掘你这里学生的故事，挖掘一个个家庭的故事，挖掘你这里老师的故事。你将这种具备了传播性，具备了趣味性和真实性的故事，当成宣传的或者是传单或者是资料发放出去的时候，一定会激起更多人的共鸣。另外，在你的教育机构的传播过程当中，可以让家长更多地参与进来，让他们成为传播的主体，邀请家长来讲他们对于我们机构的看法，这样的传播效果比你去做广告宣传要更好。所以仅仅从疯传的前面两点，我们至少可以讲我们自己机构的宣传方式，改成挖掘学生和家长以及自己机构的故事去传播，然后建立自己的一个学员的晋级体系，并且制作那些可以看得见的标识和物品，给到你的学生和家长。同时，你给他的这种标识和物品，一定是他会被经常使用到的场景，这样的话可以让他们更多地能够想起我们，和朋友去提及我们。经过这样的一个简单的调整之后，你可能会发现，你本身的品牌故事和知名度与影响力，会得到更加快速、更加广泛的传播。当然前提条件不要忘了，那就是我们的产品和服务一定是有特色的，一定是有与众不同的点的，否则的话它可能是把双刃剑，适得其反。后面的四点，简单概括和强调一下，细节的内容可以在书本中去做深度的挖掘。比如说第三条就是情绪，不是任何情感都能激发共享行为的，而且还有一个很有意思的事。科学研究表明，人在运动以后会更愿意向别人分享，你要想当客户、家长和学生要提到你的产品，提到你的教育机构，提到你老师的时候他是带着一种什么样的情绪。第四点，叫作公共性，就是你要激发那种人与人之间模仿的心态，你能报名某某培训学校，你能报名鹦鹉螺云教室，我也能报。让人有这种想跟他一样，想享受同样东西的这种共同的倾向性。从实用性的角度来说，第五点就是要具有实用价值。就当客户帮助你去传播的时候，它是要有一些特别优惠的，这种优惠更多地是一些心理上的优越感，像前面提到的邀请制。最后一点就是故事性，就是你一定要去讲真实的案例，去讲非常引人入胜的故事，才会有更好的传播性。

　　再次强调一下要想达成疯传的六个基本的元素。第一铸造社交货币，让你的客户觉得跟别人不一样。第二要促进诱因，增强别人想起来你的时间和场景。第三叫作情绪，大家想想当客户想到你，提到你的时候，是带着怎样的一种情绪。第四是公共性，就是人同此心。张三消费了，李四马上也想去。第五是实用价值，就是在这种传播中确实能够给客户带来一些传播的好处。第六就是故事性，把真实的故事讲给你的客户听。只要大家用心，一定会得到很好的传播的效果的。

组织管理篇

13

拥抱未来的学校组织

——《新学校十讲》

十一学校有这样一句话,叫不为高考,赢得高考,创造适合学生发展的教育。这句话也挺有意思,不为高考,就是整个的教育目的不是为了高考,但是赢得高考是我们水到渠成的成果,最终其实是说创造适合学生发展的教育。

这次我们探讨的问题是怎么样去打造一个让学生学习快乐、老师幸福、社会认可的学校,我相信这也是所有人的梦想。今天给大家推荐北京十一学校李希贵校长的专著《新学校十讲》。这次北京论坛的开场是由北京大学附属中学的老校长赵钰林教授为大家分享教育改革的方向。他在演讲中也特别提到了十一学校,这所中学在整个北京,甚至全国目前都是教育改革和创新领域的先锋。李希贵校长作为改革的实际策划者和执行者,在整个的教育领域是极其有名的一位专家。他对于学校和教育的认知精华都凝结在这本《新学校十讲》中。我希望通过这本书的阅读和学习,能够帮助各位校长和老师在教育和学习上有更深一层的认识和理解。十一学校是全国教育改革领域的先锋，我可以跟大家分享一下2014年这个学校的高考成绩，我们看最终的教育结果。

2014年十一学校有300多名学生参加国内高考，其中71人被北大、清华录取，6人被港科大、香港中文大学等港澳名校录取，换言之就是被北大、清华、香港这些最有名的学校录取的人数有77人，如果把复旦、上交、人民大学、南大、浙大、南开这些一线名校录取数加在一起是227人，也就是说一所学校300多人参加高考，被国内一流名校录取的比例就将近70%，同时40个人的出国班中，有37人被美国前50的名校录取，可以说是极其辉煌的战果。

其实，十一学校真正厉害之处在于它虽然考试成绩特别突出，但却不是通过机械化的高强度训练来在考试流水线上生产高分的考生。恰恰相反，十一学校可以说是全国中学中最自由最丰富多彩的学校。李希贵校长说他们真正做到了让学生学得快乐，老师教得有幸福感，同时社会又认可的这样一所学校。我们课堂上的朋友们绝大部分是教育机构的校长和老师，同样我们也是一个教育人。我在课上不断强调，民办教育最终会和公立教育平分天下，甚至还占有优势，我们自然需要对教育有更深的理解。通过这本书，我希望能够引发各位校长和老师的一个思考，那就是作为一个民办教育机构，我们到底应该怎样做才能真正让孩子们喜欢我们这个机构，愿意来我们这里读书和学习。我相信这样的状态一定会为大家招生和作教育提供原动力。

我先问大家一个问题，怎样才能称得上一所好学校？我们都被别人称为校长，我们其实也是一所学校，只不过是全日制还是非全日制的区别。大家说什么样的学校是一个好学校？是说这个学校是千人校万人校，规模大了就是好学校吗？还是说这个校长每年赚500万1000万，赚到钱就是好学校？可能通常来讲，我们会看孩子的成绩情况，升学率水平，或者是本机构收入的多少，但是我特别特别赞同李希贵校长提出的标准：学习快乐，老师幸福，社会认可。

我们再思考第二个问题。大家说为什么会有教育机构的存在？或者说为什么会有学校的存在？可能有的校长和老师会说因为要升学，要考试，学生吃不饱，就选择来我们辅导班。可能有人会说，学生不集中在学校管怎么办？我们去看现在学校的发展历史，真正把孩子们集中起来的目的恰恰是为了解决孩子一个人在家学习所不能解决的问题。陶行知有一句话"学校即社会"。其实，让孩子们在一个校园或在一个教育机构里，并不简简单单只是为了学习应试的知识，还包括这个孩子在人格、社会交往能力等很多综合方面的成长。我记得曾经跟很多校长和老师讲过一件让我非常受触动的经历。当时我受北京某家媒体的邀请去参加一个教育论坛，现场大概有两三百位都是来自教育行业的老师，有校长、投资人。我上台问大家的第一个问题是今天在座的各位有多少人真正认认真真地读过，诸如教育心理学、教育学基础、教育哲学等等这些最基本的教育学专著。现场将近300人只有两三个人举手。我说其实这就是问题所在，因为我们不懂教育，而盲目地去做，自然就会犯很多错误，或者不得其中的要领。所以我给各位校长的建议是我们不管作为哪个领域的机构，首先应该真正尊重和了解教育。

在鹦鹉螺云教室的直营校区或合作校区中，我们一直跟每一位老师强调这样一个理念，孩子来到我们的教育机构，绝不简简单单只是为了考试提高10分20分，更重要的是，家长希望孩子在我们的帮助下能够更加健康、快乐、有收获的成长和进步。大家有没有发现一个问题？其实孩子们喜欢辅导班吗？孩子们喜欢去学校上学吗？我不止一次看到孩子哭着喊着闹着就是不肯上辅导班，就像父母把他扔进火坑里一样。但我们跟孩子长时间接触以后，会发现他会变得愿意去我们的辅导机构，这中间是用心的结果。如果一个孩子讨厌辅导班、讨厌学校，我觉得是最可悲的情况，为什么呢？因为你仔细去想，为什么人类社会发展到现在会积累那么多的知识，最根本的原因是人类天然对这个世界充满了好奇。大家可能都知道，小的时候，孩子们会问各种各样的为什么，所以专门有一套书就叫《十万个为什么》。有一次我在北京坐地铁，旁边有一位妈妈带着一个小女孩站在首节车厢的玻璃窗前，一路就听到那个大概有四五岁的小孩不停地问妈妈，为什么地铁这么响？妈妈说因为轨道有摩擦。小孩又继续问妈妈，为什么里面有一个叔叔，叔叔在里面干什么？妈妈回答说在里面开车，小孩各种各样的问题整整问了一路，他妈妈也特别有耐心地去解答。所以求知本来是孩子的天性，但为什么到今天，上辅导班也好，去学校也好，变成了让孩子特别恐惧的事？我觉得这其实是我们教育工作者应该去反思的问题。我认为，学习本来应该是一场快乐的冒险，这也是为什么我们叫鹦鹉螺。因为有一本《海底两万里》的科幻小说，主人公乘坐了一艘特别厉害的潜水艇，这艘潜水艇就叫鹦鹉螺号。我们相信并希望孩子们本来应该像探险家一样，快乐地兴奋地去学习，而不是被动和消极地去学习。

我每年会在不同的学校、不同的省市做上百场演讲，这当中有相当一部分是对学生的演讲。在演讲的时候我有一个特别伤心的发现，越是高年级的孩子越沉默，越是低年级的孩子反响越热烈，感觉随着孩子年级的升高，他的灵魂好像都被抽空了一样，越学越没劲，越来越闷，越来越不愿意给反馈。所以我觉得这是教育的悲哀。李希贵校长在这本书中就提到，他看到的现象是，有的孩子喜欢语文，但不喜欢语文课；有的喜欢运动，但不喜欢体育课；有的平常特别愿意表现自己，在同学间说个不停，但一上课就变成哑巴。所以，教育中像李希贵校长为代表的那些人，他们在研究如何打造一个新的学校。这种新的学校应该是有着新的学生、新的制度、新的课程、新的文化、新的教师、新的校长，让每个孩子在学习当中获得快乐，让每个老师在教学过程中非常有幸福感和成就感，同样也让家长及社会认可。我在这里衷心地跟大家说说心里话，我希望我们每一位办教育的校长和老师，不单纯地把自己当成一个办机构、办企业的商人。而应该问自己一个问题，我有没有可能或者说我应不应该用心地做一个懂教育的人，做一个被人尊敬被社会认可的教育家。可能之前大家很少想过这句话。你想一想你能不能成为一个教育家，教育领域的专家？

这本书的写作背景其实是李希贵校长集合了一批优秀学校的校长，他们自己组成了一个像研究委员会一样的团队，每年固定的时间会聚在一起去探讨和实践，在自己的学校里面采用了哪些新方法，遇到了哪些新的问题，而他们整个研究的目的，就是要去创造一种新的学校——孩子们喜欢的、符合社会需要的学校。所以现在这个时代给了那种真心爱教育用心办教育的人一个巨大机会。我不知道大家有没有听说过这样一个词，叫作校本课程。现在国家在教育改革当中非常着力的在推进校本课程的开发。简单来讲，包括我前两天在北京的峰会上跟大家讲到的政策改革当中的要点，其中有一项就是由行政主导变市场主导，具体的政策会取消公立学校校长的行政级别。这样一个动机本质上是希望校长从官员变成教育家。同样，我也衷心希望每一个教育机构的校长能从一个商人变成一个教育家。大家真心爱教育，用心去办学校，就一定会得到市场和家长的认可，自然你的学校发展和壮大就是水到渠成的事了。

这本书中结合了李希贵校长这几年的思考，大量的是可以启发我们群组中各位老师和校长的非常宝贵的经验和方法。李希贵校长提出了几个新学校的研究主题和方向。第一，深入地去了解和研究每个学科的教学方法。第二，开发适合学生的课程。第三，系统地建立校本课程。第四，师生自主选择自主发展的舞台，创造自由呼吸的教育。比如说书上举了一个例子，原来我们学校都会做广播体操。但是十一学校做了个尝试，上午半小时下午半小时的大课间，让孩子们自己去选择想做什么运动。孩子们投票最终列出了80多个运动项目，学校就让孩子们按照自己选的运动项目去安排课间活动，结果他们不仅达到了运动目的，还形成了自己喜欢的习惯。这些孩子在中学阶段，3年也好6年也好，每天课间所尝试的这些体育活动，比如乒乓球、羽毛球，不仅仅让他们在学生时代锻炼了身体，甚至成为他们走进社会以后终生的爱好，这才是达到了教育的目的。如果像原来一样，让大家在那里死板地去做广播体操，其实你会发现孩子们不仅在学校不喜欢，离开学校以后也不会有人去做广播体操。所以这就是他提到的师生自主选择，自主发展，创造自由呼吸的教育。第五，培养学生喜欢和敬佩的老师。大家仔细体会这句话，学生喜欢和敬佩的老师。谈到教育，其实这几年我有非常痛心的经历和感受，相信大家肯定也有很多自己的见闻和思考。我说两件事情。第一个，我曾经跟很多校长提到过，有一次我问我们云教室的一个孩子，我说在你的心目当中，公立学校的老师是什么形象？你怎么来形容他们？学生给了我一个想破头都想不出的词，叫邪恶。可能在孩子们的心目中感觉老师并不是用心在教他们，反而为了利益有各种各样的手段和伎俩。孩子们很聪明，其实他们都能看得见，所以居然用邪恶这个词来形容老师。同样我也听到，比如说辽宁、成都、广东各地的校长跟我讲，他们本地的情形和故事，确实也感到非常的痛心。但反过来我们应该更积极地去看待，哪里有问题，哪里就有机会。这也给我们所有想用心做教育的教育工作者、老师、校长们提供了更好的一个机会，我们真正要让我们的员工成为学生喜欢和敬佩的老师。反过来同样，我们也应该让我们的每一位员工、每一位老师感到幸福。因为如果我们的老师不幸福，他不可能塑造出幸福的心灵，也很难教育出幸福的孩子。我们都有这样的经验，一个孩子可能因为不喜欢一个老师导致不喜欢某一门学科，甚至不喜欢上学。所以正循环应该是孩子喜欢老师，由对老师的喜爱导致更喜欢这门学科，由对学科的喜爱导致他更喜欢上课，由喜欢上课导致他更喜欢去学校，这样的一个状态才是我们每个人都想要的。李希贵校长走访了十几个教育比较先进的国家，在这些国家选择一些学校进行调研。问孩子们，你们最喜欢老师的原因是什么？经过大量的调研数据发现三项最重要的结果，大家可以想想自己以及你的团队能不能做到这三项。第一项是幽默感，第二项有激情，第三项是公正地对待每一个学生。幽默感居然排在了第一位，可能每个孩子都不喜欢脸像铁板一样的老师。幽默感是聪明的表现，聪明的人才有幽默感。所以大家仔细体会这三点，幽默感意味着在老师眼中，孩子们跟他是平等的，才可能有幽默感。上级对下级很难幽默，对不对？

其实这也代表了老师的一种心态，跟学生像和朋友相处一样。另外老师还应该是有上进心，有激情的。他应该以饱满的热情去真正影响孩子的每一分钟。

另外，公正对待每一个孩子。孩子都很聪明，他们不希望被差别对待，所以这本《新学校十讲》给我们带来的第一个思考，我同样非常郑重地把这个问题抛给我们学习小组中的所有老师和校长，这是一个很严肃的问题。大家仔细想一想，今天听完课以后，静下心来躺在床上，或者坐在椅子上问一问自己，你想成为教育家吗？还是仅仅成为一个商人？我相信，在教育的市场化领域里，如果只想成为一个商人，永远成不了成功的商人。只有用心懂教育的教育家，才有可能成为这个领域里真正成功的商人。在前两天北京的论坛上，我曾经跟现场的100多位校长和老师讲，我说中国教育的黄金时代刚刚拉开帷幕，民办教育机构其实比学校有更大的灵活空间，很多的学校校长其实是不能够完全控制老师的招募、评价，甚至辞退的。很多校长可能没有非常灵活的资金支出，还要应付很多管理性的东西，而我们不用，我们真正是所谓靠教学效果、靠家长满意来生存和吃饭的，因此我们也更应该把教育这件事做得更深和更透。

在第二讲中，李希贵校长提了几个关键词，第一个关键词就是客户。这个客户的概念，大家觉得是什么？当我问你，作为一个教育机构的校长，你的客户是谁？你首先想到是什么？可能绝大部分的校长首先想到的是学生，但实际上李校长的论述中，他第一个想到的是老师。因为对于校长来说，我们的员工，我们的老师其实也是我们的客户，在理解客户这一点上做足功夫，我们才知道怎么去管理好这个学校。这里给大家提供一些具体实操的落地方案：李校长是一个蛮理性的人，他方法论的内容是我们需要从了解客户的感受出发，要对你教育机构中的老师、学生和家长展开调研，比如说李校长在书中列举了他的实践，为了改进十一学校的管理，他首先调研老师的感受，真实地去收集每位老师的问题，了解老师在什么地方觉得不方便，觉得痛苦，觉得比较忙。比如说有一件事，我相信所有校长都会遇到，就是普遍大家都觉得自己太忙了，没时间真正地去做教学，或者说去关心学生，所有人都是忙的，校长也忙，老师也忙，一个礼拜到头都不知道忙了些什么，稀里糊涂就过来了。在书本中，给了一个非常具体的工具，就是鱼骨图，它是一个非常有效的分析工具，简单来看就是先从左到右画一条箭头，这就相当于一个鱼头的方向，在箭头的顶端就是鱼脑袋那的个位置，写上你现在面临的问题，比如说感觉太忙，就在这条箭头的两侧，每一种可能导致忙的原因就画出一根骨刺，最终它会形成一个类似鱼骨架的形状。书上举了一个具体的例子，去分析学校老师忙的原因。最终的结论是，一个老师需要有更多的参考书，需要一个带锁的柜子，需要家长在学校的停留时间不超过5分钟。大家会注意到，李希贵校长最终得出来的实操结论都非常的具体，非常的明确，没有含糊的说法。没有说老师应该多读书,而是明确说一个老师有20本参考书;没有说限制家长自由交流的时间,而是明确说,家长在门口停留的时间不超过5分钟。在这里跟大家特别强调管理中量化指标的重要性,我们中国人太习惯于去做非常模糊的表述,说你最近怎么样?还行。昨天上课感觉如何?还不错。这些都是非常模糊的答案,大家在管理一个教育机构的时候,一定要学会用量化的指标去表示,比如说,如果问这些课感觉怎么样,从1到10,满分10分,最低1分,你来打个分,这就叫感受的量化,所以他的第一点讲客户,大家具体要做的动作是调研你客户的感受和问题。调研完了问题以后,这个问题要进行分析,鱼骨图是一个非常好用的工具,最后得出来的结论一定要是非常具体、明确、有数字的。在这个再跟大家分享一个管理上的一个概念,叫SMART原则,就是s、m、a、r、t,SMART已经成为我的口头禅。我今天下午跟一位校长聊天的时候随口说,我们把这件事SMART一下,对方就很奇怪,说什么是SMART?其实是目标管理当中的一个提法,它是5个英文字母的缩写,代表了我们大家在制定目标的时候要符合这5个条件,这个目标才是可行的,才能真正落地。可能有的校长经常会有这种感受,我给下面布置的任务结果都是模模糊糊。SMART会是一个很好的工具,帮助你去检验到底,你的目标布置的是否清楚,这五个原则是哪五个? s: specific是一定要是非常的明确、清晰的;m: measurable是要可衡量的;a: attainable是可达成的;r: relevant是有相关性的;t: time-bound是有时间限制的,符合这5个方面的标准才是有效和可执行的。所以大家可以现在就反思一下,你自己给团队布置的目标是不是非常的量化。衡量上有明确的数字,有看得见摸得着的结果，结果是可以达成的，有明确的时间限制，并且有相关性的目标。李希贵校长在整本书中基本上都贯穿了这个SMART原则。这就有了一个结论，就是一件事要明确、具体、可衡量、可达成并且是有时间限制的。

第二个关键词是流程，校长要学会把自己教育机构中的工作流程化和标准化。流程化和标准化有个非常重要的动作，就是需要去做明确的测量，做数据方面的分析。书上举了两个例子，第一个例子：学术界曾经一直在争论《红楼梦》的前80回和后40回的作者到底是不是一个人，所有的学者都从自己的角度用各种各样的逻辑去分析，但最后大数据分析出来后，做了一个非常简单的动作，马上得出结论，就是用计算机分析了前80回一些词的出现频率和后40回一些词的出现频率，结果发现大大不同，所以很容易得出结论，前80回和后40回的作者用词的习惯是截然不同的，差异很大，肯定不是一个人所写。这是用数据分析得出的结论。再例如：大家经常会用到的电脑键盘，键盘的顺序都不是按照a、b、c、d、e、f、g这样排下来的，都有一个特定的顺序，这个顺序是怎么来的？这个键盘发明于1872年，它实际上统计了人们在打字的时候，哪些字母的使用频率最高，就把它放在手最容易触及的那个位置，由此成了这样一个键盘。同样，我们回到咱们的学习培训这个领域，有这样一个数据分析，就是学习的时候，每一种学习方式，你的记忆效果是不一样的，如果你是通过朗读来学习，可能你最终只能记住10%的内容；如果你通过听来学习的话，最终能记住20%；如果通过眼睛看，最终只能记住30%；而你把它变成自己的内容说出来，最终就能提高到70%。最后，如果你再实际做一遍，就能够记住90%，所以说越往后记忆的效果越好，或者说学习的效果越好。大家想，你的教育机构是怎么上课的？一节课45分钟也好，一个半小时也好，你学校里的孩子们有多少时间在听，多少时间在读，多少时间用眼睛在看，多少时间是自己说，多少时间是自己做。所以在课程设计上，李希贵校长做了一个尝试，就是把读、听、看、说几个维度的时间进行统计。他去监控每一节课，然后把这节课中孩子们到底多少时间在听，在读、在看、在说、在做统计了一遍，然后每一种形式进行不同的评分，由此就能得出这节课教学有效性的一个分值。他在教学上对十一学校的老师进行有意识的导向，留更多的时间让孩子自己动手做和自己说。我给大家举身边一个例子，非常有意思。就是让学生的学习方式有变化就会带来效果的改变，如果你能让孩子去讲题，而不是让他听别人讲，学习效果一定是最好的。就像我经常举的那个例子，我们公司的创始合伙人陈修楠老师，他当年是当地的理科状元，本来高二升高三的时候，成绩还吊儿郎当，但最后一年突飞猛进，原因是他非常勤奋地给她们班的女同学讲题，从而导致学习成绩大幅提升，通过讲题还把这个女生讲成了自己的老婆。我在实践当中其实也是这样，你看很多教改的学校都是让孩子们去上台讲课，我们在论坛中提到的翻转课堂的概念，就是指花更多的时间让学生上台讲，而不是机械地听。所以回到咱们民办机构的实践中来，如果你要认真地去构建一个自己教育机构的课程标准，那你必须得理解什么样的课堂教学是更有效的，你会要求你的老师有意识地按照更科学更高效的方法去上课。很多校长在线下和群里咨询：胡老师，我们怎么建立我们的教学教研体系呀？我们怎么让我们的教学水平有提高啊？其实这些就是给你的答案，要做这样的实践。同样即使你不是文化课机构，道理也是相同的。你也需要量化地去建立一个评价课程质量的体系。我们说李希贵校长的这几个关键词，第一个关键词是客户；第二个关键词是建立流程；第三个关键词是测量，就是量化；第四个关键词是诊断，你做了客户的调研了解，分析了现在主要的问题，最终你还得诊断出原因到底是什么。同样在北京的课上我给大家现场讲过，有一个很重要很简单的工作方法，去帮助大家分析到底是什么原因，叫5W，就是5个why。每一个问题，你要往下再追问，5个为什么。这套方法是日本丰田公司发明的。举个例子，这个公司里出现了一个机器停了的问题，到底什么原因停？我们尝试用5个why去问一下，首先机器停了，为什么机器会停？因为超负荷了，保险丝断了。第二个为什么会超负荷？因为轴承的润滑不够。第三个为什么没能充分润滑？因为润滑油油泵供油不足。第四个为什么供油不足？因为轴承有磨损。第五个为什么磨损，因为没加过滤器。5个问题问到这里，我们基本上知道导致机器停机的原因，是因为润滑油的供油泵没加过滤器。同样道理，我们说为什么送孩子来学舞蹈？你同样问5个why，也能够挖掘到客户背后的真实需求。所以你会发现优秀的校长一定具备这样能力，能够量化和分析自己在学校管理当中的那些关键点，包括教学服务质量的好与坏。我给大家分享一个非常实际的，可以用于孩子数据分析的方法，也是我自己觉得深受帮助的一个方法，就是目标设定。非常简单，每次考试以后，你把孩子叫过来，跟他说你现在的班级名次是多少？比如说我现在的班级名次是30名，那么你想提升到多少名？假如我想提升到前15名，那我们就把这次他班里排第15名孩子的考试成绩拿过来，按上面一行是第15的，下面一行是自己的成绩，把每一个学科的分数写出来。大家可以用自己的学生，甚至自己的孩子去做一下这个实验，非常有意思，假设我们把7个学科的每科分数都列出来，跟你自己的分数做比较，你很可能会发现有两个学科，你甚至比他还高，而另外的5个学科，每个学科跟他分数差七分八分，那5个学科加起来就差了三四十分，你的名次就被甩下来了。我们具体到一个学科，比如数学，对方100分满分考了97，我考了89，差了8分，你再拿出数学卷子看，实际上这8分可能只是两道或三道题的得分而已。所以这就是我们在分析和诊断过程中做的数据分析的方法，能够化整为零地发现问题到底出在哪里。所以在整个第二讲中，李希贵校长给大家传递了三个最核心的理念，第一个核心的理念是要搞清楚你的客户是谁，要服务于自己的老师，服务于自己的学生。第二个核心理念是要学会做诊断和分析，诊断和分析可以用鱼骨图这样的工具。第三个核心理念就是诊断的过程中要学会使用数据，按照SMART的原则，去做问题的原因分析和解决方案的落实，比如说每个老师阅读20册参考书。

接下来我们介绍第三讲，主题是战略制度和文化，就是一家教育机构或者学校的战略制度和文化的建设。在这篇开篇的时候，李校长问了一个，貌似跟学校没有强相关的问题。我来到这个世界上到底要干什么？我最大的追求到底是什么？这其实已经是一个人生观、世界观方面的问题了。但是你仔细体会，会发现这个问题对于每一个从业者，无论你我都非常非常重要，它决定了我们以什么样的心态去做教育。李希贵2007年成为十一学校的校长，在他之前还有另外一位老校长，主抓十一学校二十多年，也正是在这一段时间里面，十一学校实现了从一个普通学校到一线名校的华丽蜕变。这位老先生曾经有很多升职机会，例如把他调到教育部或者调到更重要的岗位上去工作，他都拒绝了。他只说了这样一句话，我这个人这辈子胸无大志，只想办好一所学校。大家仔细体会一下这句话，我这辈子胸无大志，只想办好一座学校，但实际上真正能办好一座学校谈何容易，所以我衷心希望咱们每一位校长这辈子都能办好一个教育机构，能做到这一点也非常难能可贵。大家为什么要来做教育？这是我们的初心。具体到战略的制定上，我给大家一句话：好团队是选出来的，不是培养出来的。同样还有下面一句话，选好团队的前提是你是一位好校长。我再接着说第三句，好校长的关键是你要有自己的使命、愿景和目标，如果不是有共产主义解放全人类的目标，不会有那么多的战士浴血奋战为新中国的成立而牺牲。同样如果你的教育机构没有自己的一个愿景和目标，你也不可能吸引到特别优秀的人跟你并肩作战。可能有的校长说了，谈什么使命、愿景和目标，那都是大公司、大机构的事。不是的，不只是我们的机构，甚至我们的个人都应该想明白这个问题。我这辈子来一趟，我到底要干啥，我追求的到底是什么？个人尚且如此，更何况你想办一家教育机构呢？李校长给了一个非常具体的模型，分了五个层次，大家可以记一下，画个大三角形的金字塔，塔尖第一层是你学校的愿景、使命和目标；往下第二层是实现愿景和使命目标的关键成功因素；第三层是实现关键成功因素的指标；第四层是战略上的改进；第五层是相对应的价值观和行为准则，整个的战略制定分成了五个步骤。

我给大家留个作业，要写自己学校的商业计划书。战略五步走的部分也挺重要的，可以放在你商业计划书思考的环节。我们说得更具体点，什么叫作愿景、使命和战略目标呢？我跟大家讲愿景，最通俗的理解就是你能够想象和看得见的场景。实操的办法很简单，拿出笔纸来，写下若干年后的一天，从早到晚，你都在干吗？这个就可以是愿景，比如说我在大学二年级的时候，自己把自己关在一个小教室里，写下了自己50年后的一天，从早上开始，起床后，我的大管家给我拿来了全世界的新闻报纸摘要和早餐。我缓缓地走到我房间的大露台上，看着外面绿油油的草坪，然后我的两只爱犬，一只拉布拉多，一只金毛正在草地上撒欢，此时我的企业的影响力已经遍布全球，服务着成千万的客户。这就是写得很详细的一个场景，你在脑海当中都能想象得出来。所以大家可以尝试做一个落地的实操，就是写下未来五年后的一天，你的学校是什么状态？你早上起床的时候在干什么？你走进你教育机构的时候，你的教育机构是在什么样的房子，装的什么样的门头？有多大的面积？进去之后有多少员工？有多少学生，家长是怎么评价你的？社会是怎么评价你的？

愿景的第二个步骤，不仅写下来，我希望大家能够在你的团队的面前把你的愿景说出来，分享出来。我们曾经组织团队做过愿景描述的分享，给每个人两分钟，讲自己工作和生活中的一天状态，非常震撼人心，70%的员工都说哭了，这就是落在自己脑海中的动力。所以只有当我们的校长建立起一个清晰的目标，你才能激励自己，包括激励你的团队去实现目标。当然了，你光有这么个愿景却不付诸行动，那就是纯粹的白忙活。你还要把导致目标实现的因素分解出来，比如李校长的分析，从十一学校的视角看，他分解出了6到8项关键的成功因素，然后再进一步去分析这些成功因素要想达成该怎么做。还有另外一点，就是重要的工作方法，这些事儿各位校长不能自己闭门造车，闷脑袋自己想，李校长还推荐了一个在实践中反复使用的方法，就是头脑风暴法。什么是头脑风暴法？就是不是自己在那儿闷头想，而是把你的团队聚集在一起，大家就一个共同的主题谈自己的想法和建议，提具体的方案，这就叫头脑风暴法。头脑风暴法有几个操作的步骤，跟大家分享一下。第一，明确一个主题，比如说李校长让团队去分析十一学校过去20年成功的原因，这就是一个主题。第二，让团队人员一个接一个的发言，不断循环，且每个人都要说。这就会发现每个话题都能够汇总几十甚至上百个不同的观点。第三，有专人的记录而且特别注意不能批判，不能张三老师刚说我觉得我们校什么什么原因，马上旁边就有人说你说的这个不对。这肯定不行，不能批判，鼓励所有人发言。第四，把汇总出来的观点进行分类，看看大体上分成哪几种类型。第五，依次让大家发表对每一条观点的评判，仍然是不行，只发表自己观点，不评判。第六，要把观点进行排序，大家投票。李希贵校长就是用这样头脑风暴的方法，把当时十一学校的70个老师分成了7个小组，花了一周的时间，这7个小组利用暑假，每天都在讨论和反思学校成功的原因，最终从120多个观点和因素中，总结出了十一学校成功的七大要素。这就是我们前面讲到的战略下面的第二层，分析成功要素。所以校长们同样也可以在自己机构去组织员工讨论，不管你现在员工人数是多少，哪怕三五个人，你也可以让大家共同去讨论，会给你不同的观点和视角。十一学校的7个成功因素：第一，校长好；第二，队伍素质高；第三，理念价值观好；第四，体制和机制完善；第五，生源质量不低；第六，改革创新；第七，条件和资源好。大家在制定自己学校目标的时候，也可以用头脑风暴法的方法，动员集体的力量。这有两个好处，其一可以拓宽思路，帮助大家更科学合理地找到原因和解决方案。第二个也是非常重要的因素，就是它让你的团队成员更有参与感，更能够凝聚大家的力量和精神。这里我尤其要再次强调，所有的问题都是管理者的问题，在鹦鹉螺云教室我们经常挂在嘴边的一句话，所有问题都是管理的问题，员工没问题。同样的道理，校长也要意识到这一点，学校所有的问题都是校长的问题。不管是我们要吸引好的人才，还是改进我们的机制和流程，以及面对市场竞争，大家首先是要自己修炼和提高。所以你看十一学校总结自己的成功因素，排第一位的也是校长，而校长最重要的就是一心办学。我前面提到的李希贵校长的前任，他本人说自己胸无大志，志向就是办好一所学校。这句话其实分量很重。第一步，我们要有愿景战略目标，第二步要确定你这家教育机构的价值观和行为准则。

十一学校有这样一句话，叫不为高考，赢得高考，创造适合学生发展的教育。这句话也挺有意思，不为高考，就是整个的教育目的不是为了高考，但是赢得高考是我们水到渠成的成果，最终其实是说创造适合学生发展的教育。大家也可以仔细思考一下，你这家民办教育机构，不管是教文化课的，教音乐的，教美术的，还是教什么的，你的价值观和目标到底是什么？这个问题大家可以用头脑风暴法去解决，组织你的老师和员工一起去讨论，比如说李希贵校长专门做了一个研究青年教师百问的项目，每遇到一个问题，他都成立一个小的项目组，大家就这个问题展开专门讨论，并且要得出SMART的明确结论，这样一个一个的积累，学校就变得越来越好。比如说，十一学校也出现了这个问题，他发现年轻老师不会跟家长沟通，因为家长的素质都很高，可能家长本来就是博士，都觉得自己很懂教育。这些年轻老师没办法跟家长树立权威，既然有这个问题，我们就专门立一个项目，搞三五个人头脑风暴的讨论、调研，然后制定解决方案。其实有些时候管理不是一蹴而就的，都是一点一点地改善。今天好一点，明天好一点，这一年下来那就是质的飞跃。我们说第一步是战略目标，第二步是价值观和行为准则，第三步非常重要的就是评估。你怎么评价你的老师？有这么一句话：请你告诉我，你是怎么评价我的？那么我就会告诉你，我将会怎样行事。什么意思呢？就是校长、老板怎么考核员工，其实决定了员工到底是什么工作方式。举一个我们深刻反思过的例子，比如说过去的两个季度，因为我们云教室的直营校、合作校发展非常快，但当时我们的考核是业绩第一，结果所有人自上而下第一关心的就是我的目标有没有达成？由此就带来了一些急功近利的负效果，所以在三季度末公司的反思会时，不管是在北京总部还是在我们的试点执行校区，我都发现了这样一个问题，大家为了达成目标，已经把鞋都跑丢了，同时最可怕的是我们很可能会遗失掉最宝贵的那份初心，不管是对学生、对家长，还是对客户。所以三季度末我们开了一个非常沉重也充满正能量的反思会，每个人都畅所欲言说自己的感受，最终我们整个四季度的重点考核标准上全部调整到所有的人、所有的岗位都是客户第一，客户的体验和服务质量第一位。

跟大家分享李希贵校长在十一学校做的老师评价的九项目标：第一，穿着得体，举止大方；第二，风趣幽默，平易近人，亦师亦友；第三，讲课清晰，语言简练，精神饱满；第四，授人以渔；第五，善于发现学生的优点，及时鼓励，增强学生的信心；第六，课下能及时得到老师的指导和帮助；第七，老师的人格魅力影响了我；第八，老师教我如何做人做事，不只是学知识，还包括做人做事；第九，课堂上我收获很大，学习的效果很好。这个是十一学校评价老师教学的9个方面，这9个方面不是让校长打分，而是让学生打分。在学生的眼中，老师是不是穿着得体？学生的眼中，老师算不算风趣幽默？学生感觉到自己是不是真的学到了学习方法等等。这里有个非常重要的点要跟大家强调，考核的目的不是为了审判，而是为了改进，帮助我们的员工和老师提高。这样的一个基本的心态特别重要，否则考核就会适得其反。我们刚才其实已经把第四讲的内容都讲完了，包括诊断的三个环节，从战略目标价值观，战略目标愿景到价值观到怎么样去评估。

大家会看到公立校的校长们也在做这样的思考和探索。同样这些方法和经验，在我们的民办教育机构也是一样适用的。做一个真正懂教育或者用心办教育的校长。我希望每个校区每个机构都能够认真思考，自己到底想搞成一家什么样的机构，五年后到底想变成什么样子。这本书的第五讲"诊断与行动"，第六讲"文化引领学校未来"，第七讲"发现学校"，第八讲"教育的宽度，厚度和深度"，不只是就学科的一个维度去探讨，而是讲一个教育机构应该给孩子哪些方面的帮助。第九讲失败的定义，第十讲课程形态、学生情态和教师状态。可能后面两讲的专业度会更高一些，这里就先不一一展开了。

最后，再次强调本次课的主旨，解决打造一所什么样的教育机构的问题。第一，我们提出了三个标准，学生快乐、教师幸福、社会认可。第二，分享的图书是李希贵校长的《新学校十讲》,希望大家后期自己去深入研究和思考。第三,落地的解决方案,包括了战略目标、愿景的制定方法、SMART原则、鱼骨图以及评价标准的制定。希望大家都能够在实践中去练习和检验,收获更好的成果。

14

打造团结一心的铁军

——《联盟》

不要再提我们是一家人,而是要提我们是一个最棒的团队,一个团队就意味着在一个阶段里面,我们会彼此配合,彼此信任,彼此支持。但同样也意味着在某个时间点团队的人可能会离开,新的成员可能会根据当时的团队需要加入进来。当我们开始直面这个问题的时候,人与人之间的关系就不再是雇佣关系,而是一种联盟和合作的关系。

今天我们要分享的一本书是《联盟》,我不知道朋友们有没有提前阅读这本书。其实这本书是前段时间一个朋友推荐给我的,读完以后真的是醍醐灌顶,解决了我在工作和管理中的很多实际的问题。这次我们要解决的问题就是校区里面最为常见的用人难问题,我相信很多的校长都感同身受。我自己做教育已有很长时间,公司也超过了100人的规模,在这个过程当中面临着最突出的事儿就是找人难,用人难,而且大家也知道现在真正在人力市场上的主流员工已经是80后和90后了,甚至00后都开始闯荡江湖了。

这一代人他们的思维方式和原本我们对员工的预期是有非常大的区别的，怎么管理好这些人呢？我相信有一些场景可能大家跟我一样都感同身受，所以我们今天解决的问题就围绕在学校管理用人的问题上，有几个场景跟大家分享一下看大家有没有共鸣？

第一种情形，在招聘过程当中把自己的手机号留在了什么58同城、赶集、招聘网站上或者是挂在了人才市场的招聘广告上，一直在等电话，好不容易等到了一个电话，简简单单了解一下背景，发现专业也不符合教育的要求，人的职业经历也不符合要求，但是考虑再三还是来试一试，让他来面试，因为实在是缺人。

第二种常见的情形就是有一天教育局突然通知要组织事业编考试，全体员工都跑去申请，我听到有广州校长说谁申请让谁离职，但这样其实并不是最好的解决办法。

还有第三种情况，就是有时候让员工加班，或者犯了错误批评他们，没承想第二天突然辞职不干了。我一个朋友也是做企业的，她一直就是把员工看成自己的孩子一样，但有一次由于员工工作当中的疏忽，她相对严厉那么一点点地批评了几个小姑娘，结果第二天四个女孩联合辞职，把原来所有的心血全部抛在一边，所有的感情和所有的投入都放在一边，辞职就走了。所以，这是员工当中，尤其是新一代80、90后员工常见的一个状态，更明显的一个问题就是我相信很多校长都有这样的苦恼，不敢出门。我离开了我的校区一个礼拜，心想家里面天都塌下来了，担心员工不好好干活，各种各样的不放心。这些问题其实都是我们在实际的管理工作当中经常遇到的场景。

那它的核心症结是什么呢？就是我们团队当中的员工并

没有主人翁的感觉，没有创始人的心态，而是跟我们雇主相互对立的一种关系。可能很多的雇主或者很多的企业家经常会讲这样一句话，说团队是一家人，我们是一家人，我们这个公司，我们这个校，就是一个温暖友爱的大家庭。但实际上真的是这样吗？不管是我们的校区的经营中遇到问题的时候，还是在员工的视角来看，实际上都不能说是一家人的状态，因为如果一家人你永远不会抛弃他对不对？但实际工作中不是这样。如果说团队真的是一家人的话大家可以想一想，假设你的儿子，你的女儿真的非常的不孝顺，或者是闯了祸，你永远也没有办法去割裂一家人之间的这个关系，但是如果一个员工非常的不忠诚或者犯了重大的过错，或者是你的企业经营出现了问题，那员工一定会被你要求离开团队。所以实际上传统的用人观念有两种非常常见的误区，第一种误区就是我们是一家人，我们是一个温暖的大家庭。还有一种情况就是我是老板，你是员工，你必须要听从我的指挥。实际上在新的时代下，新一代员工的情况下这两种状态都已经不适应现在的人力资源市场，不适应现在的管理要求了，在传统的雇佣关系下表面上看是一家人，私底下是老板和员工，员工和老板之间其实某种程度上讲是对立的，你剥削我，你挣我的血汗钱。其实这和传统人的心理需要是一致的，什么叫传统人的心理需要呢？我们去看20年前30年前的那一代人，比如说60后70后这一代人，那个时候人们工作的需要是工作稳定，有不错的收入，相对能越轻松越好，但是新一代的雇佣关系已经过渡到兴趣、成就感、意义和价值上，80后90后的独生子女一代人没有经历过物质短缺的时代，他们强调的是平等，是个人做这件事情有兴趣，觉得有意义和有价值，觉得真正被尊重。

《联盟》的作者是一个非常了不起的人，叫李德·霍夫曼。可能这个外国人大家都没有听说过，但是他创办了一家非常了不起的公司，中文的翻译叫作领英，领英其实就是现在我们说的求职类网站，专门做职业工作介绍。

李德·霍夫曼不仅仅是一个了不起的创业者、风险投资人，他还推动了商业世界的变革，那就是雇佣关系的变革。所以在《联盟》这本书里，他以自己创业的实际经验阐述了一种在新时代下，雇主和员工之间关系出现革命性变化的理念，那就是从雇佣关系转变为联盟关系。新的关系有这样几个特点，雇主和员工之间相互信任，互相投资，拥有共同的利益，互相增值。能够让每一个员工都拥有创始人的心态，或者叫主人翁的心态，我相信这是每一个校长都梦寐以求的境界和状态，就是每个员工都像校长和老板一样，全心全意地做企业。

这本书的切入点是什么呢？是我们每个做老板的人都会面临的一个场景，就是员工离职。大家可以设身处地想一想，你是否经常会面临员工离职？你怎么样来看待员工离职？是不是说这人又走了？这段时间白培训了，刚带他到郑州到上海去参加了会议，培训还花了一大把，结果这个人又要辞职了，是不是这样？所以实际上我们仔细思考这件事，现实生活中存在一种悖论、矛盾，什么意思？大家仔细想一想，你是否认为一个员工真的会在你的学校干一辈子？坦率地讲，我觉得绝大部分人可能真的不会在一个机构整整干上一辈子的，那换言之，这就成了一个必然的悲剧结局了。你整天跟员工讲我们是一家人，一家人就应该这辈子不分开，但是谁都知道，绝大部分的员工对于我们一个民办的教育机构来讲，他不太可能在这里真的干一辈子。你想想,你这里也不可能将来留一批40岁、50岁、60岁的老员工,没有新鲜血液加入进来,所以《联盟》首先要大家正视的一个问题就是,员工终会有一天离开公司,那么我们就换一种思维方式,与其回避,或者逃避这种最终的分手,不如直面它。坦率地和员工去讨论离职以后的职业方向,其中比较典型的一个问题就是当你离开我们学校的时候,你希望自己成为一个什么样的人?你什么时候想离开学校?可能这个问题大家突然被问起来会觉得非常不适应。可能中国公司从来没有这样的说法:在你入职的时候,就跟你谈,你准备什么时候走。但是我们换一个视角去看待这件事,这意味着雇主和员工之间绝对的坦诚。大家正视彼此之间的关系,我们不是一家人,但是我们是一个团队,这好比什么呢?大家都知道,有喜欢篮球的,有喜欢足球的,篮球足球各自有俱乐部,从来没有哪个足球或者篮球明星说我这辈子就在一个球队打球,但是他们在一个球队的时候,整个团队绝对是完全互相信任、互相支持、拼尽全力的一个完美的团队。所以我们要扭转一个心态,我希望大家去思考或者去转变,不要再提我们是一家人,而是要提我们是一个最棒的团队,一个团队就意味着在一个阶段里面,我们会彼此配合,彼此信任,彼此支持。但同样也意味着在某个时间点团队的人可能会离开,新的成员可能会根据当时的团队需要加入进来。当我们开始直面这个问题的时候,人与人之间的关系就不再是雇佣关系,而是一种联盟和合作的关系。

我们再回到开始那个问题,大家体会一下,当你向你的员工问出来这个问题,当你离开公司的时候,你希望自己是一个什么样的人?这个时候你在探求他的内心需要,他的目标，他想获得什么样的进步和什么样的东西，当员工真正开始思考这个问题的时候，比方说我希望两年以后我会离开现在的这个学校，两年以后我希望我已经是能够独当一面的一个招生主管，或者是我已经是独当一面的一个校区校长，或者是两年以后要创办自己的培训机构。员工会突然发现，在这两年的时间里面，他在你这里获得的绝不简简单单是工资，绝不简简单单是机械地完成工作，而在于他真正发现了他在一个团队中工作，企业团队实际上对他个人有成长和培养的作用。所以在书里面提到的这样一句话，领导者的任务不是培养能人，而是认识到人们已经有的才华，并创造出让这些才华产生和成长的环境。其实，硅谷真正成功的秘诀并不在于每个员工都有多么多么的聪明，而是在于每个员工都拥有创始人的心态，他们都把自己当老板，都是百分百全心全意地去推进工作。当你的员工有了这种创始人心态，主人翁的责任感的时候，他们每个人都会成为推动变革、激励团队士气、出色完成任务的完美员工，并且不需要你花大量的成本去监督。

  我给大家举个例子，因为我个人之前在几家世界500强级的企业工作过，当我们创业的时候，团队发展到近百人，北京总部团队发展到几十人的时候，也曾经走到过一个误区，按照大公司的经验，我们做了很多很多的管理机制和流程，花了大量的精力去做这些事儿。我相信可能校长朋友们也有类似的心路历程。比方说文具，我们担心大家会随便用，随便地拿文具，笔、纸、本等等这些东西。这不管行吗？肯定不行，不管大家随便瞎用。所以我们要制定一套办公用品的申领流程。然后弄了一些表格。比方说员工考勤得打卡，我们担心员工万一偷懒怎么办呢？到月底三天两头请假怎么办呢？于是我们做了非常严格的考勤流程，还买了指纹打卡机，严格记录这个员工的上下班时间。但紧接着引发了一个相反的问题，如果你要这么精准的跟我算上班时间、下班时间，加班你给不给我加班工资呢？于是我们就要有相应的倒休的制度，给大家去补回来每一天休假的这个时间。结果就光讨论所谓的办公用品的申领流程，光讨论员工考勤机制和放假机制，这件事就反复的开会，一版一版地修改所谓的规章制度。但后来我们真的冷静下来突然发现一个什么问题呢？我们花了大量的心血和精力去监督去管理我们的员工，却我们没省下多少钱。就比方说我管得再严，原来一个月大家用50支笔，现在一个月用15支笔。好了，我省了35支笔。这35支笔是多少钱呢？就算它两块钱一支，我省了70块钱。但为了省这70块钱，大家写申请、登记，之后审批，再回头查的这个过程，花的时间成本远不止70块钱。要严格给每个员工去计考勤，严格统计每个员工的上下班时间。不管是买那个指纹打卡机，还是我们的记录，每个月整理和发布这件事情，也消耗了大量的时间和精力。不仅如此，员工觉得你是在管我，你是在想方设法地从我身上省钱，实际上形成了一种员工和公司之间的对立关系。后来我们就做了非常大的调整和变革，所有的文具但凡日常用到的，全摆在办公室的那个固定的地方，大家要用随便拿。所有的饮料、小吃摆在办公室里面，大家要用随便拿。不去花时间精力做记录和管理，同样也不记考勤，我们以任务为导向，每个人有清晰的目标必须完成，不管什么事。与此同时，我们把精力花在哪儿呢？花在让每个员工真的认清楚我们整个团队的目标，我们工作的意义和价值。同时我们让每个员工有非常明晰的个人任务和目标。

为了完成这个任务和目标需要什么资源，需要多少时间，大家是自主决定的。因为每个人都是自己的主人，同时也是这个公司的主人。在《职盟》这本书里面举了一个很经典的例子，有一个人叫约翰·拉塞特，他是一个被迪斯尼公司开除了的动画设计师。他大学一毕业就在迪斯尼上班，是一个最基层的动画设计师。那个时候的动画片还是用纸和笔先画出来，然后再做成胶片，变成电影再去播放。有一天这个约翰·拉塞特偶尔看到了一小段视频，上面展示了一种新兴的电脑动画技术，他就提了一个大胆的想法，说咱能不能用纯电脑技术来制作电影，然后他就跑到上级主管那里去汇报。说我发现一件好事，咱们可以用这种方法来做电影，情绪激昂地讲了半天，然后经理说，行，你先回你的办公位吧。这个约翰·拉塞特回去以后，时间不长，收到一封邮件，通知他被迪斯尼公司解雇了。理由是他的疯狂的想法，让他无法专心工作，不在那儿认真画画，反而去琢磨着用什么电脑、特效去做动画，于是被开除了。最后，这个约翰·拉塞特被乔布斯的皮克斯公司雇佣，并且做出了世界上第一个经典的纯动画电脑技术电影，叫《玩具总动员》，非常了不起的一部动画电影。

风水轮流转，过了大概有20多年的时间，皮克斯公司被迪斯尼以70多亿美金的价格买回来。这个当年曾经被迪斯尼开除了的约翰·拉塞特，成了迪斯尼的首席创意官。你看看迪斯尼犯了一个多么大的错误？它把这种有创新精神，有主人翁意识的员工给开除掉了。结果过了一段时间，又花了70多亿美金，把这个人重新买回来。这就很典型的说明一个问题：一个公司，倘若机械化地去执行各种规章和想法，反而扼杀了一部分有创造力、有主人翁意识的员工。那么怎么样去落实和建立这种联盟关系呢？具体来讲，这本书给了一个非常好的可操作的办法，那就是建立任期制度。

　　任期制的本质，是一种渐进式的承诺。它有两个前提，第一个前提，任期制意味着双方承认，在一个期间结束后，员工会有可能离开公司。我们大家共同面对这个结果，不管是老板还是员工。第二个前提是，在这个约定的任期内，我们彼此有一个互惠互利的承诺。

　　我承诺公司帮你达成你的个人目标，你承诺你为公司做出相应的贡献。大家仔细体会一下，当这种任期制内互惠互利的承诺建立起来后，一定有两个正面效果。第一个是员工不会藏着掖着。心想，我最近去报一个事业编考试，这事不能让校长知道，要不然他要罚我。那反过来，也能够让他明确，我能够收获的不只是工资，所以我要有贡献。所以说任期制的解决方案，是通过将员工在你的公司当中度过的职业生涯，规划为一系列的连续任期。这就可以很好地吸引和留住这种具有开创性的员工。同时让这些80后90后的员工不仅仅是被动地、消极地认为我是在给老板打工，我是在领工资，我能轻松一点更好，他要是惹我烦，或者让我不开心，我立马就走人。第二个是激发你的员工去思考，自己在这家企业要得到什么？自己要得到哪些进步？这样的情况，就不仅仅是我不高兴我就走，因为我有我自己的目标，我要实现我在这个公司里面成长的阶段性目标。所以其实这是一种符合新时代的制度，这种制度更重视成就感，更重视意义和价值的人的思考问题方式。所以要做的第一件事情，就是诚实地跟你的员工去谈论任期，就是问我们前面提到那个问题，你离开公司以后打算干什么？这个时间会有两年，或者是三年、五年的时间。

更精细一点来讲，任期制度其实有三种，至少三种不同类型的任期。第一种的基本任期是所谓的轮转期。轮转期往往是针对一些入门级的员工，岗位是高度可替换的。这个岗位对于员工的综合能力和主观的意愿并没有特别强的要求，对于这种轮转期的员工的任期约定往往时间比较短，比如可能六个月、一年的时间，主要是入门阶段的一个适应期。在这个适应期当中比较重要的是公司要给员工提供标准化的培训，通过标准化的培训让他迅速地掌握一些基本的技能和熟悉公司的业务。

举个我们校区的例子，新招聘一个招生人员，或者新招聘一个助教、一个老师，头三个月或者头六个月，就是我跟你约定的一个轮转期的任期，这个基本可能对应在我们招聘的时候。所谓的试用期，或者试岗期。在这个阶段员工的最主要的任务就是熟悉和了解手头上的业务，当这个任期结束的时候他应该已经具备了胜任基本工作的能力。第二种类型的任期叫作转变期，这是比较个性的。转变期是一种比较个性化的时期，往往我们大家实际工作当中的中层或者叫业务骨干属于这种转变期的任期。它核心的承诺是说从公司的角度来看，我能够帮助员工在自己的职业生涯当中实现一个跨越式的提升，说具体一点就是进来的时候你就是一"小招生"，就是一个最基层的销售，可能我希望在转变期能从一个基层的销售变成一个能带团队的销售主管，从一个基层的教师变成一个能带领一个教研组的教研组长，这就属于一个典型的职业转变期，同时它也是一个个人发展的关键期，也是对公司贡献和价值最大的一个发展阶段。这种类型员工一般来说转变期的任期大概是两年到五年，基本上可能第一年是获得在这个职业当中的成熟的经验或者这个岗位上的成熟经验，第二年留下自己鲜明的烙印，就是这个事儿我已经非常纯熟了并且有所创造，比如说做招生工作非常成熟了，做教学工作非常纯熟了，可能第三年到第五年是真的在这个岗位上取得成就并且再接再厉再创辉煌的这样一个阶段。所以对于这种骨干型的员工他自己要面临一个职业的跃升、薪酬的跃升，这样的员工大概两年到五年是一个任期。第三种任期形式叫基础期，基础期其实是指那种跟企业高度一致的员工，我们希望他长期在公司做下去的员工。员工往往认为这是自己的最后一份工作，我就在这家公司在这个学校干一辈子，老板也认为这名员工可以一直干到退休。这种情况往往适用于那些创始人，高级管理者、执行校长等职位，就是所谓的中高层，或者叫高层的团队的核心成员。对这类员工的任期，往往不能一蹴而就，很难有一个人刚一来，你跟他谈任期制，就跟他说你要在这儿干一辈子。这事即使谈下来，坦白讲也可能是假的，他也没想清楚，你也没想清楚。第三类基础期的任期，往往是经过了前两个阶段，转变期的任期，轮转期的任期，从入门到自己升级变化，然后长期来讲大家在价值观、理念、为人、能力方面彼此认可，才可以跟他去谈论这种长期的任期。这是我们在泛泛地讲任期的三种类型。

在实际的应用过程当中，大家可能会面临的现实问题，是两种非常基本的情况。第一种情况，大量的就业者或者我们大量的员工，尤其是小年轻的这些员工，80后、90后甚至00后的这些孩子们，他们自己其实之前没有过明确的目标，没想过这个问题。你一问，你将来离开公司想干吗？我没想过，我就混日子。这种情况可能会非常常见，我们实际在工作当中也遇到这种情况，没啥想法，也没啥目标，没什么野心，这是一种比较常见的情况。第二种情况，就是往往出于传统上对老板的那种警戒性，不平等的感觉，员工可能非常难跟你打开心扉，不一定跟你说实话，开诚布公地去讨论任期的这件事。

如果各位校长、各位朋友，真的想在公司、在自己的学校里面有效地去建立起来一种任期制文化，建立起这种团队团结一心，长期合作，形成联盟的文化，其实有几个要做的基础工作。第一项基础工作，就是首先你作为校长，作为老板，你得先想清楚公司的愿景、目标和价值观。可能有的校长朋友会说，这东西都太大了，我这一小破学校，搞什么愿景，搞什么价值观呢？但是如果你不想打造一个能跟你长期发展的团队，你不用去想你的目标和愿景。反之，不管你大和小，必须要想清楚。

其实所谓的愿景、目标和价值观，并没有多么高大上，也没有多神秘，也并不是说非要把企业搞成像阿里巴巴那样，才能够有自己的愿景、目标和价值观。任何一个公司，任何一个组织和团队，即便你没有去思考和提炼过，你真的去做事，做企业，都需有自己的使命、愿景和价值观。大家仔细想一想，假设说，我就在一小县城，我也没想干多大公司，我就想办个小辅导班。办辅导班原因很简单，就因为我原来当老师，我觉得我会干这个，能多挣钱我就干了，就这么办起来的，刚开始就我自己，后来雇俩人，又雇俩人，就搞到了今天。但是你仔细想一想，这个背后其实同样是有目标，有愿景，有使命感的支撑的。那你把它提炼出来，就更有助于去凝聚团队。

在这一点上我跟大家分享一个我们团队曾经实际用到过

的、非常实用的一个办法，那就是所谓的愿景的描述。什么叫愿景的描述呢？就是我们设身处地地去设想，比如说今天是8月23号，一年以后的8月23号，那一天，我在干吗？我在做什么事情？我当时的公司做成什么样？我在担任什么职务？我管理着几个人？我当时的工资收入是多少？我工作上的状态怎么样？我生活中的状态是怎么样的？真的动脑去想，描述那些细节、描述场景，一定要有具体的时间，描述事实动作，不要讲那些虚的。我希望我那时候会很开心，太虚了，怎么个开心法？我们曾经在团队中做过这样的实验，效果非常不错。比如："我希望，明年8月23号，我们校区的规模达到了500人，并且所有座位已坐满，报名报不进来了，会有家长来求情说能不能给我预留一个座位。"比如："一年以后我希望自己已经成为我们这个招生团队的招生主管，我下面带领着七个招生人员，在做具体的招生工作，同时我们开始酝酿要租用一个新的校区。""我作为新校区的执行校长，已经被正式任命，正在选址即将开辟一个属于我的独立团队。"这种形式就是愿景描述，大家可以自己提炼一下在一年后，两年后想把自己的学校搞成什么样，然后把它描述出来，同时在这个大的愿景下，让你的员工去描述半年以后、一年以后，他在那一天当中的工作状态和所达到的具体的工作结果和成就，然后录下视频来，每个人不用长，讲两分钟，两分钟去分享他的那一天在做什么事儿。这样的话，好处是真的把公司的目标和员工的目标具象化，能够达到一种非常神奇的效果。

我们在做这个实验过程中，每个人的描述未来愿景的时候两眼都放光，充满了渴望，充满了期待。这就是说的在任期制的背景下，作为公司的老板或者校长，先做的第一个功课，就是你得首先提炼自己公司的或者自己这个学校的目标，包括我跟我们的直营校的校长，就讲我们的直营校，现在可能一年100多万的净利润还远远不够，我们要做一个千万级净利润的校，我们要在当地发展成一个教育集团。

我们甚至要在当地拥有自己的全日制的私立学校，当这样一个具体的目标摆出来的时候，我们的直营校长就突然发现，哇，这个目标好诱人，想起来就很兴奋，而且还有好多事情要做，就不再是浑浑噩噩一天又一天，我在这里就管一个校区而已。我就是要在唐山，在迁安，做成一个大规模的甚至是全日制的私立学校。紧接着的第二个动作就是你要了解每个员工的核心理想和价值观，那这说的就虚了，我们说实际一点的，就是你要一对一地在相对私密的环境下跟你的员工谈话，比较典型的问题，帮助他去发现自己的理想和价值观的一个问题是，问他会希望有朝一日成为谁，帮助他找到一个榜样。这其实代表了他未来对自己的一种期望。你通过一对一的深度沟通让他重新认识自己，并明确希望成为什么样的人，再把他的预期和目标与公司的预期和目标结合起来。这就是第三步，协调员工和公司目标，这是真正有效建立任期制的前提。

第一个动作就是你得明确自己学校的目标，同时真的一对一的去深谈，每个员工的核心理想和对自己的预期。第二步再将公司的预期和他自己的预期找到结合点，找到交集的部分，那么你就可以开始跟他去谈实际的任期了。在这里，有一个非常重要的心理学效应。咱们民间有一句话叫人生三大铁：一起扛过枪，一起同过窗，还有一起啥啥的对吧？其实大家仔细想，为什么会形成人生三大铁，其实背后是两个因素做支撑，一是长期共事，二是长期的彼此承担风险。所以心理学家叫阿瑟阿伦发现,当参与实验的人在一个小时之内分享他们内心最深处的感觉和信念的时候,就是你给他们一个独立相处的时间,一对一相处,一个小时之内,让他们聊自己内心最深处的感觉和信念,可以产生甚至数年才能形成的人与人之间的信任和亲切感,效果非常明显,就是当你尝试跟员工去探讨你内心深处的价值观、信念,你的理想,你对自己的预期这些很深刻的话题的时候,短短一个小时时间,你能跟他快速建立起人与人之间的信任和亲切感,这是心理学经过大量的实验,证明的一个客观现象。

我们经常说,为什么大学同学或者是高中同学,住一宿舍的会成为好朋友,因为经常晚上熄灯后开卧谈会。卧谈会上就会聊各种各样的事,聊自己喜欢什么样的人,不喜欢什么样的人,追哪个女孩,然后或者同班哪个男生如何如何。在这个过程当中,一场两场卧谈会下来,彼此的信任和亲切感就建立起来了,所以说校长要去跟自己的核心员工去谈。

谈,总要有些准备。第一,你要提炼出公司的愿景和目标。第二,你要了解员工的价值观和他对自己的预期。第三,才是开始对话,确定目标。比如:任期的整体目标是什么?两年的任期,你要从一个招生基础人员成为一个招生主管,那么,整体的目标,我们校区的招生规模可能要达到500人,校区的净利润要达到200万,在这两年的时间里面,你希望获得什么?

要问员工,先让员工讲他的希望。两年后假设你离开了咱们学校,这时候,你已经成为了一个什么样的人?员工说:我希望我成为一个招生主管,独当一面,甚至是执行校长,甚至我就明确说,两年以后我出去自己办一家培训机构。这种情况下其实也没关系,你出去当我的竞争对手,那你需不需要投资?要不然我直接让你入股份,也可以。与其早晚他要成为竞争对手,不如让他成为自己的股东,或者说成为自己投资的一个对象,对不对?当他这个目标明确的时候,你就问他第三个问题:好,我帮你达成这个目标,那你能在这两年中为我做什么?这两年的时间你能为我做什么?

大家看,这三个步骤,第一,我们这两年整个学校的目标是什么?第二,两年时间你要达到的目标是什么?第三,我帮你达成你的,那你帮我做什么?实际上这就不是一个我雇你来给我干活的关系了,而是我帮你、你帮我的一个互惠互利的关系了。大家在做这种任期制谈话之前有几个技术细节,第一,一定要让员工有提前的准备,你这事不能突然之间说,张三过来,咱俩聊聊,你愿景是啥?你目标是啥?你价值观是啥?你干两年之后想干啥?他一听吓坏了,以为你要把我干掉,我犯什么错了吧?因此启动这件事在细节上你得提前跟他打好招呼,张三,我想明天或者是下周二约个时间跟你单独深入交流一下。为什么呢?因为我非常看好你,我觉得你是我们学校非常高潜质的一个员工,我想深入跟你聊聊你将来的职业发展。你提前可以想一想,比如说将来自己想发展到什么程度?然后我会全力帮你。你要给他一个心理准备,让他提前做思考。

在任期过程中有几个基本的元素,第一,公司整体目标是什么?第二,个人预期达成什么结果?第三,在这个任期中他会给公司做出哪些贡献?承诺哪些结果?在这三个步骤之下,第四个要明确约定任期的时间,不要怕这个时间很具体,明确地谈出来。有了明确的时间,大家的心理压力反而会减低。在这个过程之中，也会避免大家有彼此之间的模糊和不信任的感觉。在这个明确的时间里，一定要注意的是条理要非常清楚。所以，经过这样的一个谈话，员工就知道了，我在这里第一个任期是两年，两年内我个人目标要是变成招生主管。

这样谈出的一个目标，不是约束性的法律文件，只是一个彼此的心理承诺。在这种心理承诺之下，你说他一定会遵守吗？不一定，有可能会有变化。这就要求至少以每个季度，3个月左右的时间要他来回顾一下。咱们两三月之前聊的目标，你的预期有没有什么新的变化？

这个过程中我做得怎么样？我有没有真的能够帮到你，给你舞台，给你机会？你有没有真的对学校做出有益的贡献？如果没有，我们怎么样去改进？我怎么改进？你怎么改进？大家是平等的，去探讨如何去改进这种关系。当任期即将结束的时候，提早交流和制定下一个阶段的任期。《联盟》一书的这个核心思路，跟我们原来的用人观念是截然不同的。他让我们老板或者校长不仅仅关注自己想要什么，也真正平等地尊重和关注员工想要什么。有的员工即便他之前没想过，但是在你的引导和启发下，他真的想了，就会使他变被动为主动，不再仅仅简简单单是我们要求他，而是我们帮助他的这样的关系。这种联盟关系相当于一个球队，会有分有合，但是当我们合在一起的时候，就是确保每个人都是主动的，为自己的，同时也是为大家的，这才是一种健康的劳动关系。

这本书还讲了一个很重要的板块，就是离职后员工的人脉价值。如果在以往的雇佣关系下，一个人辞职走了后往往仇人一样，或者是大家不好意思再见面。而在这种联盟关系之下,大家是完全可以长久保持联系的。离职的员工对于公司的贡献有时候甚至比在岗的员工还大。你比方说,他可能帮你雇佣到优秀人才。有的人考事业编走了,但是如果他仍怀感念,我原来老板特别尊重我,跟我明确谈过我的任期,我也跟他坦诚沟通过我想考事业编。但当他身边有一个优秀同事想自己出来干的时候,他一定第一时间会推荐你去找我那个前老板,特别靠谱。所以他可能会帮你获取优秀人才。另外有可能帮你提供有用的情报,帮你推荐客户,同时也会真的成为你的品牌大使。

我举两个实际的例子,一个是我之前曾经服务过的一家公司叫壳牌石油,它是世界500强排第一的企业。作为一个世界500强企业一百多年的历史,它就有一个非常大的特点,每个员工都有一个任期,一般是两年。当你这个员工对于这个工作感觉非常无聊了,没意思了,想寻求新鲜感,想升级,想涨工资的时候,它就会明确跟你谈下一个工作岗位想干吗?你想出国?你想做销售?你想做市场?提前都跟你沟通好,所以有一大批顶尖大学的人,在这个大企业当中一干干十年二十年,一个任期接一个任期。大家说他成长了,同时公司也最大化了它的价值,也获得了好处。现在我老婆还在壳牌石油工作,她就是从国内的岗位到国际的岗位,在伦敦工作两年,然后再调回国内工作,然后再到上海工作,不断地在给这个公司贡献价值。当然同时她也有自己的职业成长和收获,所以这就是非常典型的一个例子。

再举一个我们身边的例子。我们曾经在秦皇岛做过直营校,后来转成了合作校。由于跟员工之间是一种非常坦诚的联盟关系,我们最终秦皇岛直营校区转成合作校的投资人实际上就是我们原来的老同事做的引荐，他非常了解这个公司，也知道我们业务发展的优势，知道这个团队的优势，实际上就带来了新的合作和生意机会。今天之所以跟大家重点推荐这本书，就在于它打开了我们崭新的用人观，崭新的雇佣关系的视角。如果我们很好地去用到这些理论和方法和工具的话，就能够解决我们前面说的那个问题，招人难，用人难，员工没主动性，不敢撒手去发展。当你身边真的聚集了一批有开创精神，有主动性，每个人的目标清晰，自己要成长、要增值的团队成员的话，我相信你也一定会成为一个非常了不起的领导者，了不起的校长，做出一番了不起的事业。我也希望大家能够课后去认真读一读这本书。

从管理的视角看，不管是人性化地来管人，还是制度化地来管人，都不如这种联盟式的关系。如果是我跟你是合作关系，我们之间有一种契约精神的约定，种感觉就不是说我是人性化的管理，还是制度化来管理的问题了。它的核心有三个要素，第一个要素，我们有共同约定的目标和结果，在目标和结果达成的情况下，我们的弹性才有空间。这点非常重要，离开目标和结果去谈都是空谈。第二个是我们彼此认可和尊重，我尊重你，你的价值观，你的行事方式；你也要尊重我。在这种彼此尊重之下，好多的是非、矛盾就能够解决。大部分的矛盾冲突难以解决，或者特别两难，是因为大家没有基于双方的互信和共同的目标去讨论问题。第三，人性化也好制度化也好，都是要确保人的主动性和积极性。换言之，如果那个人你必须用极强的制度才能够约束，那可能不是你最合适的人，你要更多地让他自主地去判断和做决策才行。

15

让工作变得轻松高效

——《无压工作艺术》

我们自己包括员工最容易形成的一种状态，是沉浸在忙碌中的感觉。大家仔细体会我这句话，沉浸在忙碌的感觉里，当这种忙碌的感觉让你觉得每天都没空闲的时候，心理上就得到了安慰，但实际上你并没有真正完成任务、达成目标。

今天我们探讨的问题是如何能够从繁忙和无序的工作状态中解脱出来，让工作变轻松。所以我们推荐的书叫作"Getting Things Done——GTD"译作《无压工作的艺术》。

之前我一直讲我们做教育的校长们都属于全能全才型的人。因为每一个学校都是麻雀虽小五脏俱全，我们从前面的租房子、装修、校区选址到品牌的选择，内部的装潢设计，到老师的招募、教学教研，再到市场宣传、招生销售，以及之后的客户维护，从财务到人事，再到领导力、中层管理等等，几乎所有事情都要精通。所以我相信很多校长朋友在实际工作中会有这样的一个困扰：就是觉得一天有无数的事要做，忙忙碌碌下来，好像又有什么事儿都没做，永远有一大堆积累的任务没有完成。我以前同样经常遇到这种情况，这种一堆的事情无法按时完成的情况，不止会给我们个人在工作中造成巨大的压力，总是容易感到烦躁，而且会让我们的整个团队都是如此。如果只是个人的工作压力大，事项积压无法按时完成，最多只是一种个人情绪。但是如果你的团队每个人都是这种忙忙碌碌却积压问题无法完成的话，对于一个校长来说就是灾难了。它可能意味着你的校区管理和运营将会变得一塌糊涂。

今天我们分享的这本书是关于一个国际上非常流行的、基本的任务管理和时间管理的理论，简称叫GTD，英文的全称叫"Getting Things Done"，就是把事情做完的工作艺术。它能够帮助我们很轻松地工作，更好地去处理工作中繁杂的任务事项。这本书的作者叫作戴维·艾伦，他最先在国际上提出Getting Things Done理论。他的这本书在翻译成中文的时候，译成了《无压工作的艺术》，就是怎么样去降低工作当中的压力。其实仔细回想你会发现，在工作中感到烦恼的原因大多是因为事项和工作没有完成导致的。相反，如果你感到很有成就感，一身轻松的时候，往往是你把所有事都搞定了，那个时候才是最轻松的那一刻。

就我个人而言，这本书对我的影响极其巨大，或者说在没看到这本书之前，我在生活、学习和事业上的成功，很大程度上是因为我无师自通地应用GTD的一些理论和方法，他让我的工作和生活变得有序，并且能够轻松地应对挑战，所以我将这本《无压工作的艺术》列为一个职场人士的必读书目。《无压工作的艺术》的核心，也就是它最本质的理念，只讲了两件事情：第一件事情，把脑子中的东西拿出来，放在纸面上，压力就能减轻。举个例子,你的脑子中有10件、20件、100件想干的事儿,不要把它混乱地放在脑子里,这样容易让自己在想起每件事时都觉得没做完,感到很烦躁。正确的做法是把自己要做的事情用笔写或者用键盘敲出来,就好比是把任务从脑子中拿到了脑子外面。这样的话,压力就会大大减轻;第二核心的理念是,当你把这些任务和事情落实到纸上以后,再将它们按照轻重缓急的顺序,进行合理的规划和排列。举个例子,你有一堆积木,第一步是你把它们平平整整地码放在桌面上,而不是乱七八糟地混在盒子里;第二步,再根据这些积木的形状,将它们排列好顺序。这样,你的工作和生活就会变得更加有序、轻松而且条理明确。实际上,人每天的时间是有限的,你会发现,这个有限的资源只有经过合理的规划才能产生预期的效果,这就是GTD讲的两个最核心的理念。当然展开来讲的话,里面还有很多的细节,比如如何去操作更加重要等等。

"Getting Things Done"把事情做完的艺术有五个核心的原则,分别是收集、整理、组织、回顾和执行。就我个人的成长经历而言,我其实是一个智商不太高或者说比较笨的孩子。你了解我的成长经历后会发现,在我小学的时候成绩是中等水平,初中之后是中上等水平。我在初中的时候,在班级里学号排第七,被我们老师称作班级的火车头,火车头总共有七个人,我是末尾一个,再稍不留神,就会从火车头里掉出去了;但是到了高中的时候,我就排到年级第一名,到大学也仍然是越来越优秀。为什么会有这种从很一般到越来越强的一个过程呢?最关键的就是我在不知不觉中应用Getting Things Done无压工作艺术的方法。当我发现自己和其他很多同学比较算不上聪明时，用一句老话来说，就是笨鸟，既然被叫作笨鸟那也该怎么样？笨鸟先飞。所以我印象非常深刻的是，我此生受到的最重的一次学习上的打击，是在我刚刚升入高一的时候，好不容易赶上排名末班车，考进了重点高中，第一个学期的期中考试成绩一出来，我的名字从全学校的64名一下子滑落到119名，火警警报，当时自己觉得特别受打击。晚自习的时候，一个人跑到操场的角落里，对着教学楼的灯光在那里掉眼泪，觉得成绩下滑得太厉害了，那该怎么办？我开始想办法。当时我最重大的发现就是，高中的知识变难了，我并没有其他的同学那么聪明，听一遍就会，那我只能是笨鸟先飞，用更多的时间来跟对方的聪明脑子去PK。而且我发现不管对方在智商上比我高出多少，但是有一件事我们是公平的，那就是每天每个人都只有24个小时的时间。所以我第一阶段想到的解决方案是用更多的时间来学习。于是，高中一年级的我，开始了怎么样的生活节奏呢？每天早上4点55分起床，然后跑步到学校。到晚上的12点才睡觉，把所有的时间都用来学习，包括课间，下课铃一响，马上拿一本书跑到学校锅炉房旁边的小胡同里读书，上课再赶快跑回来。这就是我第一个阶段的努力，试图用更多的时间投入，来赢得学习上的胜利，但结果是我失败了。我发现短短的一个星期以后，由于极度缺乏睡眠，我上课的时候站着都能睡着。我们当时的高中是当地的重点高中，大家学习都很拼，所以老师允许上课觉得困的同学站在最后一排站着听讲，我就每天上课都站到后面去，但是发现站着也没用，我站着都能睡着，真的是那种骨子里的疲劳。这让我意识到虽然我能够比别人挤出更多的时间来读书，但这并不意味着效率的提高。

于是我开始了第二个阶段的探索，那就是怎么样去提高时间的利用效率，也就是GTD的实际方法。接下来我要说的是我具体采用的方法：第一步，我给自己准备了一个日志本，这个本子的功能并不是像以前大家学生时代经常看到的那样，是用来写日记，甚至要交给老师，让老师去批改。这个日志本的功能就是记录我每天干的事儿和我在上面花费的时间。同时，我会每天在睡觉前，把自己还有哪些事项没有完成，统一梳理一下，按一二三四点条理清晰地写在日志本上，这个方法其实就是我们在前面介绍这本《无压工作的艺术》当中的第一个步骤，收集任务事项的步骤。我惊奇地发现，当我把所有的欠账（我当时在日记本中给的题目叫欠账）都从脑子中拿出来，由想法变成字写在本子上的字的时候，我的心里面不知不觉变得轻松了起来。当然，只是把任务从脑子中拿出来还不够，我做的第二项工作，就是会在这个本子上将我拿出来的这些事项进行分类。我将其分成了四个类别，是按照两个维度来分的，第一个维度是重要性，按重要性高低分类；第二个维度是紧急性，即时间的紧迫性，紧急和不紧急。在这两个象限中，你会发现，整个空间被分成了四种类型，也就是就四个象限，那就是重要且紧急、重要不紧急、不重要紧急、不重要不紧急，这四种类型有点拗口，大家自己动笔在纸上一画就一目了然了。你会发现，你可以把所有的事项分到这四个象限当中，当我把任务分到了四个象限中，并且记录了每天的工作内容之后，我惊奇地发现，自己平常绝大部分的时间是花在了不重要但紧急的事情上，比如说这个笔没水了，要出去买只笔，或者突然要把自行车修一下，诸如此类。你不修车回不了家了，但是你修了车，这件事其实对学习来说重要性很低，这样的事情耗费了大量的时间和精力。所以当我发现这一点之后，就开始尝试把那些重要且紧急的事放在第一位，大家说哪个应该放在第二位？可能好多人说不重要紧急，但实际上应该放在第二位的是重要但不紧急的事项，所以你处理问题的排序应该是重要且紧急—重要不紧急—不重要但紧急—不重要不紧急，按照这样的顺序去处理事情。如果那些不重要紧急或者不重要不紧急的事儿最后没时间段了，那宁可放下不做。这个其实也是我们经常说的时间上的二八法则。第二步是把事项拿出来落实到纸上，分到4个象限当中。第三步，按照事情的重要强度去做。完成以上三步你会发现工作突然变得有序，而且你会发现那些重要不紧急的事儿，如果你不抓紧去处理，它最后都会变成重要且紧急的事，让你焦头烂额，疲于应付。书里面还介绍了一个小小的操作技巧，那就是两分钟原则，什么是两分钟原则？两分钟原则就是把两分钟就能搞定的事先拿出来，现在立马就完成，及时把它们清理掉，避免他们在这个任务框里面，显得任务框满满的干扰到你的时间。比如说，我想给同学打个电话，这个事情可能两分钟打完就搞定了，那马上拿起电话就打，之后就把这个事项划掉，你会发现你就像一个战场上归来的战士一样，把这些任务一个个砍掉，这是非常有成就感的一个过程。所以高中时代的我，就用这样一个日志本，在日志本上恰好做了这个理论中说到的这种方法，把任务拿出来、按需排序、按照时间分配，把那些简单的事情快速处理，优先去处理重要紧急和重要非紧急的事项，我的时间效率就得到了成倍的提高。

就是在这样的一种时间管理的支持下，我把每天的时间进行了精细规划，比如每天的时间表。跟大家简单回顾一下，早上5点钟起床（我一直在坚持），先跑1000米热身，到学校操场上再跑3圈，加速跑，然后到学校的教室上早自习。中午时，骑自行车回家吃饭，简单睡半个小时午觉，回到学校。晚上的时候不吃饭，在操场上跑5圈，然后进行高强度的体能训练，因为我毕竟是笨鸟先飞，还是要安排出比别人更多的时间，所以精力要一直保持旺盛，从操场的这一头先是引体向上，再去主席台做俯卧撑，然后双杠臂屈伸、累步做高抬腿，还要在操场的墙上打200拳。这三年下来，我经常打拳的位置都给我打出了一个小的凹坑；晚自习的时候课间再出来跑圈，放学回到家再做体能训练，然后自己读书读到十二点。在这个过程当中，每个课间的十分钟时间都被我高效地根据重要紧急性进行了任务的分解和排序，并且我的每一分钟，包括自习课的每一个时间段，都按照刚才说的GTD的时间管理和任务管理的原则，进行了重要紧急性的划分，这使得我不仅在体能上和精力上比别人付出了更多的时间；更重要的是，在有限的时间里，我拥有了比别人更高的效率，所以这场战役的结果是在高一升高二的时候，我毫无悬念地达到了年级第一名，并且将年级第一名一直保持到高考。

回顾学生时代，当时我没有读到《无压工作的艺术》这本书，所以当我以后再读到它的时候简直拍案叫绝，因为它恰恰是被我实践证明了有效的工作管理方法。大家在实际中也可以去运用它，还可以交给员工用。我曾经跟大家分享过一个人成功的两个最简单的动作，这是我读了那么多的传记，接触了那么多顶尖优秀的成功人士，总结出了两个操作性的动作：第一，读书。第二，写日志，给自己准备一个日志本，并且在这个日志本中去记录自己每天的任务和花费的时间，把大脑清空。我们之前讲过教育心理学，大家仔细去学习和深入研究会发现，人的大脑是一部非常精妙的仪器，它有自己的运行规律。在《细节营销》这本书当中，我们也曾经讲过一个人的头脑为什么能够记住有限的朋友或者有限的社交关系？为什么一周是七天，音阶有七个等等，它都有背后深层次的生物学、遗传学和进化学的基础，所以我们在讲《无压工作的艺术》也要去分析在心理学层面上压力产生的原因。简单来讲有三个方面导致大家感受到有强烈压力。第一，大量任务的累积，而且这种累积是混乱无序的，好比你进入了一个房子，里边乱糟糟的，无处下脚，一定会带来心理上的烦躁。第二，这些任务堆积在一起，你无法从当中挑选出最关键的任务事项，就无法找到最重要的事情，擒贼先擒王。第三，你会发现很多事项是不需要花精力去做的，因为当你把自己的任务管理起来之后，原本有的事项可以分工给别人完成，有的事项是可以延后完成的，有的事项甚至可以压根不去做。我们自己包括员工最容易形成的一种状态，是沉浸在忙碌中的感觉。大家仔细体会我这句话，沉浸在忙碌的感觉里，当这种忙碌的感觉让你觉得每天都没空闲的时候，心理上就得到了安慰，但实际上你并没有真正完成任务、达成目标。

我还可以顺带给大家推荐一本书叫"SWVEN HABITS"，有机会的话，我们也可以用专门篇章来讲这个非常重要的原则，就是以终为始，即以结果为导向。所以在大家做这种任务分解的时候，有一个判断哪件事重要、哪件事不重要的基本原则、哪件事情和结果的相关性更强。即这件事情做了能否导致你的结果达成。比方说我们的学校目标是招生，那我每天的工作当中有多少时间和任务事项，是直接对招生有帮助的，有多少的任务事项是能够确保招生结果的，这是我们在分配重要和紧急性时的一个非常关键的原则。在这个任务取舍中减法思维特别重要，你可以反复用一个问题去检测它。那就是，"如果这件事不做会怎么样"，当你发现所有的事都该做，那你就一定会更努力。所以大家列任务事项的时候尝试去问自己这个问题"这件事不做会怎么样？"这是一个非常有效的问题，可以检测这些任务存在的必要性和重要性，能够让你明白到底在时间分配中该如何去取舍？所以其实GTD的道理很简单，前面的步骤我已经用自己高中时代的例子跟大家做了很简单的说明。但是难就难在这个工具和方法上，你怎么样去排序？怎么样去取舍，并且能否坚持每天这样做？一旦形成习惯，你就会发现工作和生活骤然间变得有序和舒畅起来。我推荐大家在实际的工作当中，让团队的成员都用这样的原则和方法去工作，只有这样才能够形成一个高效工作的团队，以结果和目标为导向的团队。

另外，再跟大家推荐几个GTD的工具，最简单的工具就是日历，大家现在的智能手机都有日历，以前我们在纸板上也有日历。将自己的事项每天在日历上进行更新。这里我提示一下，我不知道多少人有这个习惯，就是每天睡觉前或者每天刚开始的时候，就明白这一天到底要干什么？时间怎么分配？对问题进行深入的思考，把它落在纸面上，有多少人能够做到？实际上这样的习惯特别重要，只要你花15分钟，简单想想明天都要干哪些事儿，从几点到几点干，你的效率会大幅度提升。所以日历是第一个基本的工具，大家可以在日历上把明天要做的事情一项一项地列在时间表里，这是最基本的一个动作。另一个工具，就是四象限法需要用到的手机或电脑上有一个便签功能，但便签实际上并没有按照四象限分类，最简单最原始也最好操作的办法就是准备一个本子，大家一定要有一个日志本。现在虽然电子化了，经常用电子笔记工具，但日志本还是不可离手的，日志本上就可以一横一竖画成4个象限把自己每天整理的事儿，在上面按1234的序号进行清晰的排序。大家如果去深入研究，你会发现有好多的软件工具，但我都不推荐使用，最原始的办法就是一个日历、一个日志本，就搞定了《无压工作艺术》的基本方法。

大家如果要深入理解这本书的知识，还有相对好读的一本书，叫作《小强升职记》。这本书其实是以小说的方式叙述一个职场新人的就职生活的故事，向大家逐步的去介绍他怎么在工作当中用到GTD的方法，并且越来越棒越来越好，在职场上获得的成功，非常适合员工读，大家可以在看《小强升职记》这本书时，把它当成小说一样，特别的生动和有效。

那么我们在实际的校区组织管理当中，怎么样去把GTD的理论和方法落实在组织层面呢？具体的实际操作方案就是开好早晚会，这也是我们在鹦鹉螺云教室的直营校里面实际操作的方案，早启动晚总结中陪伴。什么意思呢？早上的时候是一个很简短但是士气高昂的启动会；晚上的时候是一个深入思考交流互动的总结会；中间的时候，团队的领导者校长要起到陪伴作用，真的跟员工共同去完成工作上的任务和事项，提供实时的帮助和指导。我们的早启动会一般会分成两个简单环节；第一个环节，早点名，在早点名的环节我们每一个员工会用自己的口号向大家简单的报到，比如说：大家好，我叫胡宇东，我的口号是"即今江海一归客，他日云霄万里人"，报到完毕。这就是个早点名的环节。个人有个人的口号，团队有团队的口号。早上凝聚一下大家的士气。第二个环节，报计划，大家会把今天计划的重要事项进行梳理，这个报计划的环节就是非常重要的GTD的管理环节，就是我们说的《无压工作的艺术》的环节，大家可以把团队层面上没有完成的事项在会议白板上进行重要紧急性的梳理。早启动会非常简短，但是对于整个的提纲挈领鼓舞士气，并且帮基层员工梳理好今天要干的重要事项是非常有帮助的。接下来就是晚总结时间，晚总结的环节会相对多一些。第一个环节晚点名，跟早上是差不多的，调一下大家的士气、能量场。第二个环节是报战果，大家都要把这一天的工作的结果落实在具体的事项上，比如说我今天完成了多少个外呼电话？有多少个意向客户？有多少的实到？有几个签约？收了多少款？或者我联系的家长有几位做了教学反馈？将这些具体的结果报上会议议程。第二个环节，好单分享，就是分享今天比较成功的案例和经验。所以晚点名、报战果、好单分享，这是前三个环节。在好单分享的时候，校长可以提前跟某个员工沟通好。比如说今天有谁签单了，或者今天有谁做了一个很成功的活动，让他去做相关分享。第四个环节就是报计划，分享一下自己明天的工作计划。大家注意，这个计划环节同样也是应用Getting Things Done，无压工作的艺术的关键环节。就是要将待办事项在白板上写出来，或者在日志本上写出来，并且根据重要紧急性将明天的日历排好，这就是报计划。第五个环节是求支援，在工作中遇到哪些困难和问题，向团队和上级主管提出明确的支援。在这个环节大家可以讨论一些工作中遇到的困难和挑战。最后一个环节就是晚总结，由上级主管，可能是校长，也可能是主管进行工作的总结和点评，并且对大家的计划进行修正。对表现好的进行奖励，对表现不好的进行提醒。所以早启动会两个环节，早点名和报计划；晚总结会有6个环节，晚点名，报战果，好单分享，报计划，求支援，做总结。这样，早启动和晚总结会能够有效地把整个团队的时间和任务事项进行逻辑清晰的管理，这个对大家来讲也是组织层面上落实"Getting Things Done"的非常好的方法。

我们说时间管理是一门艺术，它同时是我们每个人最宝贵的财富。如果能高效地管理好你的时间，就是高效地利用好了你的财富，一定能够给你创造更大的价值。"Getting Things Done"是一本非常薄的小书，它里面的道理其实并不复杂，跟咱们讲过的教育心理学比起来，一个是大山，一个是小山坡。但是这个小山坡虽然小，力量和作用却不可小觑，它其实可以渗透到大家每一天的工作当中，可以鼓励和帮助大家真正翻越我们工作当中的大山。希望大家能够在工作当中更高效的管理自己的时间，更好地管理自己的任务，更好地带领好团队。实际操作的方案就落实在组织层面上的早启动和晚总结，个人层面上的日志本和日历，这两个习惯大家如果能够养成的话，个人会受益终生，团队也一定会越来越棒。

像这样的工具和方法，不仅校长个人层面、团队组织层面上可以用，教学层面上也可以用，可以将这些时间管理和任务管理的方法分享给孩子们和学生。我们在前面讲《教育心理学》的时候，跟大家讲过元认知的概念，管理自己思维和管理自己认知其实就是培养孩子的时间管理能力，这是他提高自己的主观思考能力、创新能力的非常重要的点，所以大家其实也可以将这本书分享给你学校的孩子们，并且把这些知识和内容落实在孩子们日常的学习计划观念里。

16

不断提升组织的效能

——《组织能力突破》

我们说时间管理是一门艺术,它同时是我们每个人最宝贵的财富。如果能高效地管理好你的时间,就是高效地利用好了你的财富,一定能够给你创造更大的价值。

今天跟大家探讨的这个问题是怎样避免成为短命的烟花企业,让自己的公司,自己的教育机构能够基业常青,推荐的书名叫《组织能力突破》,是中欧商学院杨国安教授的代表作。

讲到企业的生命周期,会用到这样一个词,叫作基业常青。就像始皇帝一样,他希望自己的子孙万代能把一个企业长久地做下去,每一个创业者不管你是创一代还是创二代,肯定不希望自己这个辛辛苦苦创办的教育机构成为一个短命鬼。

要想真的实现企业的基业常青却不是那么容易,这里面暗含了两个问题。第一个问题是企业能活多久,第二个问题是他能够长多大。我认为组织是有生命的,它是由人组成的一个协作整体。

大家仔细体会这句话，组织是有生命的，就像自然界的规律一样。比如说，我不知道大家有没有听过自然界中有这样的概念，叫作群体智慧，就是自然界中有一些生物，它们的个体几乎谈不上任何的智力，都是非常简单的小动物。但当它们组成一个整体的时候，就像是会思考一样，能做出种种只有智慧生命才能做出的行动。比如说，海洋当中的鱼群，每一条小鱼汇集在整体当中，当你触及到这个鱼群的边缘的时候，它们就会像手触电一样迅速地整体缩回去。

再比如蚂蚁，它们也会在集体当中形成一定的决策智慧。我们现在的企业组织也好，或者是任何类型的其他组织也好，本质上也是由一个一个的人组成的，每一个人都有自己的思考和智慧。他们组成了一个整体，也就会体现出一种整体的特征。你可以将他们形象地想象成为一个组织的生命，所以我们作为一个学校或者教育机构的创办人，就像是上帝一样，我们实际上也在创造着一个生命。这样想一想，是不是觉得我们从事的是一件挺神奇，挺伟大的事业？

如果往更深一层去挖掘的话，可能就要探讨到什么是生命，什么是智慧，什么是人这个层面了，这不是我们要谈的主题，我只希望能够给大家这样一个概念：组织是有生命的。你创办的教育机构也好，或者你正在其中的这个机构和组织也好。你就是他生命的一部分，你个人的想法，个人的行动也会决定组织这个生命的健康与否。我们有了这样的一个前提，第二步就来探讨，如果要想让一个组织像生命体一样能够健康和长寿，到底应该做好哪几件事呢？杨国安教授的这本书中所提到的杨三角，大家就可以理解成一个企业组织，一个企业生命体健康长寿的基本模型，或者说叫健康长寿的基本秘诀。

杨三角模型是一个很简洁的三段论的模型，我们可以把它理解成为企业组织健康长寿的三个秘诀。第一是企业的理念，第二是正确的战略，第三是强有力的组织能力。

这就好比一个人要想健康长寿，得具备几个条件。第一，他得是个好人，他的理念得正确。第二，他得能够做一件件的好事，他的战略方向是正确的，不能做错事，不能走错路。第三，他还得有个好身体，那就是他的组织能力，他要有力量，要健康，要积极有活力。所以我非常喜欢把一个企业组织比成人。人要有正确的理念，好人、好事、好身体，其实就是企业的正确的理念，正确的战略和强大的组织能力。

这三个方面，到底怎么样影响到一个企业的寿命长短和健康与否呢？简单地做一下梳理，大家也不难理解。比方说，在理念这个层面上，过去可能很多的企业谋求的是要挣快钱，或者叫多挣钱，但随着商业文明的逐渐完善和成熟，你会发现，这些想要挣快钱，只看挣钱的，往往是那些短命鬼的典型代表。

标准普尔统计了500强企业中保留在列者的年数，从1935年一直统计到了2005年，70年的时间。你会发现，领先企业的平均成功年数，从1935年的90年下降到了2005年的15年。什么意思呢？比如说在一九三几年的时候，一个企业排在世界500强，那么它可能连续90年保持这一竞争优势，但是到了2005年，这个年限被缩短到了15年，这就说明了企业在更快地更新迭代。

长江后浪推前浪，前浪死在沙滩上。我们身边也看到了无数这样的例子，比方说，在理念方面曾经有过重大失误的几个经典的例子，大家其实即便之前不知道，查一查，也能够算是如雷贯耳，首当其冲的就是大名鼎鼎的三鹿集团。

　　三鹿集团的前身叫作幸福乳业生产合作社，几十年的苦心经营，让它在2006年成为福布斯中国顶尖企业的百强乳品行业第一位。但是到2008年，由于三聚氰胺事件，一下子就让它跌入了谷底，2009年申请破产，然后被三元给并购掉了。50年的经营毁于一旦。它失败的最根本原因，其实就在于在行业竞争特别激烈的时候，管理层想着大干快上，盲目扩大领地，想挣快钱，想追求第一，最终犯了不可饶恕的致命的错误。当年随着三聚氰胺一起倒下的还不止是这一家，除了三鹿以外，还有好多家乳品企业。这应该说是一个惨痛的教训。我前些天跟一个也算是中国顶级的投资公司的朋友在聊到这一点的时候还特别提到，在2008年的时候，他们的投资银行就专门去涉猎和捕捉乳品行业当中那些没有用三聚氰胺的企业，并且果断地投资了他们，到今天也得到了非常可观的投资回报，那些企业现在成了乳品行业当中的大拿。这告诉我们，企业正确的理念对于长远发展的重要性。

　　当然了，咱们每个人办教育也都希望赚钱，这一点是没错的，但是如果我们脑子当中只想着赚钱，也有可能会让我们决策变形，或者说动作扭曲，导致这个公司成为一个短命鬼。比较经典的例子，像安然公司，曾经是美国的能源巨头，2000年的时候利润突破了10亿美元，在全球世界500强里排到第16，全美排到第7，但是由于它自己在财务上作假，也迅速地导致了公司的崩溃。由此还赔进去了审计行业的一个大公司，叫安达信，全球五大会计师事务所之一，也由于这件丑闻而垮掉了。回到我们教育培训行业当中来，就像我每次在课堂上都会跟各位校长去由衷的分享，并期望大家认同的一个观念，就是我们是做教育的人，做教育首先要有一个师者之心，或者叫仁者之心，我们最终的目的是为了能够帮助来到我们这里的孩子和家长。

只有孩子在我们这里切实有了进步和提高，我们自然而然就会有生存的空间，有获利的空间，这是我们每个人、每个做教育者的根本。反过来呢，那些盲目追求赚快钱，做虚假宣传，或者不切实际的承诺的那些校长和老师们，或者在工作当中不负责任、不够用心的校长和老师们，最终一定会被这个行业淘汰掉。因为这个世界变得越来越公正，越来越透明。

第二个方面的问题就是战略上的挑战。战略最突出的几种情形，排在第一位的就是不能够对外在环境的改变做出调整，头脑僵化，动作迟缓。这些例子就更多了，比如说，柯达就败给了数码照相机。虽然1976年柯达就已经有了数码照相技术了，但是它自己并没有去推广。还比如说跟我们广大人民群众有很深感情的诺基亚，对我也是一样，这个诺基亚曾经长期占据了手机王者的地位，但后来也是因为没有抓住智能手机的机遇，在战略上有重大失误，导致了它最终倒掉，或者说再也难以成为当年的那个王者了。由此来讲，我们的教育行业怎么来看待战略的问题呢？就好像我们现在一直在跟大家谈论互联网+，就是互联网对教育培训行业的影响。我敢非常确定地告诉大家，互联网绝对会带来教育培训行业的一次彻底的革命。不管在教学的模式、学习的方式、招生的方式、管理的方式上都会有天翻地覆的变化，而这样的变化就会发生在未来的三五年。所以大家更应该去了解互联网，接受新的模式。可能有的校长在自己所在的城市里，已经有了5年、8年、十几年甚至更久的成功经历，就靠着我们的勤奋，我们的责任心，我们的兢兢业业，得到了相当一部分家长和孩子们的认可，也发展到了一定的规模，但是随着互联网时代大门的开启，我之前在讲课的时候，经常讲会被淘汰掉的四种教育机构或者淘汰掉的四种人，其中非常重要的就是闭关锁国，不去开眼看世界的那样的人。

战略上常犯的第二个错误叫作不清晰和不聚焦。这一点也是特别常见的情况。所谓的不清晰、不聚焦就是不专一，过度的多元化，盲目地扩张导致精力的分散，从而造成了资源的巨大的浪费，最终企业倒掉。这样的企业也很多，比如说有一个企业，我不知道大家还有没有印象，就是夏新电子，夏新VCD，原来做VCD很有名，后来又搞电视，然后又搞笔记本，又搞家电，又搞通讯，又搞IT等等，搞了很多很多就倒掉了。还有太阳神集团也是因为过度的扩张而倒掉，所以聚焦很重要。我在之前的课上跟大家讲过定位的思维，就是强调每个学校在本地的城市，要找到自己独特的定位，做一件专注的事。前面我们讲到了两个方面，就是理念方面常犯的错误和战略方面常犯的错误。

第三个跟大家介绍组织能力方面常犯的错误。一个组织得有强大的战斗力，组织能力最常见的情况是什么？企业或者教育机构也好，变得非常庞大，流程过于复杂，反应很慢，或者是团队内部山头林立。这一点其实挺常见的，咱们教育行业，有人说三个女人一台戏，我们好多老师都是女生，大家每天朝夕相处，在一个团队当中难免也会有各种各样利益上的纷争。这种内耗会拖慢整个企业的效率和动作。还有比较常见的，也是令校长们痛心疾首的就是失控。比如说分校的校长你管不了了，或者说你总觉得他不够上心，或者说人家干脆出去自立门户了。

可能很多校长非常想打造自己的企业文化，但是随着你的忙碌，规模的扩大，你会发现文化这事根本就无从谈起了。所以这都是组织能力上会面临的现实挑战和风险。管理学家的作用或者价值是什么？他们会把我们在日常的经营生活当中特别复杂的，混乱的，毫无头绪的，各种各样的困难和苦恼进行归纳和提炼，给我们一个思考问题的视角和方式。所以像这本书当中杨教授为我们提出的组织能力的杨三角，就给了我们每一个创业者每一个机构的校长和老师自我审视的维度。杨教授和他的团队访谈了10家各个行业和领域里非常厉害的企业，并且将它们按照杨三角的方式去解读。

这本书分析了10个经典的企业的案例。从各个角度来分析和解读它为什么会成功？为什么能够成为基业常青的企业，我们还从这三个维度去看。

第一个维度，所谓做好人的维度，叫经营理念的突破。你会发现那些真正能够成就大事的企业，它并不是在赚快钱，而是要赚更久的钱。抱着这种长线的心态，就不会在意一城一池的得失，而是愿意投入大量的精力和时间，为客户创造真正的价值，不管客户是最终消费者还是企业客户还是合作伙伴，这些企业都证明了一个道理，叫Fast is slow，slow is fast，就所谓的快即是慢，慢即是快。我们经常挂在嘴边一句话，包括鹦鹉螺云教室的合作校和我们的直营校，我们通常讲就一切为了孩子，一切为了爱，有些时候你可能会面临一些孩子的特殊情况，比如说。孩子就是自己不愿意学了非要吵着来退费你怎么办？家长可能情绪会特别的激动，他觉得孩子已经不学了，虽然你之前明明确确在签报名协议的时候告诉他几次课以后不能退费，但家长就非要退不可。在这种情形下我们采取的方式往往是两个动作。第一个动作，我们会先把钱退给客户。第二个动作，我们会继续跟他沟通和分析孩子到底是什么原因产生了动摇，或者孩子到底怎么样才能够变得更好。我们的逻辑就是我们做教育不是为了眼前的这份钱，我们是为了帮助您把孩子变得更好。不管我有没有收到你这个钱，我们都希望能够履行我们给你的承诺和我们应该履行的使命。实际上的结果往往这些家长最终还是会回来，成为我们永久的忠诚客户。

书本中的案例有一个涉及到了星巴克。星巴克是全球最著名的咖啡连锁企业，有几万家店面。它也曾经因为追求过快增长而迷失掉方向，就是不断地开店，结果反而把这个公司的价值观给丢掉了。后来创始人舒尔茨在危急时刻重新执掌了星巴克公司，并且一口气关掉了900家店，正本清源去重塑公司，才重新回到了正确的方向。它的核心观念就是不去关注短期的快钱，而是关注长期的健康发展。

再比如本书中提到的苏宁电器，它也是一个先慢后快的公司。大家应该都知道国美和苏宁之争，国美曾经在黄光裕老大的带领下以疾风飚进式的扩张，迅速抢占全国市场，当然后来也确实出了问题，这个黄老大现在还在监狱中服刑。我觉得这种人也真的算得上枭雄。我们回到苏宁，苏宁其实一直是以稳健持续平静生长的力量在苦练内功，并达到了后发制人的水平。通过标准化、信息化和制度化，苏宁已经实现每年开200家店，开店6个月就能盈利的局面。这非常难，很多细节工夫做到家，才有可能形成这么大的规模情况下快速盈利。这两个例子都是在讲理念上做到了正确，才能够有持久的发展。

这些所有的理念的突破归根结底是两种精神，一种是共赢精神，一种是分享精神。

不忘初心的去谋求自己客户和合作伙伴的共赢，能够去分享资源，分享自己的经验和方法，才是一个企业基业常青的根本。所以这是在理念层面的一个基点。

第二个维度就是战略方向的突破，有了正确的经营理念还得去找到正确的战略方向，所谓做正确的事。但实际上要想实现正确的战略突破很难，因为每个人每个企业组织都有原来的惯性，就像我们前面说的，大家都说互联网+要颠覆教育，但是一定还是会有相当比例的人会在"互联网+"的模式中被消灭，所以我们看到这些成功企业，它们都有一种能力，就是不断地改变自己，最快速地去抓住最新的机会，永远站在创新的潮头，才有可能会持续不断地获得发展的机会。

一个英明的企业家或者一个创业者，他应该在每个时代都踩在潮头，保持一个正确的战略方向。杨教授给了三个维度说怎么样去找战略上的突破口。一个方向是客户的突破口，就是卖给更多的客户，卖给客户更多或者卖给更好的客户。卖给更多的客户好理解，就是扩大自己的销量，卖给客户更多就是满足客户更多种多样的需求。卖给更好的客户就是我经常跟大家讲的二八法则，把自己的客户进行细分，去抓住那些具有最高附加值的客户，是从客户的视角看的战略方向，大家可以想象着自己往哪个方向走。第二个是从地区端，包括走出去和扎下去，把地理空间扩大。第三个方向是业务端，包括了业务线的拓展，非相关业务的多元化等等。所以大家可以思考一下从这三个维度，客户的维度、地区的维度和业务的维度，你的学校应该往哪个方向发展。这其实没有固定答案，可能有的校长想说我想在现有的课程产品下扩大销量。当然也有些校长可能想法是我就服务这200个客户，但是我除了教他们音乐，教他们跳舞，还教他们文化课，这叫卖给客户更多。也有可能有的校长的选择是我不求多，我可能在这200个客户当中再开发20个客户，这20个客户一年消费10万。这20个客户给我贡献200万的收入，利润空间也会很大，这是客户端的选择。地区上的战略拓展就特好理解，比如说我要开连锁，我要开一个校两个校八个校十个校。这里特别值得一提的是在地区端走出去甚至往外走，扎下去甚至往深长。最近这些年有个非常明显的趋势就是地区端的突破，越来越多的开始向下扎入到三四线城市，去挖掘金字塔底端的财富。三四线城市实际上是鹦鹉螺云教室典型的目标市场，它的特点是有消费能力，甚至还很强，但是它的资源很少，能够给它提供高质量服务的机构和人很少，这就是我们之前在初中课上讲政治讲到的社会主义初级阶段的基本矛盾，人民日益增长的物质文化需要和落后的社会生产力之间的矛盾。这种矛盾越激烈，其实机会也就越大。

第三个方面的突破就是组织能力的突破。有了理念，你相当于是有了正确的出发点；有的战略，你相当于有了一份地图，明确了前进的方向，但是你要想真的把团队从这里带到了那个目的地，光有地图还不够，你的团队真的得有这种前进的能力才行，所谓组织能力的突破，就是大家练好身体，真正有能力实现你的目标，实践你的理念。

杨教授也给大家做了一些拆解，组织能力由三大支柱组成。第一是员工的能力，第二是员工的思维模式，第三是员工的治理方式。所谓的员工能力就是员工的知识技能和素质。通过招聘、培养、淘汰等等方法来提高你的员工能力，就是有点像培养单兵作战能力。第二个是员工的思维模式，是指员工每天的工作中所关心、追求和重视的事跟你公司想干的事是不是一样的？所谓的愿不愿意做，这个就已经关系到了企业的文化观，也包括了你怎么考核他。我之前讲课跟大家说过，考核什么决定了员工做什么，在工作上关心什么。第三个是员工的治理方式，他有了基本能力，有了统一的思维模式以后，你还得有效地去进行授权，进行分工，进行协作，然后进入流程。员工能力其实是说你要招到好人。培养思维模式，是说员工是不是想得跟你一样，治理方式实际上是授权和业务流程上的事，所以思维模式是员工愿不愿意的事，员工能力是指员工会不会，员工的治理方式是允不允许。就是你的流程是怎样的，你的授权和分工是怎样的？这三个维度是杨教授为大家总结提炼的实现组织能力突破的三个突破点，那么我们怎么强化员工的基本素质和能力呢？这就需要在员工的选、用、预、留上下功夫。你会发现非常强大的基业常青的企业都形成了一套非常科学和完善的选、用、预、留体系。比方说苏宁电器，一名应届的本科生进入苏宁，先到店面去见习一年，再经过一年的工作锻炼，就是1到2年，他就可以管理一个品牌群，成了品牌经理。再一年就可以管理一个部门，比如说管理空调部门，管理冰箱部门。再锻炼一年基本上就具备了做总经理的能力。也就是说，这个企业组织强大到能够让员工像生产线一样，5年时间就基本成长为一个总经理水平的人，这种练兵的能力或者打造中高层的能力，实际上是苏宁非常重要的核心能力。否则它没有办法支持一年开200家店。200家店就得有200个总经理，还得有好几百个中高层管理者才可以。回到咱们的教育行业来说，就要强调要想打造员工的能力，在选拔人才的标准上，在培训人员的过程上，在人员分工的标准化上，大家都得下功夫才行。比如新招了一个应届毕业生到我这个培训学校来，他第一年做什么？第二年做什么？第三年做什么？几年能成长到什么程度？你要有一个很清晰的规划，才有可能让他迅速地具备战斗力。如果来了以后就是瞎干，逮到什么干什么，他的能力成长不起来，同样你这个机构也就成长不起来。

光让员工有能力还不行，很重要的第二个方面，就是员工的思维。如果你的员工能力爆强，但是想法跟你不统一，这能力就会像一把利刃，能够帮你杀伤敌人，也能够杀害你自己。所以员工思维的强化特别重要，最经典的例子就是大家耳熟能详的阿里巴巴马云。马云的阿里巴巴是一个极其强调使命和价值观的团队。现在阿里巴巴有几万人，几万人的公司能够保持一个统一的价值观，这是一个非常非常了不起的事儿。咱们每个学校远没有几万人，我们一定也能做得好。员工思维的强化，不是说大家想个标语往墙上一挂就能搞定的。而真的要把这些价值观细化成具体的行为准则，并且落实在员工的行动里才能奏效。大家有没有听过阿里巴巴的六脉神剑和九阳真经？所谓阿里巴巴的六脉神剑就是它所主张的最重要的几个价值观，六脉神剑都是什么呢？客户第一，团队合作，拥抱变化，诚信，激情，敬业，这六条被称为叫作阿里巴巴的六脉神剑。除了这六条要求以外，对于管理层，所谓的领导者，还要求另外的三条叫作眼光、胸怀和超越伯乐。这三条加上前面六条，被合称为叫九阳真经。马云这位老前辈特别喜欢武侠，所以他好多东西都用武侠文化来诠释，既通俗好玩，又容易记忆，我觉得非常独特。但这些不是说简单提出来就完，他要再接着做三个动作，才能够把这种思维强化落到实处。阿里巴巴都做了哪三个动作？案例上有特别详细的分析。第一个动作，需要把这些价值观细化成行为准则，光喊口号没有任何意义，要落实在每一天、每个场景的行为表现上才是可执行的。比方说，他们对六脉神剑的行为准则，进行了非常详细的拆解，像客户第一，客户是我们的衣食父母，没有客户，怎么可能有我们公司？因此规定出了五条。第一条，尊重他人，随时随地维护阿里巴巴的形象。这个能理解好操作，尊重别人，随时随地维护阿里巴巴的形象。我是阿里巴巴的一员，我不能给阿里巴巴丢人。第二条，微笑面对投诉和委屈，积极主动地在工作中为客户解决问题。也很具体，很简单。如果客户投诉了你，或者你受了委屈，哪怕客户无理取闹，你如果不微笑，那你是不是就违背了我们六脉神剑的第二剑？第三，与客户交流过程中，即使不是自己的责任，也不推诿。很具体。你说，他们销售部跟你承诺的事，我们后勤部门不管，这不是我们的问题。这是不行的，违背价值观。第四，站在客户的立场思考问题，在坚持原则的基础上，最终达到客户和公司都满意。这可能有点难，但是强调站在客户立场去思考问题。第五，具有超前的服务意识，防患于未然。大家看这五条拆解，它就变得可以作为准绳和原则了。团队合作上，他也做了一些拆解。比方说积极融入团队，决策前发表意见，分享业务知识和经验，给同事帮助，和不同类型的人合作，对事不对人等等。"六脉神剑"当中的敬业，就提到了今天的事不推到明天，上班时间只做与工作有关的事，这叫作敬业。遵循必要的工作流程，没有因工作失职而造成的重复错误，这叫敬业。持续学习，自我完善，做事情结果为导向，这叫敬业。所以这是第一个动作，就是你要把价值观拆成可依实际执行的行动准则。第二个动作是什么？是把价值观内化在员工的考核里，光提不行，得真考，价值观不是天生的，它都是被训练出来，或者叫大浪淘沙淘出来的。所以阿里巴巴的员工考核是虚实结合，50%看业绩，另外50%看价值观和行为准则。其中，总监以下的员工每个月考核一次价值观，总监以上的高管每半年考核一次。

为了防止流于形式，打分高或者低都得给出实际的案例说明。很认真的一个过程，不是说走个形式，大家都不错，都挺好，不是这种状态。这还没完，他在考核里还专门设置了一个很特别的岗位，就是阿里巴巴有政委这个角色，政委是专门抓价值观的，有点像党代表一样，而且他某种程度上要求跟行政主管对着干。阿里巴巴里面的总监以上的一个位置配一个政委，他隶属于人力资源部，不属于业务部门，但是基层政委是要跟业务部门每天一起工作，一起生活的，随时有业务上的判断和工作取舍，凡违背阿里巴巴的价值观的，政委都要跳出来反对。而且政委在人的生杀予夺上，即升职、降职、淘汰上面有极大的发言权，甚至起最终的决策作用。所以大家看这是第二点，就是你得落实在考核上。其实像鹦鹉螺云教室对于一线的员工考核也是如此。我们在考核比重当中有一部分就是我们的价值观考核，而且它是非常非常重要的，具有一票否决的作用。不管你的业绩再好，如果价值观出问题也会被淘汰出去。

可能有的校长经常会有这样的苦恼，我在外面讲课也不断听到有校长来问，胡老师，我有这么样一个员工，我该怎么办？再跟大家分享阿里巴巴的一个操作方法。大家可以在纸上画一个坐标系，我经常让大家画图，画个坐标系，横轴代表着业绩，他的业务能力，业绩水平，纵轴代表着他的价值观的符合程度，那就是业绩从左到右是由差到好，价值观从下到上是由低到高，那么右上角的这个象限就是业绩又好，价值观又好的，这种员工在阿里巴巴被称为猎犬员工。那么右下角就是业绩好，但是价值观差的，这种被称为野狗。左上角这个象限就是价值观特别好，但业绩很差的，被称为小白兔。这三个象限就是猎犬、野狗、小白兔。当然了，最左下角这个业绩差，价值观也差的肯定就被干掉了，没有任何的机会。阿里巴巴的逻辑和原则是要猎犬，打死野狗，淘汰小白兔。

所以当你在人员的取舍上踌躇的时候，可以借助阿里巴巴这个模型分析一下，这个员工对于你来讲到底是猎犬还是野狗呢？还是小白兔呢？小白兔是慢慢淘汰，不是一下子就把小白兔杀死，是要给他业绩成长的机会的，但至少他还能留，但是野狗是要坚决打死的，就是业绩好，但价值观不好。反过来，猎犬是我们应该大力表彰和鼓励的，这是阿里巴巴在人员取舍上的一个基本原则。

第三个突破方向叫员工治理的强化，前面我们讲的叫员工能力、员工思维。现在再说第三个，员工治理的强化。员工治理强调的是管理机制，比如说授权，比如说分工，比如说业务流程，这些优化与否，会决定了你手底下的这些兵，能不能打出漂亮的仗来？

打比方来讲，就算你手下个个是关羽张飞，勇武忠诚，价值观没问题，能力没问题，但是刘备刘玄德在遇到诸葛亮这样的高明军师之前，还是老吃败仗的。诸葛亮的用兵之法，或者叫练兵之法，大家就可以把它理解成为我们员工治理的能力的强与弱，这里面非常值得一提的案例就是三一重工。三一重工是个民营企业，但是，它做到了全球重型机械装备的前几名，中国最大的一个装备制造公司。三一重工提出了一生无忧的服务承诺。当然，它前面几项都做得很好了，在战略上做了一个很明确的选择，就打服务牌。那么，在组织能力上，它怎么把这个服务牌落到实处？这就需要真功夫了。

三一重工在国内设了700多个办事处，确保服务半径在100公里，450多个配件仓库形成的总部仓库，区域中心，省级仓库，地市级仓库，4位一体的供应保障体系。50多家维修中心提供7×24小时的维修服务。同时，三一重工还建立了企业控制中心，客户服务管理系统，全球客户门户，智能设备管理系统，物流执行系统等等。这些智能化的服务系统能做到两个小时之内人员到现场。就是如果你买了三一重工的大型设备出了问题，两个小时以内人到现场。现在已经能做到，你还没联系我们，我们就知道你的设备有问题。其实三一重工所面对的竞争形势远比咱们这些学校恐怖得多。大型机械制造动辄就是几十万几百万一台，全世界德国最强，占据垄断地位。三一重工起家的时候籍籍无名，在这个领域能成功，就是它制造了一个核心战略，叫作将服务做到无以复加。

三一重工深入地分析市场之后，发现由于工程机械比较复杂，容易出问题，对售后的要求很高，但是中国的市场上国外企业往往是那种高高在上大公司，设备坏了，或者换个零件，客户得向厂家去请求，然后还得发传真，还得收费，还得管吃管住等等。三一重工恰恰就从这里发现了机会，所以它自己有个说法，叫德国的产品能用4年，我们的产品只能用3年，但是我们的工程师随叫随到。所以三一重工明明承认我的质量可能不如德国，但是我服务就比它好。这其实跟家电行业早期海尔的那个路径选择很像，所以梁稳根说过这么一句话，我要用偏执的态度，穷尽一切手段，把服务做到无以复加的地步。

这句话其实是个战略选择，他选择了服务支撑的战略。大家想一想，你的学校在你的本地，战略突破口在哪？你能不能把服务做到极致，或者把教学做到极致，或者把低价格做到极致也行。三一的选择是把服务做到无以复加，所以你看他做到了什么程度。五件事，第一件事，你只要打电话过来，两小时内我们的人一定到，24小时之内一定修好，超过两个小时不到，晚一个小时我赔你多少钱。第二，巡检，你那儿没给我打电话，我定期会到你那里去帮你检查有没有问题。第三，技术改进，你买了我的设备，我不仅帮维修帮维护，我还帮助你去提升你的技术方案，帮你培训人员。第四，你买了我的设备，我给你提供功法支持，比如说我这个机械用来打桩的，但是你遇到了不同的技术问题和施工环境，我来教你怎么样能够更好更快地把这个事搞定。第五，配件供应，打个电话马上把东西就送去，而且这些东西和服务全部免费。大家说成本高不高？高。但是你不服务客户就没有市场，要千方百计地取悦客户，在服务面前不要讨价还价。所以经过18年的发展，现在三一已经从原来的保姆式服务进化到管家式服务，又进化到专业化服务了。它通过计算机系统监控你的设备运行情况，设备稍有不正常，它的总控中心就得到了信息，提前做出了预警。你买这家的设备得有多放心。

马云抓了阿里巴巴的精神文明建设和价值观建设。同样，梁稳根每个礼拜二的上午都会亲自主持一个全球的视频会，对服务情况做评价。所以价值观也好，组织能力也好，如果没有一把手的言传身教和亲身执行与监督，是不可能形成一个团队的长期习惯甚至是基因沉淀下来的。

我们说，一个组织是有生命的，你所创办的教育机构，你所任职的学校就是一个有生命的组织，我们每个人都希望它能够健康长寿，那就要从三个视角去实现突破：理念的突破、战略的突破和组织能力的突破。理念突破需要避免的两个最常见的陷阱，是挣快钱和短期利益的陷阱。战略方面要避免的陷阱，一个是固步自封，不去革新，不拥抱变化。另外一个是不聚焦，盲目的多元化。组织能力方面的打造要从员工的能力，员工思维和员工治理三个角度去思考和分析，我们也举了很多的案例和实操的方案。我相信每一个从业者都希望让我们的企业能够基业常青，不仅活得久，而且能够长的大。通过分析这些全世界全中国最优秀的企业的成功经验，我们管中窥豹可见一斑。

可能有人说人家那都是大公司，世界500强企业，我们就一小培训班，这跟我有关系吗？我想跟大家说的是你的心有多大，梦想有多大，舞台就有多大。如果今天的你仅仅把自己当成是一个普普通通的破培训班，优秀的人才不会跟着你，美好的未来也不会在你的面前展开，小机构要有大梦想。我们作为教育者，要给每一个孩子一个同样伟大的梦想的激励。我们公司名字叫作江海云霄教育科技有限公司。江海云霄的名字来源就是来自于唐代大诗人高适的一首诗，"即今江海一归客，他日云霄万里人。"翻译过来就是今天我们平平凡凡只是漂泊于江海当中的一个普普通通的旅途归客，但是未来我们会是鹏程万里，有着光辉前途的了不起的人物。每一个从教者有了这样的梦想，我们再脚踏实地地去做，我们也能把这种精神传递给我们带的每一个孩子，每一个家庭。

结语：开启教育黄金时代

——教育趋势漫谈

很多人争议线上教育的发展是否会颠覆甚至彻底取代线下机构。在我看来，线下教育仍然会有服务价值，它主要体现在四个方面。第一个方面是在教育过程中，需要有对孩子的情感关注，对孩子的关爱，这种人与人之间的互动是没有办法被互联网简单取代的。第二个方面是学习习惯的养成和过程的督导。对于孩子而言，这种学习督导的价值是线下的一个重要内容。第三是安全，这个好理解，家长需要上班的时候，学生有个场地，能够有人确保他的安全和在学习状态。第四个方面就是关于学生的个性化的规划和指导。

我的父亲就是一位老师，从小在校园中长大的我一直有一个梦想：做孩子最好的老师。创业以来，努力不辍。诺贝尔经济学奖得主舒尔茨说过"教育是投资回报率最高的投资"，在今天这个中国做大做强的新时代，尤其如此。我常常不遗余力地讲，这是教育黄金时代的开端。

2013年被普遍认为是中国在线教育的元年，这一年有很多代表性的事件，它标志着整个教育从传统的模式升级和过渡到在线教育的时代，也产生了很多新的教育类创新公司，现在几年时间已经过去了，以在线教育为代表的中国教育科技行业又发生了翻天覆地的变化。2017年9月1日，新《民办教育促进法》正式生效，所以2017年又被称为"教育资产证券化"元年，中国的教育行业势必迎来更波澜壮阔的历史机会。

这几年发生了非常多的重大事件。

第一件就是《民办教育促进法修正案》的颁布，营利性的教育培训机构在法律意义上的许可，这意味着为我们教育培训机构的发展特别是资本化的发展打开了闸门，去除了障碍。概括起来说，现在是"大环境利好，教育科技产业正迎来春天"。在以往，民办教育被定性成一个公益事业。很多民办教育培训机构是在民政部登记的非企业的法人组织。但是在这个法律修改以后，大家现在在家乡开办的培训学校如果做得够大够好的话也可以上市。如果你的教育机构在你的家乡能够做大做强，现在你同样可以有机会对接资本市场。第一，在法律层面上没有障碍，你完全可以成为一家上市主体。第二，也可以到新三板这样的开放性很强的资本市场上市。

可能有的校长觉得，这个事情还是离我比较远。我给讲个故事，万科地产的创始人王石有一本书叫《万科二十年》，其中，这样一个情节我印象特别深刻。当时，王石有一天在深圳大街上溜达，走着走着，突然看到前面的路被封了，有很多人聚集在那里，就很奇怪，说这什么情况，怎么路被封了呀？旁边的人告诉说，邓小平同志来深圳视察，就在前面。王石第二天马上就干了一件事情，注册成立了万科。王石当时凭着强烈的直觉，感觉到了一种排山倒海的潮流，就是中央高层对于改革开放的重大决心，以及由此必然引发的大的商业机会，或者叫历史机遇，所以第二天干的事情就是注册成立公司。

大家要有这种敏感性，比如你看新闻的时候没反应，什么改民办教育促进法，没反应，跟我有啥关系？然后胡老师讲课了，你还没反应，我都点到这个程度了，你还没反应，对不起，可能你这辈子跟伟大事业就不沾边了，可能只是一个偏安一隅，甚至有可能会被竞争对手杀掉的一个小辅导班而已。在大的环境利好方面，政策上非常重大的一个影响，如果大家回顾我们之前的法律，最早的时候是1982年，关于社会力量办学的若干暂行规定，那个时候才提到了社会力量办学的这档事儿。到1995年的9月1号才真正颁布了教育法。直到2002年又颁布了民办教育促进法，规定民办学校出资人可以从学校办学结余中取得合理回报，这是极具中国特色的一个说法。

2004年，又进一步提出了学校合理回报与公司法人正常的经济利润存在本质差别。这个合理回报，你还是不能当成利润来看。一直到2010年，国家中长期教育改革发展规划纲要里才提出了积极探索营利性和非营利性分类管理，到2013年才真正在上海市进行了试点，叫"上海市经营民办教育培训机构管理的暂行办法"。这个时候才开始了所谓的在线，或者说叫教育改革在法律层面上的闯关。

法律修正案的主要内容主要有四个关键点，第一是明确对民办学校实行分类管理，修改教育法、高等教育法等关于举办学校不得以营利为目的的规定。第二是修改民办教育促进法，允许民办学校自主选择办学方式，登记为非营利性或营利性的法人，并按照其法人属性享受相应的优惠政策。你的办学方式可以自己选。第三是完善高等教育的投入机制。高等教育实行举办者投入为主，受教育者合理分担培养成本。这个距咱们中小学的机构可能稍微远一点。第四是增加完善国民教育体系，加快普及学前教育。注意推进教育的信息化和国际化。每个细分的教育领域未来都可能衍化出可执行的细节落地和推广，所以说这里有两个点，传统的教育领域的学前教育是被重点提及的。这也是现在非常流行的办幼儿园的一个大趋势。

2018年两会，一个非常大的热点就是四部委联合整顿课外辅导行业，很多人认为是行业危机，但在我看来，这是教育行业真正步入良性大发展的必要基础。对于超前教学、超纲教学、办学资质的严厉整顿，势必让行业整体提升标准，在广泛的教育需求不减反增的大背景下，对于有实力有能力的教育机构将会迎来一波快速发展。

第二件就是互联网特别是移动互联网的巨大发展。国务院和教育部多次提到要重视教育的信息化，我们以前一直就讲教育信息化，有一年我去拜访某省教育厅的领导，基础教育司的领导说，2013年，该省教育信息化有特别大的进展，我说取得了什么进展呢？都做了什么事呢？说，我们在全省几百所学校给大家发送了价值几十万元的数千套光盘，这些光盘里面就是那些名师的课程，我们给多少个学校配备了机房，配备了电脑，然后我们发下去了几千几万套的光盘。当时那位领导跟我说，宇东，其实我们也知道这个玩意儿发下去，基本上就是落灰的。"落灰"是北方话，就是放那里落灰尘的，根本就没有办法被充分利用起来。但是这两年来，从这种表面的教育信息化落到更加实际的层面上，开始有一些真正带有很强的科技和互联网元素的工具和方法在改变我们传统的教学模式。

教育信息化其实可以从广义和狭义两个角度去理解。广义的理解，所有借助了互联网计算机的方法和工具，都能够帮助我们更好地去推进教育信息化。这就意味着如果各位校长规划自己学校的发展的时候，你就需要思考我在这个国家政策和法律大力主张的教育信息化这个方向有什么体现？我有没有去尝试着采用一些最新的教育信息化的工具或者是平台的服务？

教育信息化到底是怎么落实的？其实在未来的几年里，教育信息化会真正进入实质性的变革阶段，不会像我刚才讲的说给大家发光盘的那种感觉，而是开始进入到一些实质性的变化阶段。

第一，建设校园的基础网络设施，采购硬件设备，实现学校的宽带和无线网络覆盖，并鼓励教师和学生配备专用的教学终端，这是一个巨大的市场机会。你的教育机构现在是不是有基础的网络设施，有宽带和无线覆盖？配备了师生专用的教与学的终端吗？

第二，制作数字化的教学内容及自主学习，个性化学习和泛学习的网络课程。你会发现，不管是公立校也好，还是民办机构也好，越来越多的教学内容会变成视频，变成智能题库，然后会变成学习分析的软件。未来会有越来越多的自主学习或网络工具来帮助大家做到这一点。

第三，规范教育基础数据的管理，推动数据的开放共享,开放系统接口,加强资源平台管理,平台的互通和衔接。这条什么意思呢?我之前有一个特别好的朋友,在北京师范大学协同创新中心,它们做了一个核心的工作,就是以新的大数据的形式去分析全国中小学生的综合能力。全国范围内教育的基础数据会得到更加充分的管理,而且是开放共享的。未来会通过新的信息技术,把孩子的学习信息,学习情况,家庭情况,家庭信息,变成非常完备的数字档案,存放在互联网上。

第四,在教学中融入信息化的元素,通过信息技术促进各学科内容和模式的变革。你的教学办法得变了,不能像原来那样,一个老师站在讲台上讲45分钟的课程,而开始要更多地引入新的信息化的元素。

第五,2015年教育部还提出了探索创客教育等这些新的模式,有效地去利用信息技术来推动众创空间的建设,这其实是强调培养孩子们的创新精神。

第六,教师和校长的信息技术应用能力的培训,它重点是推动公立校的老师和校长掌握最新的互联网工具或者最新的信息化教学工具和方法。大家想一想,你自己以及你的员工,现在了解多少最新的这种互联网工具,会不会用?知不知道如何去用好它?这其实是我们在未来的3到5年里每个校长和老师都会面临的问题,就是你应该更多地把这些高科技的元素融入到自己的备课、讲课、教学服务的过程。

第三件就是有关全面放开二胎的政策,这意味着我们在新的人口增长上,整个人口结构上带来一个利好。未来的三至五年,首先会对早幼教的行业产生直接的影响。

第四件就是高考改革。高考改革应该说是箭在弦上,不管是全国统一高考命题的大趋势，还是自主招生考试的大趋势，还是在教学和综合素质考核方面的改革，在这几年都是非常活跃和重要的事。我们从结果上看，2014年年初的时候，就是股市非常火爆那个阶段，一些所谓的教育的妖股，就是A股的全通教育，它其实最早是以校讯通为切入点。所谓的校讯通，就是中移动中联通的一个短信通道，让学生、让家长和学校的老师之间有一个更快捷的短信通知这样一个通道，从这个点切进来，一条短信，可能就赚几分钱，然后规模做到很大，一直做到上市公司。在2015年的时候，它的股价一度成为全A股市场最高的一只，可见，全国上下对教育这个主题都是极其的关注的。这几年对于教育领域来讲，应该说是风起云涌的一个时期。这些新的政策变化也好，行业趋势也好。每一点对于我们当中的校长和老师都会产生实质性的影响。

第五件就是国际化，相信出国留学这件事对于大家已经不陌生了，但是可能对于很多低年级的初高中出国留学，有不少的人还是较为陌生的，只是在少数城市中的极少部分的人，特别是有海归经历的人才会涉及到的孩子去美国读高中。以往我们说留学都是指上了大学以后申请出国去读研究生，现在国际化教育有个非常明显的趋势就是低龄化，开始有了到国外读本科，到国外读高中甚至是读初中的情况。这对于广大的校长们来讲也是一个非常有想象空间的历史机遇。

我希望通过这样的一个趋势变化，大家能够给自己的教育机构设立更加宏伟的目标。未来三至五年教育市场会迎来几个变化。

第一，在修改的法律框架内将会有更多的社会资本涌入公办教育市场。我之前在唐山看到了这样的案例。就是公立学校一年花数百万的咨询和顾问费用来邀请社会教育机构给这个公办学校提供教学改革和教学质量提升的方案。同样大家在各地也经常会见到，比如说公办学校来聘请社会机构的老师来学校代课，这都意味着公办教育市场的大门会对大家打开。优质的教育资源也将进校，从而推动整个教育体系的升级。

第二，未来三至五年民办教育将产生更多的投资机会。一些具有教研实力和资金雄厚的公司，开始在实体学校和学历教育领域圈地。既然这个领域能被资本关注，相应地就会有更多的资金和有实力的企业涌进来。

第三，教育公司的非营利性的定位与上市公司相悖的局面会改变。有一部分海外上市的教育公司可能会回来。同时国内也会有更多的教育公司实现上市，由此导致的结果是它会有更强的资金实力和更强的融资能力。最终这些所有的实力还是会落地到全国各地的家庭、家长面前。比如说，如果这个资本市场大门打开了，可能未来的三至五年，在国内会出现若干个非常具有资金实力、教学实力的大的教育连锁集团或者是大的教育服务平台。你现在所居住的那个小城，就无可逃避地会成为们的目标市场。就是说我在我们老家这个地方办了十年辅导班，日子过得还算不错，但是由于教育这个市场以前跟资本通道隔离，所以大量的是地头蛇，因此就在自己的这个区片干得不错。但是随着政策法规的放开，资本闸门的打开，会有资本力量支撑着这些各地的地头蛇，变成群雄逐鹿的江湖大哥。换言之，你不进则退，如果你不拥抱这个潮流的话，很快可能会有更强大的对手，杀进你所在的那个小城，成了你的竞争对手，你或者被整合或者将它打败或者被它消灭。

这个真的是政策上一个字的影响。我们要预见到未来三到五年教育市场上的血雨腥风，大家要有危机感，也要有前瞻性。

除了政策方面的变化，技术进步也会带来全新的行业变化。

我之前跟大家分享过所谓的七种武器，就是指七种教育领域中的新模式，它可能会改变我们未来或者根本上改变我们未来学习和教育的模式。

第一，自适应学习。通过数据分析，看你的答题结果，浏览速度，记录每个学生的情况，然后给每个学生推送不同的题目，制定不同的学习计划。两个孩子同样做100道题，张三可能前50道题做得快，后50道题做得慢，中间有两道题不会。李四可能后50道题快，前50道慢，就跟张三俩人是相反的。第二次再给张三、李四出题的时候，计算机就自动给他们出不同的题。自适应学习目前有两种主流的做法。第一种是机器学习，第二种是决策树。机器学习的概念与计算机做记忆和训练的逻辑相同，能够让大家做题的数据越多，推荐的精度就越准确。决策树实际上是取决于教研能力，它要将知识的内在逻辑进行非常精准的分析。然后就像画树枝分叉一样，画出一条知识的路线图来。我们回到现实中，不远的将来甚至现在，你身边会就有那些自适应学习的工具和软件，它能帮助孩子们更好地做题，更有针对性地制定学习计划。

第二，机器人技术，这是最值得期待的方向。机器人技术实际上是将机器赋予了人类的外形和相应的功能。比如说动作，行动的能力，像走路、跑步等等。当然，最终衍生出来对咱们的实际影响是机器人教育。就是通过让孩子们去研究、操作、设计机器人，去学习知识。还有一种是教育机器人，未来有没有可能有一天说会有机器人来当老师？或者机器人来当助教？或者机器人来看自习？这种情况可能并不远就会发生。

第三，VR技术。VR是指所谓的Virtual Reality，就是所谓的虚拟现实技术。我强烈建议大家重点关注一下这个技术，虚拟现实技术其实是创造一种像虚拟世界的那种体验的仿真系统。这种虚拟技术有很多种现实的体验，它对于学习的影响会特别大。比如说它可能会更有助于吸引学生的注意力。原来你让孩子看视频，或者做实验不感兴趣，但是如果你让在一个虚拟的视角当中，就相当于老师变成了立体的，实验的操作就变成了真实的那种感觉了，的注意力会更好地被抓住。

第四，AR技术，是指体验式学习，也叫增强现实，增强现实跟前面的虚拟不一样。增强现实是指直接把在人的视觉、听觉、触觉上的体验添加到真实世界里。这种虚拟现实技术就是所谓的增强现实技术，最终会把咱们的学生和老师带到一个虚实结合的教学情景当中来，好多在传统课堂上对着书本讲不出来的体验，我们就可以用这种虚拟现实技术和体验式学习的方法，让孩子亲身感受到。

第五，人机互动。它有赖于智能硬件的发展，就像我刚才举的那个机器人，这种人机互动可能体现在几个方面，第一个是互联网和物联网，将硬件连到电脑和计算机上，可以进行远程的控制和智能调控。第二个是增进各类感应技术，收集信息的类别和广度。

第六，语言识别技术。语音识别技术这几年发展特别快，比如说国内有一家公司叫科大讯飞，在全世界范围内的语音识别领域是领先的一家公司。它对咱们有什么影响呢？比如说未来，可能英语考试不用口试了，或者是不用人，可能对机器口试就搞定了。

第七，多项教育技术接近稳定的应用周期，就是说前面的这六项具体的技术，它们刚开始可能还在创新期，还不太稳定，但是现在已经越来越稳定了，稳定意味着什么？第一成本会下降，第二使用的效果和体验会上升。

最后归纳一下。

互联网教育领域有哪几个主要的角色？它们之间的彼此关系是怎么样的？从本质上说，核心角色主要就是四种，老师、学生、学校和家，这四种角色的关系会越来越多的依赖信息技术或者叫互联网技术去解决。在教学关系中，老师负责教孩子，学校也包括民办教育机构是一个集合老师和学生提升学习效率的场所，家长是学生的供养者，给学生出钱。学生年龄越小，家长决策影响越大。所以面对着老师、学生、家长、学校这四个维度，具有各种各样的服务机构和创业机会。在这个领域里，每一个维度上都能够找到一些突破口。

无论怎样变，线下的服务职能都不会被取代，我们作为线下机构仍然会有服务价值，但前提是大家要抓住机遇，夯实基础。很多人争议线上教育的发展是否会颠覆甚至彻底取代线下机构。在我看来，线下教育仍然会有服务价值，它主要体现在四个方面。第一个方面是在教育过程中，需要有对孩子的情感关注，对孩子的关爱，这种人与人之间的互动是没有办法被互联网简单取代的。第二个方面是学习习惯的养成和过程的督导。对于孩子而言，这种学习督导的价值是线下的一个重要内容。第三是安全，这个好理解，家长需要上班的时候，学生有个场地，然后能够有人确保他的安全和在学习状态。第四个方面就是关于学生的个性化的规划和指导。而这一切，要从我们更加广阔的视野，更加深入地学习开始。我们希望教育读书会可以一直办下去，带给大家更多思维碰撞和开拓视野的好机会。

图书在版编目（CIP）数据

做孩子最好的老师：教育读书会 . 第一季 / 胡宇东著 . —北京：企业管理出版社，2018.4

ISBN 978-7-5164-1693-8

Ⅰ.①做… Ⅱ.①胡… Ⅲ.①中小学教育—教育管理 Ⅳ.① G637

中国版本图书馆CIP数据核字（2018）第058510号

书　　名：	做孩子最好的老师：教育读书会 . 第一季
作　　者：	胡宇东
责任编辑：	尚元经
书　　号：	ISBN 978-7-5164-1693-8
出版发行：	企业管理出版社
地　　址：	北京市海淀区紫竹院南路17号　　邮编：100048
网　　址：	http：//www.emph.cn
电　　话：	总编室（010）68701719　发行部（010）68701816　编辑部（010）68414643
电子信箱：	qiguan1961@163.com
印　　刷：	涿州市京南印刷厂
经　　销：	新华书店
规　　格：	148毫米×210毫米　32开本　9.5印张　178千字
版　　次：	2018年4月第1版　2018年4月第1次印刷
定　　价：	46.00元

版权所有　翻印必究·印装错误　负责调换